Gaston DOIN et Cie, Editeurs, 8, place de l'Odéon, PARIS, 6^e

ENCYCLOPÉDIE SCIENTIFIQUE

Publiée sous la direction du Dr TOULOUSE

BIBLIOTHÈQUE

DE SOCIOLOGIE

Directeur : Gaston RICHARD

Professeur de science sociale à l'Université de Bordeaux.

La Bibliothèque de *Sociologie*, ou des sciences sociales, de l'Encyclopédie scientifique, ne sera pas l'exposition d'un système sociologique aspirant à faire tenir l'explication de la réalité sociale dans un petit nombre de formules dogmatiques. Les sciences physiques ont précédé la physique générale, car il a fallu étudier les lois empiriques des différents phénomènes physiques avant de pouvoir s'élever à la théorie de l'unité des forces. Les différentes sciences de la vie et de l'organisation ont précédé la biologie. De même, la constitution des sciences sociales doit précéder celle de la sociologie. Sans le point d'appui que les premières lui offrent, celle-ci ne peut être qu'une vague hypothèse, un système d'analogies sans précision, souvent sans fondement, ou encore une réduction prématurée des faits sociaux à quelque facteur trop simple pour en rendre vraiment compte.

Toutefois les sciences sociales ne mériteraient pas leur nom si les sociétés n'offraient pas à la recherche scientifique un objet d'étude propre, distinct de celui que lui propose soit le monde extérieur, soit la nature humaine abstraitement considérée. Les sociétés elles-mêmes n'auraient qu'une réalité apparente si les différents phénomènes dont elles sont à la fois le milieu, la condition et aussi la conséquence n'étaient pas liés et réciproquement dépendants. La notion de la sociologie, entrevue par Montesquieu et par les encyclopédistes, formulée par Auguste Comte, rendue plus précise après lui par Herbert Spencer, Gumplowicz, Gabriel Tarde, Simmel, Ardigo, Emile Durkheim, Giddings, Steinmetz, et tant d'autres, nous paraît donc entièrement légitime. Nous pensons que cette notion d'une science capable d'embrasser la succession des états sociaux et la connexité des phénomènes que manifeste chacun d'eux doit être toujours présente à celui qui étudie un aspect particulier de la vie sociale.

Le programme de notre Bibliothèque embrasse la géographie humaine, l'étude comparative des types sociaux, celle de l'assimilation des peuples, celle des mœurs, celle de l'art au point de vue sociologique, celle de la nature du droit et du gouvernement, enfin celle des attributions de l'Etat. Chacune de ces questions a été, autant que possible, confiée à un spécialiste français ou étranger, mais tous les collaborateurs de la Bibliothèque ont en commun les idées de la dépendance réciproque des faits sociaux, de la succession historique des états sociaux des formes simples aux formes complexes et de l'applicabilité de la méthode historico-évolutive à toutes les branches de la science sociale.

Les volumes sont publiés dans le format in-18 jésus; ils forment chacun 400 pages environ avec ou sans figures dans le texte. Chaque ouvrage se vend séparément.

Voir à la fin du volume, la liste des Bibliothèques de l'ENCYCLOPEDIE SCIENTIFIQUE, et celle des volumes publiés.

TABLE DES VOLUMES
ET LISTE DES COLLABORATEURS

A) Généralités.

1. **La Sociologie générale et les lois sociologiques,** par Gaston Richard, professeur de science sociale à l'Université de Bordeaux.

2. **La Solidarité sociale ; ses fondements, son évolution,** par G.-L. Duprat, professeur de sociologie à l'Université de Genève.

B) Sociologie comparée et ethnographique.

3. **Les Types sociaux et le Droit,** par J. Mazzarella, professeur à l'Université de Catane (traduit en espagnol).

C) Géographie humaine et sociale.

4. **Géographie sociale. Le Sol et l'Etat,** par Camille Vallaux, professeur au lycée Janson-de-Sailly, docteur ès lettres (traduit en espagnol).

5. **Géographie sociale, La Mer,** par Camille Vallaux.

D) Science des mœurs.

6. **L'Évolution des mœurs,** par Gaston Richard.

ENCYCLOPÉDIE SCIENTIFIQUE

Publiée sous la direction du Dr **TOULOUSE**

Secrétaire général : **H. PIÉRON**

BIBLIOTHÈQUE DE SOCIOLOGIE

Directeur : Gaston **RICHARD**

Professeur de science sociale à l'Université de Bordeaux

L'ÉVOLUTION DES MŒURS

OUVRAGES DU MÊME AUTEUR

La Femme dans l'histoire. 1 vol. in-18. Doin, 1909.

Pédagogie expérimentale. *Bibliothèque de psychologie appliquée. Encyclopédie scientifique.* Doin, 1911. — Traduit en espagnol. Madrid, Jorro, 1913.

La Sociologie générale et les lois sociologiques. *Encyclopédie scientifique.* Doin, 1912.

La Question sociale et le Mouvement philosophique au XIX⁰ siècle. Récompensé par l'Académie des Sciences morales. Armand Colin, 1914.

Le Conflit de l'autonomie nationale et de l'impérialisme. Marcel Giard, 1916.

Notions élémentaires de sociologie. 9⁰ édition 1924. Delagrave. — Traduit en tchèque. Brno, 1924.

Manuel de morale. 4⁰ édition. Delagrave.

L'athéisme dogmatique en sociologie religieuse (Paris-Strasbourg. Istra, 1923).

ÉPUISÉS

L'Origine de l'idée de droit. Thorin, 1892.

Le Socialisme et la Science sociale. 3⁰ édition. Alcan, 1909.

L'Idée d'évolution dans la nature et l'histoire. Couronné par l'Académie des Sciences morales. Alcan, 1902.

L'ÉVOLUTION

DES MOEURS

PAR

Gaston RICHARD

PROFESSEUR DE SCIENCE SOCIALE

A L'UNIVERSITÉ DE BORDEAUX

———

PARIS

LIBRAIRIE OCTAVE DOIN

GASTON DOIN & Cie, ÉDITEURS

8, PLACE DE L'ODÉON, 8

—

1925

L'ÉVOLUTION DES MŒURS

INTRODUCTION

Il y a plus d'un quart de siècle que DURKHEIM, dans une œuvre qui fut considérée comme le manifeste d'une nouvelle conception de la sociologie, écrivait que la première tâche du sociologue était désormais de séparer sa science de toute philosophie (1). Le précepte était plus aisé à formuler qu'à suivre. Pour séparer la sociologie de la philosophie, il fallait réussir à en distinguer les problèmes propres de ceux qui sont et ont toujours été consi-

____

(1) « En résumé les caractères distinctifs de cette méthode sont les suivants. D'abord elle est indépendante de toute philosophie. Parce que la sociologie est née des grandes doctrines philosophiques, elle a gardé l'habitude de s'appuyer sur quelque système dont elle se trouvait ainsi solidaire. C'est ainsi qu'elle a été successivement positiviste, évolutionniste, spiritualiste alors qu'elle doit se contenter d'être la sociologie tout court... La philosophie a tout intérêt à cette émancipation de la sociologie. Car tant que le sociologue n'a pas suffisamment dépouillé le philosophe, il ne considère les choses sociales que par leur côté le plus général, celui par où elles ressemblent le plus aux autres choses de l'univers. Or si la sociologie ainsi conçue peut servir à illustrer de faits curieux une philosophie, elle ne saurait l'enrichir de vues nouvelles. » — _Règles de la méthode sociologique._ Conclusion p. 172-3

dérés comme de la compétence des philosophes. On sait que l'école qui reconnaît Durkheim pour son chef a paru reculer devant la difficulté de faire cette distinction.

Cependant le précepte conserve toute sa valeur. La sociologie n'est et ne peut être qu'une science de faits. L'objet qu'elle se propose, c'est l'unité des sciences sociales, leurs rapports avec l'histoire ainsi que l'application des vérités induites des faits à la solution approchée des problèmes pratiques que nous pose la marche de la société contemporaine. Ce programme est suffisamment ambitieux. Ceux qui l'élargissent compromettent la sociologie plus qu'ils ne la servent. En embrassant un horizon trop étendu ils perdent de vue le pays dont ils devraient dresser la carte.

Au nombre des problèmes philosophiques qui semblent outrepasser la compétence des sociologues est, semble-t-il, celui de la loi morale, de sa possibilité, de ses fondements. Cependant il se trouve être posé à la sociologie française avec un tel éclat que le sociologue qui paraîtrait l'ignorer serait jugé inférieur à sa tâche. Une bibliothèque telle que la nôtre a la légitime ambition de collaborer à l'enseignement public. Or les programmes mêmes de l'enseignement supérieur rapprochent la sociologie et la morale l'une de l'autre au point de les identifier (1).

____

(1) Nous faisons allusion à l'institution d'un certificat de *morale et sociologie*, exigé depuis 1920 de tous les aspirants à la licence de philosophie et par suite de tous les futurs professeurs de philosophie (*Journal officiel* du 25 septembre 1920, p. 14119, colonne 3).

L'enseignement public en France ne peut cependant avoir incorporé à la sociologie les grands problèmes de la morale dans l'intention d'affaiblir la notion du devoir. Il y a plus de trente ans, qu'en 1890, l'un des ministres qui ont dirigé l'instruction publique avec le plus d'éclat et d'autorité, Léon BOURGEOIS, rappelait aux maîtres chargés de l'enseignement philosophique que leur raison d'être, c'est l'exposition de l'idée du devoir, et il la définissait comme « la loi qui nous prescrit de sacrifier et de subordonner ce qui est plat et vulgaire à ce qui est généreux, noble et délicat » ajoutant « telle est la pensée fondamentale que l'Etat doit maintenir ou il n'a plus qu'à abdiquer » (1). Ce langage, étant donné celui qui le tenait (ou au nom duquel il était tenu (2) ne saurait sans doute être considéré comme l'écho tardif des préjugés d'une génération arriérée.

Cependant tout n'est pas clair ici. L'école sociologique, dite française entre toutes, a pris en face du problème de la loi morale une attitude qui n'est pas exempte d'ambiguïté. Elle a aspiré à bon droit à fonder une science des mœurs et cette science, elle l'a déclarée explicative, non normative, indicative,

---

(1) « Il ne peut donc y avoir pour un Etat d'autre morale que la morale du devoir ni d'autre philosophie que celle qui rend possible une morale du devoir » « *Instructions, programmes et règlemenls de l'enseignement secondaires, enseignement de la philosophie* », § 6, p. 118 (Paris, Imprimerie Nationale 1890). Ces *instructions* n'ont jamais été rapportées ni abrogées.

(2) La rédaction des instructions sur la philosophie était attribuée à Jules LACHELIER.

non impérative. Néanmoins, Durkheim, en approuvant les conclusions du livre de M. Lévy-Bruhl sur la *Morale et la science des mœurs* a cru devoir censurer énergiquement l'interprétation qu'en ont donnée ses disciples, notamment M. Albert Bayet. Le grand reproche qu'il élève contre la *Morale scientifique* de cet auteur, c'est de professer que « l'idée du devoir est une sorte de fantasmagorie sans base objective ». Selon lui, la méthode sociologique qui étudie « les sentiments, les idées, les coutumes et les mœurs comme des choses » doit conduire à des conclusions tout autres. « Ce principe une fois accepté, il semble que, si l'on veut être conséquent avec soi-même, il faille nécessairement considérer comme des choses, comme des réalités fondées et normales des croyances et des pratiques morales que l'on observe de tout temps et dans toute espèce de sociétés. Car si l'universalité n'est pas un signe de normalité, où trouver ce signe ?... La morale se présente partout à l'observateur comme un code de devoirs. Qu'en faut-il conclure, sinon que la morale est essentiellement un code de ce genre, que l'idée du devoir en exprime la caractéristique fondamentale ? Et tout le rôle de la science des mœurs doit être d'expliquer cette notion, en faisant voir comment elle est fondée dans la réalité » (1).

Cette ambiguïté n'a rien d'inexplicable. Si avec Durkheim on définit tout fait social par la contrainte

---

(1) Durkheim. Année Sociologique, 9ᵉ année, IIIᵉ section, p. 325 (compte rendu critique de la *Morale scientifique*), d'Albert Bayet. Paris, Alcan, 1906.

extérieure du groupe sur l'individu et si l'obligation morale est une contrainte, au moins indirecte, le sentiment du devoir est-il pour l'individu autre chose que la résignation aux conditions que lui fait la Société et indirectement aux conditions qui sont faites à la société elle-même par la nature et par l'histoire, le passé social ? Mais cette résignation d'allure stoïque et qui peut n'être pas sans noblesse est-elle bien le dernier mot d'une science qui comme toute science doit, selon le mot de Claude BERNARD, être conquérante ? Des conclusions induites par la science, ne doit-on pas pouvoir déduire des règles d'art, des techniques dont l'usage sera utile mais non obligatoire ? L'obligation, identifiée à la contrainte des conditions de l'existence collective, la conscience du devoir placée dans la résignation à l'inévitable, même aux pires maux de la société y compris la criminalité, tout cela n'exprimerait que notre impuissance à réagir sur le déterminisme des faits sociaux après l'avoir compris. Le progrès de la sociologie, théorique et appliquée consisterait donc à faire décroître cette résignation, mais la conscience du devoir ne devrait-elle pas s'affaiblir parallèlement ?

C'est cette ambiguïté que nous voudrions dissiper ; ce sont ces équivoques que nous voudrions faire disparaître de la sociologie.

Le problème dont ce livre cherche la solution est au fond celui que DARWIN posait clairement il y a un demi-siècle, quand il fondait l'anthropogénie transformiste, en étendant à notre espèce les lois de la zoologie générale. Si connus que puissent être ces chapitres de la *Descendance de l'homme* (où l'on trouve l'ébauche d'une psychologie comparée, d'une sociologie et d'une pathologie sociale), nous croyons devoir en rappeler l'idée essentielle, car celui qui les ignore, ou qui n'en tient pas un compte suffisant ne peut rien comprendre aux essais de morale scientifique qui ont été tentés plus tard (1).

Bien qu'aucun des caractères anatomiques ou physiologiques de l'homme ne s'oppose à ce que l'on étende à notre espèce les lois de transformation valables pour l'ensemble du monde animal, bien que la structure cérébrale de l'homme atteste elle-même très nettement une origine inférieure, DARWIN estime incontestable l'existence d'un abîme entre l'espèce humaine et les espèces animales les plus élevées, même si l'on se borne à comparer le plus grossier sauvage dont la numération s'arrête à quatre et le plus intelligent des singes tel qu'il serait s'il avait subi l'influence de la domestication pendant des siècles. Comment résoudre cette difficulté qui oppose l'anthropologie et la zoologie l'une à l'autre ? DARWIN recourt à la science sociale, sans d'ailleurs la nommer.

Où réside en effet la difficulté ? Non dans l'ordre intellectuel, mais dans les caractères de l'homme moral et surtout dans la conscience qu'il a d'obéir à des devoirs. L'homme a des instincts en commun avec les animaux, quoiqu'en plus petit nombre, et quiconque prend la peine d'observer attentivement

_____

(1) Descendance de l'Homme, Iʳᵉ partie. Chapitres III,IV,V. Trad. franc. Reinwald.

les animaux ne peut douter qu'ils ne donnent des signes manifestes d'intelligence. Tout ce qui s'épanouit dans l'intelligence humaine est en germe chez l'animal, mais au premier abord, il n'en est pas de même de l'homme moral. La moralité semble être une caractéristique irréductible de l'espèce, dont les lois de transformation ne peuvent rendre compte. Cette moralité présente en effet deux caractères propres qui marchent de pair, le désintéressement et la conscience. L'individu est capable de sacrifices dont il ne retirera aucun profit puisqu'ils entraînent la perte de la vie. On voit l'homme se sacrifier, non pas seulement à sa postérité immédiate comme le font certains animaux, mais encore à l'ensemble de sa race ou de son espèce. De plus, il a conscience de la moralité de son action ; il a conscience de préférer certains penchants à certains autres, naturellement aussi forts qu'eux ou même plus forts et il s'approuve ou se désapprouve selon qu'il les préfère ou non.

La lutte pour la vie et la sélection naturelle ne permettent pas d'expliquer ces caractères. Le seul moyen d'accorder l'origine de la moralité avec l'origine animale de l'homme, c'est de reconnaître l'influence de la vie en société. L'existence de la société permet d'expliquer une activité désintéressée et aussi la conscience de cette activité, surtout si l'on se souvient que la société est susceptible de progresser en quantité et en qualité, de s'élargir et de se civiliser et que son développement favorise celui de l'intelligence. Dès lors, il est facile à DARWIN de prouver que la société existe chez les animaux et y fait apparaître un minimum d'activité désintéressée, que les sociétés formées par les hommes primitifs n'ont pu différer notablement des sociétés animales, enfin que la moralité humaine primitive a été exclusivement sociale (1). On voit aisément que cette démonstration répond à tout le programme de la sociologie.

Darwin restitue à la conscience de l'homme ce caractère impulsif ou tout au moins spontané qui déjà frappait Rousseau : il le rattache à cet instinct social ou grégaire, constaté un siècle et demi plus tôt par son compatriote Shaftesbury (2) et qui permet à beaucoup d'espèces animales d'en vaincre de mieux armées qu'elles dans la lutte pour la vie. Le dévouement de l'individu à l'espèce tout entière, la pitié universelle, ce désintéressement qui porte à estimer la noblesse du caractère pour elle-même, tout cela serait inexplicable chez des êtres dont les ancêtres étaient exposés à la concurrence vitale la plus rude si la société, qui évolue de la petite horde, jusqu'à la grande nation et jusqu'aux rapports de coopération intellectuelle et matérielle, entre les nations ne présentait pas l'intermédiaire explicatif. Le désintéressement conscient n'est que la forme la plus élevée de l'aptitude à la vie en société, de la solidarité sociale pour user d'un terme emprunté par la science positive à la théologie morale et à la jurisprudence.

______

(1) Descendance de l'Homme, Ire partie, chapitre iv. Trad. fr. pp. 106, 129.

(2) Shaftesbury. Characteristics of men, manners, opinions times. (Edition Robertson, Tome I, Londres, Grant Richards, 1900.

Le mouvement d'études sociologiques inauguré par le darwinisme allait rejoindre celui dont Comte était l'initiateur et il lui communiquait une impulsion nouvelle. Comte avait reconnu en passant l'intérêt que pouvait présenter l'étude des sociétés animales. S'il repoussait le transformisme, la physiologie cérébrale qu'il avait empruntée à Gall le portait à écarter l'antithèse classique de l'instinct animal et des facultés humaines (1). Il accordait à l'animal une intelligence empirique et même une vie affective très voisine de celle de l'homme. Néanmoins la zoologie sociale, la sociologie comparée au sens large, ne tient aucune place dans la sociologie telle qu'il l'a exposée. C'est à l'observation de l'humanité et surtout à celle de ses branches supérieures qu'il demande la preuve de la principale de ses thèses, la réduction de la moralité à la socialité. Il était plus facile au darwinisme de fortifier cette thèse en l'appuyant sur toute la psychologie comparée et en montrant qu'elle est la seule origine possible de la conscience morale. Celle-ci, tout en restant la caractéristique des races humaines, n'a plus rien de mystérieux pour celui qui en considère les conditions d'apparition et les phases de développement.

Mais si féconde qu'ait été l'impulsion communiquée par le darwinisme à l'étude de l'évolution des mœurs, on ne peut dire qu'il lui ait donné une orientation définie, loin d'apporter une solution acceptable aux problèmes qu'elle pose.

―――――――――

(1) Cours de philosophie positive, t. III, leçon 45e.

En effet le darwinisme a placé ses adeptes en présence d'une véritable antinomie, l'antinomie de la socialité et de la concurrence vitale. L'homme moral doit les caractères qui le distinguent de la majorité des espèces animales, même sociables, à la place que prend dans sa vie et sa conduite la conscience morale, qui procède du concours de la sociabilité et de l'intelligence. Mais qu'en résulte-t-il, sinon que l'espèce humaine est placée au sommet de l'animalité par l'affaiblissement de la cause même qui, dans la suite des âges, a fait apparaître des espèces vivantes de mieux en mieux adaptées aux conditions d'existence, la sélection naturelle ? Il n'y a pas d'espèce nouvelle sans une sélection entre les variétés de quelque espèce préexistante ni de sélection sans concurrence vitale. Or qu'est-ce que la sociabilité sinon l'atténuation de la concurrence vitale et qu'est-ce que la moralité consciente sinon une idéalisation de cette atténuation, une tendance à l'ériger en règle de vie ? Si chez les animaux, la vie en société ne nuit pas aux espèces faiblement armées, hyménoptères, gallinacés, palmipèdes, ruminants, rongeurs, primates, c'est que cette société est toute rudimentaire et qu'elle est encore un moyen de guerre contre les autres espèces, sinon contre les autres races ou variétés de la même espèce.

Mais chez les hommes, l'ampleur que prend la vie en société et l'affinement qui en résulte pour la conscience ne peuvent être que des obstacles à la sélection. Telle a été l'argumentation de cette sorte de darwinisme que par antiphrase on a appelé le darwinisme social est qui est comme l'antithèse de cette

sociologie comparée que Darwin avait esquissée.
Cette école voit dans la sélection sociale l'inverse de
la sélection naturelle, une sélection s'exerçant sous
l'influence de la morale, du droit international, de la
philanthropie universelle la première au profit des
individus, des familles, des classes sociales et des
races les plus incapables. Aussi régressive que la
sélection naturelle est progressive, elle menacerait
·l'humanité de dégénérescence.

Il restait un pas à faire et à rattacher cette hypothèse encore scientifique à une métaphysique de
la volonté et à une philosophie des valeurs pour
arriver à la doctrine que Nietzsche a résumée dans
sa *Généalogie de la morale* (1). C'est là qu'est formulée
la célèbre antithèse de la morale des maîtres et de la
morale des esclaves. Tout en vitupérant Darwin à
l'occasion, Nietzsche y souligne fortement l'antinomie inhérente au darwinisme et il nous aide à en
apprécier la difficulté. La morale des esclaves, dont
le bouddhisme, le judaïsme, le christianisme et la
démocratie sociale moderne ne sont pour lui que les
étapes successives, est le retour à cette morale de
la horde, du troupeau, par laquelle Darwin tente
d'expliquer la conscience humaine ; elle procède du
ressentiment des faibles contre les forts ; elle fait
consister le bien, non dans une perfection naturelle
qui résulterait de la sélection, mais dans une qualité
toute négative. Le bien n'est pour le faible que la
négation du mal et ce qu'il appelle mal, c'est la
souffrance que l'essor d'une volonté puissante inflige

---

(1) Nietzsche. — Werke Band VII. S. 287, 484.

aux faibles. L'humanité, n'est dans l'évolution universelle qu'un moment de la vie qui ne doit pas être fixé, mais qui doit faire place à la formation d'espèces supérieures. L'homme est un être qui doit être dépassé. Or la morale des esclaves, dont la loi morale est la formule, est un obstacle à cette évolution. Elle fait de l'humanité une fin et un terme.

On voit aisément quelle option l'énoncé même de ces problèmes impose à la science des mœurs. D'un côté, l'explication des origines de la conscience humaine est demandée à la sociologie comparée qui débute par l'étude des sociétés animales : la morale est présentée comme la condition de la vie en société qui est elle-même (à l'origine tout au moins) une condition de défense et d'adaptation pour les espèces faibles et mal armées ; d'un autre côté, la formation des facultés et des fonctions qui distinguent les espèces supérieures est expliquée par la sélection et la lutte. Si l'adaptation à la vie collective assimile l'homme à des espèces faibles et dont l'existence est tout instinctive, comment expliquer par elle l'essor de l'intelligence et de la volonté et la création de toutes les valeurs intellectuelles, esthétiques et économiques dont la valeur morale est inséparable ?

La conscience de ce problème est bien visible dans les œuvres de Herbert SPENCER et des autres précurseurs étrangers de la science des mœurs telle que nous la connaissons en France, Rodolphe JHERING, WESTERMARCK, Guillaume WUNDT. SPENCER voit l'humanité moderne placée entre deux grands risques : un arrêt de développement moral et politique, si la vie publique des peuples civilisés continue à dépendre de la guerre et de la préparation à la guerre; la multiplication des éléments faibles, incapables et parasitaires, si la pacification des rapports internationaux a pour conséquence la prépondérance absolue de l'altruisme sur la personnalité. La solution ne lui semble pas impossible. Elle lui est donnée par une idée traditionnelle, toujours en progrès dans les sociétés humaines, la justice. Ce qui distingue les sociétés humaines de celles que forment les êtres inférieurs, c'est que l'individualité peut s'y émanciper et qu'en même temps les hommes peuvent fonder l'Etat, dont la fonction est d'égaliser la liberté. C'est à la sociologie qu'il appartient de démontrer la réalité de cette limitation de la concurrence non par l'altruisme, mais par la justice. La moralité humaine présente donc inévitablement des phénomènes variables, mais cette variabilité n'est nullement capricieuse. Elle est limitée par les lois mêmes de l'évotion sociale qu'elle atteste (1).

JHERING, a vu, comme SPENCER que le problème du droit et de la morale est de chercher comment un être naturellement égoïste (et qui sous peine de renoncer à la vie ne peut dépouiller tout égoïsme) devient capable de moralité. Entre l'égoïsme et la moralité, il faut un intermédiaire et JHERING n'en voit pas d'autre que la société fortement organisée, légalement constituée. Il s'attache plus que SPENCER

---

(1) SPENCER a traité amplement cette question dans la IIe et la IVe partie de ses Principes de morale : Les inductions de la *Morale des différents peuples* ne s'opposent pas aux conclusions de la *Justice*.

à inventorier un matériel de faits recueillis à l'aide d'une méthode beaucoup plus historique. L'analyse des faits le conduit à reconnaître quatre impératifs sociaux, le mode qui opère par la sanction du ridicule, le droit, distingué des autres impératifs par la contrainte extérieure qu'il met en œuvre et enfin les mœurs et la morale. De ces deux termes, dont la racine est commune, l'un désigne l'autorité de l'exemple des ancêtres, l'habitude collective à laquelle l'individu doit se plier, l'autre, désigne la partie des mœurs qui est valable pour le genre humain et qui s'est universalisée. Entre les deux impératifs, la différence n'est pas primitive, mais acquise. A l'origine un peuple n'a pas d'autre morale que ses mœurs (1). A quelles conditions la morale se différencie-t-elle des mœurs et revêt-elle le caractère universaliste ? Là est le problème capital et JHERING dont la préoccupation est surtout d'ordre juridique, n'en cherche pas la solution.

Edouard WESTERMARCK, finlandais de naissance, mais esprit cosmopolite, et à qui nous devons le plus ample répertoire de faits moraux que nous possédions jusqu'ici (2), a été conduit aux études sociologiques par le spectacle même de la diversité des mœurs et des jugements moraux. Son hypothèse directrice est que les jugements moraux supposent des sentiments et que le sentiment fondamental, auquel tous les autres se ramènent, est celui d'une rétribution due

---

(1) JHERING (Rodolphe). — Der Zweck im Recht. II[ter] Band.

(2) *Origine et évolution des concepts moraux*, publié simultanément en anglais et en allemand en 1907.

à l'acte volontaire. Or la société est le berceau des sentiments moraux, dont la variabilité est inévitable car le cercle social est sujet à s'élargir et les variations de la conscience morale dépendent pour beaucoup des rapports que chaque groupe entretient avec les étrangers. Les jugements de rétribution ne peuvent manquer de varier avec l'intensité de l'hostilité car la désapprobation ou l'approbation correspond soit au spectacle de l'infliction de la souffrance, soit à la reconnaissance méritée par l'expérience du bienfait. Le sentiment de la rétribution est désintéressé et d'autant plus qu'il est plus général et plus impartial. Il serait inexplicable s'il tirait son origine d'une expérience exclusivement individuelle ; il n'en est pas de même, si on le rattache à la société. Il n'en résulte pas qu'il soit contraire à la sélection.

Guillaume WUNDT, mort en 1920, a rattaché la science des mœurs, à une psychologie ethnographique ou pour mieux dire sociale (1) qui traite des phénomènes élémentaires par lesquels les sociétés humaines se distinguent des sociétés animales, le langage, les mythes et les mœurs. Il voit dans les mœurs autre chose que des instincts collectifs et plus que des habitudes individuelles. Ce ne sont pas des instincts car on n'y obéit pas automatiquement. Elles dérivent sans doute du passé de l'espèce, mais sans que l'hérédité physiologique puisse en rendre compte. Les états de conscience dont elles dérivent sont des croyances traditionnelles. Ce sont le plus

----

(1) W. WUNDT. — Ethik, 2e édition, Vœlkerpsychologie.

souvent des rites transformés en règles de conduite, les hommes primitifs ayant exprimé dans leurs mythes, et leurs rites sans distinction de race, leur représentation idéale de la nature et de la conduite humaine. Ainsi rattachées à leurs origines, les mœurs ont pour domaine les relations interpersonnelles, puis les relations proprement sociales et au delà de celles-ci, les formes humaines de la vie. Si elles sont sujettes à varier, leurs variations ne sont pas accidentelles : elles sont expliquées et limitées par des lois de développement.

Cette revue, beaucoup trop rapide, des origines de la science des mœurs suffit à montrer quels liens étroits la rattachent à la science des phénomènes sociaux. Elle ne date ni de l'influence de quelques publications ni de l'enseignement d'un professeur. Elle est la conséquence légitime et, croyons-nous, bienfaisante, du mouvement des sciences biologiques, psychologiques et historiques. Elle répond au besoin de voir clairement quels sont les rapports de l'idéal moral et de la réalité et ne peut avoir pour adversaires que les amis des ténèbres favorables aux pires entreprises. Elle a sa place marquée dans une bibliothèque de sociologie.

PREMIÈRE PARTIE

CHAPITRE PREMIER

NOTIONS PRÉLIMINAIRES SUR LA NATURE ET L'ORIGINE DES MŒURS

Notre tâche sera de dégager des faits historiques et ethnographiques une histoire générale des mœurs et de l'interpréter. Mais notre premier problème est de délimiter l'objet de notre recherche. Qu'entend-on exactement par mœurs et à quel point de vue doit-on se placer pour en faire l'histoire ? Faute de bien répondre à cette question, nous risquons de nous égarer à la suite de tant d'autres, dans un dédale de faits particuliers, dont l'esprit de système nous montrerait seul l'issue.

L'un des précurseurs, sinon des fondateurs de la science des mœurs, Rodolphe JHERING, a distingué les mœurs de la morale, du droit et de la mode en cherchant par le moyen du contraste, à en éclairer la notion. Les mœurs, dit-il, sont locales, tandis que la morale a une valeur universelle. Les mœurs sont stables, alors que la mode est variable. Les mœurs sont sanctionnées par l'opinion prévalant dans le milieu où l'on vit ; le droit a la sanction de la puissance publique (1). Ces définitions sont négatives et ne peuvent nous éclairer qu'indirectement. La linguistique fournit au même auteur une définition plus précise. Comparant le terme latin *Mos* au terme germanique *Sitte*, il montre que le premier désigne l'autorité des ancêtres, le second l'usage collectif : deux sens qui se ramènent à l'unité, car ce qui est d'usage courant dans une société est ce qu'elle a hérité de ses ancêtres et de ses fondateurs.

Le Mos (qu'il nous soit permis de faire usage de cette abréviation dont la langue française ne nous fournit pas l'équivalent) est donc pour nous l'habitude sociale. Il n'est tel que parce que l'éducation l'a imprimé dans les esprits et les caractères. D'emblée nous rattachons donc l'autorité des mœurs à la double autorité des parents et des éducateurs sur les enfants, des habitudes sur les adultes. Mais l'analyse de chacune de ces formes d'autorité nous en découvre une autre qu'elle met en œuvre. Si la génération adulte se rend si aisément maîtresse de la volonté des enfants, c'est qu'ils tiennent de l'animalité un instinct des plus puissants, l'imitation et que toute l'ambition d'un enfant est de s'assimiler à un adulte, au moins extérieurement. Si l'habitude est si puissante sur l'adulte, à mesure surtout qu'il avance en âge, c'est que toute habitude se transforme en besoin et réclame satisfaction d'autant plus impé-

______

(1) R. Jhering. Der Zweck im Recht, II *ter* Band.

rieusement qu'elle est plus ancienne. L'autorité des mœurs est donc la quadruple autorité de l'exemple, de l'éducation, de l'habitude et du besoin.

Au point de vue psychologique, rien n'est plus aisément explicable que l'autorité des mœurs. Mais au point de vue moral, nous nous voyons placés en présence d'une grave difficulté. L'autorité combinée de l'habitude commune et de l'exemple des ancêtres ferait des mœurs une puissance amorale, aussi bien faite pour étouffer la conscience que pour la soutenir. WESTERMARCK, dans un livre célèbre, reconnaît qu'il est malaisé de savoir si l'autorité des exemples ancestraux a été due à la valeur morale qui y était attachée, ou si la valeur morale des exemples ancestraux se confond avec leur antiquité (1).

Tel est le problème dont la critique des faits devra nous donner la solution.

Comme on le voit, l'étude sociologique des mœurs a pour objet premier et immédiat les variations plus ou moins amples qu'éprouvent les relations sociales élémentaires, notamment les relations d'autorité à l'intérieur de petits groupes simples, puis dans les rapports de ces groupes. L'histoire des mœurs sera pour nous non celle de la multitude indéfinie des usages, mais celle des transformations, sinon des mutations, éprouvées par les relations familiales et interfamiliales.

Quant à l'interprétation de l'histoire des mœurs, nous la tirerons des rapports entre ces mutations et

____

(1) Origine des idées morales. Chapitre IV.

les conditions d'une éducation générale de la conscience morale : nous entendons par là son passage de l'état spontané à l'état réfléchi, de l'état où elle n'évalue que les actes à l'état où elle se montre capable d'évaluer aussi les motifs et les intentions.

Les mœurs sont des relations d'autorité entre ancêtres et descendants, par suite des relations de protecteurs à protégés. Les règles qui les expriment au dehors régissent donc deux sortes de rapports élémentaires sans lesquels cesserait la vie de l'espèce, les rapports entre les sexes et les rapports entre les âges. Ici les mœurs sont pour les hommes ce qu'elles sont pour les animaux, au moins pour les espèces sociales des embranchements supérieurs, où les jeunes ne peuvent vivre sans l'assistance prolongée des mères et où le concours des mâles devient de plus en plus indispensable aux mères elles-mêmes. Il en résulte que le double rapport des sexes et des âges engendre spontanément des sociétés domestiques, c'est-à-dire des cercles sociaux forcément étroits et fermés.

Mais pour une espèce intelligente et en voie de développement qualitatif et quantitatif, la vie sociale ne peut s'arrêter là. Entre les petits cercles étroits, formés par les groupes domestiques, des rapports d'hostilité ou d'amitié doivent s'établir et des mœurs en résulter. Ces rapports interfamiliaux ne peuvent manquer de réagir sur les rapports intrafamiliaux entre les âges et les sexes : il y a là encore matière pour des études historiques, c'est-à-dire socio-génétiques.

Les mœurs sont distinguées des modes par leur

stabilité. Cependant elles sont sujettes à des variations non seulement de peuple à peuple, de race à race, selon les milieux et les climats, mais encore dans les phases successives de la vie d'un même peuple. C'est cette diversité et cette variabilité des mœurs que le scepticisme a constamment opposées à l'idée rationnelle d'une loi morale et cependant, sans cette variabilité, concevrait-on la possibilité d'un passage des mœurs à la morale, c'est-à-dire de la particularité à l'universalité ? L'exemple des ancêtres, en ce qu'il a de plus étroit et de plus bas n'aurait-il pas toujours gagné en puissance et en autorité ? L'esprit, la conscience rationnelle, ne pouvait s'assujettir l'autorité des ancêtres que si les mœurs sont sujettes à mutation.

A vrai dire, il est dans le tableau de cette mutabilité une grave confusion que nous devrons éviter de commettre à la suite de trop nombreux historiens : c'est la confusion des *prescriptions* et des *indulgences*. WESTERMARCK l'a signalée en quelques lignes. Les peuples et les diverses générations d'un même peuple diffèrent plus par l'indulgence qu'ils accordent à leurs péchés mignons, à leurs plaisirs favoris, à leurs passions que par l'opposition des jugements de leur conscience sur le droit et le devoir. Ces variations des indulgences ne sont nullement arbitraires, mais peuvent être en rapport avec le mouvement général de la civilisation : d'où un nouveau problème historique.

CHAPITRE II

SOURCE ET MÉTHODE D'UNE ÉTUDE SOCIOLOGIQUE DES MŒURS

La sociologie des mœurs est d'abord une histoire, tout au moins une histoire générale, le tableau d'une genèse et d'un devenir. Mais avec l'ambition de trouver dans l'histoire une genèse, commencent pour le sociologue les difficultés, les risques d'erreur. Le rappel aux règles de l'induction scientifique ne sera donc pas ici un hors-d'œuvre.

Dans une étude génétique des mœurs, on ne peut s'interdire totalement l'usage de l'hypothèse, sous peine de verser dans l'empirisme en se contentant d'accumuler des travaux de détail. Mais autant l'hypothèse est féconde quand elle est l'anticipation d'une relation causale entre les faits, autant elle devient dangereuse quand elle prend l'aspect d'une construction logique ou idéologique dont l'imagination constructive fait tous les frais. Telle a été trop souvent jusqu'ici la condition faite à la science des mœurs.

L'hypothèse qui affecte et domine les essais les plus notoires des théoriciens français de l'origine des mœurs est celle d'un homme primitif et d'une

pensée primitive instituant une société primitive.
D'éminents métaphysiciens se sont complus à cette
élaboration. Leur puissante imagination et leur
subtilité dialectique s'y sont donné libre carrière,
mais s'il en est résulté de nouvelles théories, fort
ingénieuses, mais malheureusement contradictoires
sur les origines communes de la science et de la religion, sur les conditions du passage de l'empirisme
animal à la logique rationnelle de notre espèce, la
science des mœurs attend encore de cette méthode
une contribution appréciable.

La première règle de notre méthode sera donc de
faire table rase de toute spéculation sur les Primitifs. Nous y voyons la condition *sine qua non*
d'une histoire des mœurs et d'une recherche inductive sur leurs origines.

Sous quel aspect en effet se présentent les notions
de l'homme primitif et de la société primitive à
celui qui ne veut mettre en œuvre que les données
de l'observation et les conclusions d'inductions
légitimes ? On doit distinguer une notion d'origine
géologique et une notion d'origine historique. Ni
l'une ni l'autre n'autorise les spéculations que nous
venons de rappeler.

Cette notion du *Primitif* que nous nommons
géologique est celle de l'homme tertiaire, de l'homme
des gisements du pliocène, de l'auteur des silex de
Thenay et de quelques autres stations. Il semble
aussi impossible de reconstruire *à priori* les conceptions scientifiques ou religieuses que pouvait
former cet homme que de retrouver son équivalent,
même lointain, dans quelqu'une des races contem-

poraines. L'unique question posée à la science est de savoir si l'homme du pliocène était déjà (comme celui de la période glaciaire) un *Homo sapiens*, en possession du langage ou un anthropoïde supérieur à ceux d'aujourd'hui. Le reste appartient aux romanciers de la sociologie.

La notion *historique* de la société ou de la civilisation primitive est celle des antécédents réels de quelqu'une des civilisations les plus anciennes qu'aient pu atteindre l'archéologie, la philologie et l'histoire : telle est l'Egypte archaïque, telle est encore la Babylonie accadienne ou sumérienne.

La distinction de ces deux notions avait été clairement indiquée il y a près d'un demi-siècle par l'un des plus éminents représentants de l'égyptologie française, Chabas, qui était aussi versé dans l'étude des stations préhistoriques de France que dans celle des monuments de l'ancienne Egypte (1). Son argumentation irréfutable est qu'au point de vue de la chronologie les stations néolithiques ou même paléolithiques authentiques en France et dans l'Europe du Nord sont très souvent postérieures aux antiquités égyptiennes. La matière des instruments ou des outils dont les diverses couches d'une population font usage n'est presque jamais l'indice d'une antiquité antérieure à l'histoire. La distinction de la pierre taillée ou polie, du bronze, du fer est sans grande valeur chronologique. Donc ou le

---

(1) Chabas. Etudes sur les antiquités historiques d'après les sources égyptiennes et les monuments réputés préhistoriques. Paris, Maisonneuve (1873).

problème des Primitifs est insoluble ou la vie historique de l'ancienne Egypte nous présente à un degré suffisant le tableau d'une société primitive ou immédiatement dérivée d'une société primitive.

CHABAS limitait sans doute à l'excès l'ancienneté réelle de notre espèce. On peut dire cependant que toutes les inductions tirées soit de l'histoire européenne, soit de l'archéologie égyptienne lui ont depuis lors donné pleinement raison. Sophus MULLER a pu montrer que la civilisation paléolithique ou néolithique de la Scandinavie reproduisait à un millénaire près la civilisation de la Grèce fondée sur l'usage des métaux (1). MASPÉRO a conclu à l'existence d'une Egypte archaïque et demi-sauvage antérieure à la plus ancienne organisation sociale que l'archéologie nous permette d'atteindre (2). « L'étude des hypogées memphites, écrit-il, m'avait amené à enseigner que l'Egypte des Pyramides était la fin et comme la décomposition d'une Egypte antérieure... Les découvertes de Négadeh et d'Abydos nous font toucher du doigt cette civilisation que je devinais à peine. Nous y voyons prédominer des idées et des coutumes dont les générations les plus récentes ne conservaient que le souvenir assez vague. Les morts par exemple, n'y étaient pas momifiés, mais ils étaient mutilés, dépécés et les os déposés ensuite dans la chambre sépulchrale ; quelquefois le cadavre

____

(1) Sophus MULLER. L'Europe préhistorique (notamment chapitres XI, XVII, XVIII, XXIII, XXIX).

(2) MASPÉRO. Causeries d'Egypte. Librairie orientale Guilmote, éditeur, 1908.

brûlait avec le mobilier et la tombe entière était incendiée au dernier acte des cérémonies funèbres. On célébrait couramment le sacrifice humain et probablement aussi on se livrait à l'anthropophagie rituelle... On comprend maintenant, en examinant les os rongés et les squelettes désarticulées ce qu'était l'Osiris féroce dont j'avais signalé l'existence : au commencement l'être bon par excellence de la religion égyptienne avait été animé des instincts farouches de son peuple et il ne les adoucit que graduellement à mesure que ce peuple se policeit... Comme derrière l'Egypte des Pyramides nous pressentions l'Egypte de Ménès toujours puissante et toujours civilisée, nous entrevoyons maintenant derrière l'Egypte de Ménès une Egypte plus primitive, mais déjà adulte et des mieux armées pour l'existence (1) ».

Les philosophes qui ont fait de la science des mœurs leur domaine et qui ont écrit le roman de la sociologie génétique n'ont pas tenu le moindre compte de ces indications aussi lumineuses que prudentes. Le Primitif est resté pour eux le représentant d'une préhistoire antérieure à toute documentation comme à toute civilisation connue, d'une préhistoire soustraite à tout contrôle de l'archéologue ou du philologue et qui par suite exclut le passé des Egyptiens, des Babyloniens ou des Chinois tout comme celui des Indo-Européens et des Sémites. Mais cette phase inconnue du passé humain, ils ne se sont pas résignés à la rejeter dans quelqu'une des périodes géolo-

---

(1) IBID. L'Egypte archaïque, pp. 145, 147

giques où l'existence de l'homme a été constatée :
ils ont prétendu la découvrir à l'époque contemporaine. Ils ont hésité entre l'Amérique du nord,
l'Amérique du sud, l'Afrique équatoriale, la Polynésie, la Mélanésie et l'Australie, pour donner finalement la préférence à cette dernière. La raison de
ce choix est celle qu'a donnée le penseur qui représente le mieux leur dogmatisme. La Société primitive est pour lui celle où s'épanouit le fait social primitif entre tous, la religion. Or la religion des Australiens lui paraît primitive à deux points de vue :
elle surgit dans les conditions les plus simples qui
soient connues et elle ne suppose aucune autre religion avant elle (1).

La conséquence de ce raisonnement de métaphysicien, c'est d'absorber la science des mœurs dans
une science des religions, beaucoup plus hypothétique, et qui elle-même se confond avec une théorie
des origines de la science et de la pensée. Dans
toutes ses œuvres, DURKHEIM, a identifié l'histoire
de la croyance religieuse à une régression, une dissolution ininterrompue (2). La religion n'est pour lui
que la première affirmation de l'entendement collectif. C'est une forme de passage entre la sensation
brute qui constitue et caractérise l'expérience individuelle et une pensée logique dont l'expérience collective est la seule source concevable (3). En d'autres

______

(1) DURKHEIM. Formes élémentaires de la vie religieuse.
introduction, p. 1.
(2) ID. Division du travail social, p. 138.
(3) Formes, conclusion § 3, Gaston RICHARD. L'a-
théisme dogmatique en sociologie religieuse § IV, p. 41-48.

termes le Primitif, considéré dans son individualité n'est rien qu'un primate qui peut sentir mais non penser : considéré collectivement, c'est déjà un être raisonnable qui pense *sub specie œternitalis* !. Pour accepter de telles conclusions et les donner pour principes à la science des mœurs, nous devrions tout à la fois mettre l'expérience individuelle de l'homme primitif bien au-dessous de celle des singes et même de la plupart des mammifères et croire que par le fait d'une association inexpliquée ces animaux ont participé d'emblée à la raison intuitive et discursive telle que la concevaient les métaphysiciens de la Grèce et du moyen âge.

C'est aux psychologues et aux zoologistes qu'il appartient de discuter une telle hypothèse. Nous croyons devoir l'écarter de la science des mœurs sous peine de renoncer à ébaucher celle-ci.

Nous abandonnons l'hypothèse du Primitif en soi. Une société primitive est pour nous celle qui est au delà de l'histoire la plus ancienne de chaque race et qui en forme l'antécédent. Elle est révélée par l'ensemble des survivances que le préhistoire laisse dans l'histoire.

Notre tâche est donc maintenant de procéder à un inventaire rapide des ressources dont dispose l'historien des mœurs pour donner une solution approchée au problème qui se posait déjà si clairement à DARWIN : comment l'homme, un être soumis comme l'animal à la concurrence vitale, arrive-t-il, non seulement à agir avec désintéressement, mais encore à prendre conscience de ce désintéressement et à s'en approuver ?

L'historien dispose de deux classes de renseignements relatifs, les uns à la conduite extérieure, aux mœurs proprement dites, les autres aux états correspondants de la conscience morale, aux jugements que l'homme porte sur ses motifs d'action et à la valeur qu'il leur attribue. Nous pouvons dire d'un mot qu'à l'étude des variations de la conduite objective et de la constitution extérieure de la société correspondent l'histoire de la coutume et l'archéologie, comme à l'étude des états de la conscience correspond l'histoire des idées et des croyances complétée par la linguistique.

L'étude des coutumes a été créée par les historiens du droit qui dès le milieu du XVIIIe siècle ont été conduits, à la suite de MONTESQUIEU et plus tard de SAVIGNY, à remarquer que la loi écrite, promulguée par une autorité législative compétente et appliquée par des tribunaux investis d'une puissance coercitive n'existe pas dans les sociétés les plus anciennes. La loi est toujours la rédaction d'une coutume antérieure ; elle répond à un double besoin social que seule une société déjà civilisée peut ressentir. L'un est de faire un choix entre des coutumes préexistantes, dont les unes restent en pleine vigueur, tandis que les autres sont déjà dépassées par les exigences de la conscience commune ; l'autre est de rapprocher et de fondre en une seule toutes les coutumes de peuplades éparses, jusque-là indépendantes mais qui commencent à se rapprocher, à se fédérer et à reconnaître une même autorité. Très souvent, cette rédaction des coutumes est l'œuvre d'un sacerdoce et le droit écrit prend fréquemment le caractère d'un droit sacré, d'*un jus divinum*. Mais réciproquement, il n'y a guère de livre sacré qui ne contienne d'anciennes coutumes transformées en lois.

Ainsi la loi religieuse comme la loi civile présuppose une coutume avant elle. Or quelle en est la source ? Quel est le ressort de son autorité ? C'est l'exemple des ancêtres, l'idée que cet exemple est la règle du bien et du mal ou tout au moins résume l'expérience de ce qui est utile ou nuisible et dont il ne faut jamais s'écarter. Or ce que règle tout d'abord l'autorité des ancêtres, ce sont sans doute les rapports les plus indispensables à la conservation de la race, les rapports d'autorité et de protection entre les sexes et les âges, puis les rapports d'hostilité ou d'amitié entre les familles et les groupes de parents plus étendus que la famille proprement dite. C'est à ces rapports d'autorité que correspondent exactement dans notre langue le terme de mœurs et dans les langues latine et allemande ceux de *Mos* et de *Sitte*.

Ainsi comprise l'histoire de la coutume embrasse un champ d'observation très étendu qui va toujours s'élargissant. Les trois races qui ont été les principales actrices de l'histoire universelle, les Indo-Européens, les Sémites et les Egyptiens, ont fait l'objet de travaux dont nous ne pouvons songer à donner la nomenclature, mais que nous citerons à mesure que l'étude des divers points nous en donnera l'occasion. Mais l'observation des peuples d'extrême Orient, Chinois, Japonais, Annamites, Siamois, et même Malais, Tibétains, Mongols, Turcs orientaux, éclaire elle aussi l'histoire de la coutume. Au XIXe siècle, les exigences mêmes de l'administration de la justice dans l'Afrique française y a fait rentrer une grande race qui s'est toujours tenue à la limite de l'histoire et de la préhistoire, la race berbère. On sait à quelle série de travaux féconds ont donné lieu les Kanoun de la Kabylie, les coutumes du M'zab, celles de l'Atlas marocain, celles du Touat, celles enfin des confédérations sahariennes.

C'est de ces travaux sur l'histoire de la coutume que l'histoire des mœurs reçoit sa base la plus solide, la plus objective. Nous lui devons deux grandes inductions, correspondant pleinement aux données de l'observation courante. L'une est la stabilité des mœurs chez les populations rurales et plus encore chez les populations pastorales, l'autre est la réaction croissante de la loi sur la coutume dans les civilisations urbaines. L'histoire de la coutume est à bien des égards celle du village, de sa formation en rapport avec l'évolution de la vie agricole et de la double relation qu'elle soutient d'un côté avec la parenté, de l'autre avec l'Etat qui d'abord se confond avec la cité, c'est-à-dire avec la prépondérance de quelque ville. Ces deux systèmes de rapports se complètent et s'expliquent l'un l'autre. On ne peut, si l'on n'en tient compte, se faire une idée claire du processus social. Chacun sait qu'en France et plus encore dans la plupart des pays voisins, la tradition a plus d'autorité sur la population rurale que sur la population urbaine et qu'à cette autorité supérieure de la tradition correspond en général la prépondérance sociale des liens du sang. Nous savons tous

aussi que plus la civilisation, matérielle et intellectuelle, complique les relations sociales, plus la loi
y intervient au nom de principes très différents de
l'autorité des ancêtres, parfois même en opposition
radicale avec elle. Or cette autorité de la loi croît
partout avec la prépondérance des villes, qui s'est
considérablement accrue à l'âge moderne.

La comparaison la plus sommaire de la destinée
du village avec celle de la ville nous conduit de l'histoire de la coutume à l'archéologie qui porte, elle
aussi, sur la conduite extérieure. L'archéologie nous
fait toucher du doigt l'enchaînement des générations. Un de ses objets est en effet l'étude de l'habitation humaine et la reconstitution de la série de
ses formes ; c'est aussi la comparaison méthodiquement instituée, surtout par les égyptologues, entre
l'habitation des morts et l'habitation des vivants.
Or rien n'intéresse plus directement la science des
mœurs qui ne saurait évaluer trop haut l'influence
de la maison et de la tombe sur la conservation des
traditions surtout à dater du moment où disparaît
la vie nomade.

L'archéologie apporte la plus précieuse contribution à ceux des sociologues qui savent la consulter.
Les fouilles qui en Italie, en Grèce, en Egypte, en
Chaldée, en Susiane et ailleurs ont fait connaître
cette longue phase pré et protohistorique qui va de
la fin de l'âge de la pierre polie à la fin de l'âge du
bronze ont permis de démontrer l'unité, l'analogie
profonde de la maison et de la sépulture. Dans
l'Étrurie primitive, telle que l'a fait connaître l'exhumation de la vieille cité de Villanova, l'urne destinée

à recevoir les cendres du mort reproduit les formes de la maison qui est une cabane circulaire, visiblement faite de branches d'arbre. Ce n'est pas là une exception. Partout la tombe et la maison se modèlent l'une sur l'autre. Il en résulte une combinaison des causes qui attachent la famille à son foyer et la génération vivante aux générations disparues. Ces causes agissent à la fois par l'intérêt, la vénération et la crainte : attachement et vénération qui non seulement symbolisent la continuité des générations, mais encore la renforcent en la protégeant contre les causes qui tendraient à l'ébranler.

Ce qui est vrai du rapport entre l'habitation et la famille est vrai aussi du rapport entre le peuple et l'ensemble de l'habitat. C'est l'archéologie qui nous instruit sur la formation de la cité primitive et sur les degrés de son développement.

L'archéologie fait plus encore que de reconstituer la civilisation des races de l'Europe du Nord, depuis la période glaciaire, et d'en montrer la solidarité avec celles de l'Italie, de la Grèce et de l'ancien Orient : elle y a rattaché l'étude du passé de l'Amérique. Elle a mis fin à une vieille tradition datant du XVIᵉ siècle et qui distinguait dans la population indigène de l'Amérique deux groupes radicalement hétérogènes, les purs sauvages, chasseurs errants et les demi civilisés du Mexique, du Yucatan et du Pérou, Aztèques, Mayas, Chibchas, Kechuas, Aymaras. Avec LEWIS-MORGAN, elle a reconstitué l'évolution de l'habitation depuis la vallée de l'Ohio jusqu'aux sources de l'Amazone. Elle a prouvé que dans la vallée du Mississipi comme sur les bords du lac Titicaca existèrent des peuples civilisés disparus de longue date, tels que les *Mount-Builder*. L'aire de la civilisation était donc beaucoup plus étendue avant l'arrivée des Européens que les premiers historiens espagnols ne le faisaient soupçonner. La conquête européenne a sans doute arrêté une civilisation au seuil de celle de l'Egypte archaïque : induction dont on pressent assez la portée.

Si nous pouvions nous contenter d'une étude de la conduite extérieure, l'histoire de la coutume complétée par l'archéologie, suffirait à nous faire connaître une évolution des mœurs répondant à une complexité croissante de la société. Mais comme le reconnaît Darwin, si l'homme est un être moral et non pas seulement un animal sociable, c'est qu'il a conscience d'être conduit par des mobiles et des motifs désintéressés et qu'il s'approuve de le faire. Westermarck va plus loin. L'évolution même de la conscience humaine consiste pour lui dans le passage d'une estimation superficielle qui s'arrête à la valeur de l'acte à une opération plus réfléchie qui scrute la valeur du motif. Nous devons donc tenter de mettre en œuvre des sources d'information qui nous permettent de reconstituer historiquement ces transformations profondes de la conscience morale.

Nos sources sont ici les différentes branches de l'histoire des idées complétée par la linguistique, et surtout par cette partie de la linguistique dont l'objet est la transformation du sens des mots, la sémantique. Toutes ces études se tiennent. L'histoire des mots éclaire celle des idées, mais l'histoire des idées ne doit pas se limiter aux notions réfléchies : elle doit s'étendre encore aux notions spontanées, à peine distinctes des images et des sentiments.

Il y a lieu ici d'éviter deux tendances extrêmes. L'une, la plus ancienne, est celle des historiens de la philosophie et des sciences qui croient être remontés assez haut dans le passé quand ils ont pris pour point de départ les premières écoles philosophiques de l'Ionie et qui négligent systématiquement tout ce que l'on peut savoir, non seulement de la Grèce primitive, mais encore de l'Egypte, de la Chaldée et de l'Extrême-Orient. L'autre est la tendance récente des anthropologistes et de beaucoup de sociologues qui par réaction ne s'intéressent qu'aux rites, aux mythes et aux croyances magiques des races inférieures. Selon nous, dans une étude de l'évolution de l'homme moral, l'histoire de la philosophie, des sciences et des religions supérieures a son rôle à jouer tout comme l'histoire des mythes, des rites et de la magie. L'histoire des littératures est le lien des unes aux autres. Quelques mots nous suffiront à définir ce que nous pouvons tirer de chacune de ces sources.

L'histoire de la philosophie morale a pour objet propre la conscience réfléchie et par suite les origines de l'idée de loi morale. Elle doit sortir de l'isolement orgueilleux qui la confine dans l'étude de sept ou huit siècles de la pensée gréco-romaine et de quatre siècles au plus de la pensée européenne moderne. L'historien de la philosophie morale doit tenir le plus grand compte de la pensée orientale. Elle s'impose à lui d'abord sous la forme de la pensée chrétienne. La notion chrétienne de la loi morale, telle que nous la trouvons dans les épîtres de saint Paul la loi écrite dans les cœurs, n'a pas moins d'importance pour l'histoire que la notion stoïcienne de la loi naturelle. Elle suppose connues ou du moins cherchées les origines de la loi juive, qui préoccupaient déjà Spinoza et qui ont fait l'objet de la critique biblique. L'historien de la loi morale est ainsi conduit au cœur même de la civilisation babylonienne.

Dès lors il n'a aucune raison de négliger des civilisations plus orientales encore : elles lui présentent des formes peut-être plus spontanées de la même idée, la notion indienne du Dharma ou Dhamma et les notions chinoises de *Tao* et de *Jen*. C'est ainsi que l'histoire de la philosophie peut éclairer l'histoire des mœurs en lui indiquant la série des degrés qu'a parcourus la conscience réfléchie, en rattachant aussi les données proprement philosophiques à celles de l'histoire des sciences, de l'histoire des religions et de l'histoire des littératures.

Nous venons de nommer l'histoire des sciences, au risque de surprendre nos lecteurs. Que peut-elle bien avoir à nous apprendre sur les mœurs ou sur la conscience morale ? Notre réponse est qu'au nombre des sciences est la médecine. Or nous aurons l'occasion de voir à quel point les notions populaires, traditionnelles et sans doute primitives sur la nature et les causes des maladies intéressent les mœurs et à quel point la médecine scientifique est en quelque sorte la mesure de leurs transformations. L'histoire de la médecine est étroitement liée à l'histoire des méthodes scientifiques ainsi qu'au progrès des sciences physiques et biologiques. Le malheur est que la médecine n'ait pas jusqu'ici trouvé d'historiens dont la valeur égale l'ampleur et l'importance du sujet. Citons cependant les essais méritoires de SPRENGEL, de LITTRÉ, de Maurice ALBERT, de DIGNAT et de quelques autres. La lacune qu'ils laissent subsister est heureusement comblée en partie par l'histoire des sciences et de la philosophie. En effet, on n'a pas pu faire l'histoire de la chimie ou même de la physique, encore moins celle de la botanique, de la zoologie, de l'anatomie ou de la physiologie humaine sans toucher à l'histoire de la médecine. Il n'est guère non plus de grand système de philosophie qui ne se soit transformé tôt ou tard en système médical. A son tour la médecine a souvent réagi sur la philosophie et modifié ses méthodes. Le *Timée* de PLATON nous présente une théorie des maladies. La préoccupation médicale est plus visible encore dans les traités physiologiques et zoologiques d'ARISTOTE. De là dérive l'école des médecins dogmatiques qui invitent leurs confrères à chercher les causes internes des maladies sans se contenter des symptômes. A cette école d'anatomistes et de physiologistes s'opposent les *Empiriques* et les *Méthodiques* qui se font les champions d'un scepticisme plus ou moins atténué mais contribuent à réhabiliter l'observation *(autopsie)*. Bref l'histoire de la médecine est liée à toute l'histoire de la science et de la civilisation.

L'intérêt de cette histoire est de nous montrer dès l'origine la science médicale aux prises avec une conception populaire de la maladie qui peu à peu recule devant elle, mais en défendant ses positions et en conservant de profondes racines dans l'esprit humain. Ce n'est pas seulement celle des sauvages et des Primitifs présumés. Les civilisés de l'ancien Orient n'en ont pas une différente. « Les maladies, nous dit MASPÉRO dans son analyse du traité de médecine égyptienne publié par REISNER à Leipzig en 1905, les maladies étaient causées par la colère d'un dieu ou par la présence dans les membres souffrants d'un ou plusieurs êtres mauvais, génies, spectres, goules, vampires, esprits des morts. Les remèdes réparaient ou atténuaient les désordres extérieurs de la possession, mais le mal lui-même persévérait inguérissable tant que le malin continuait interné dans le corps ; les conjurations étaient seules capables de le chasser et le praticien aurait été de peu de secours à ses clients s'il ne s'était pas montré aussi expert en exorcismes qu'en formules de pharmacie (1) ». En d'autres termes, la maladie est une possession et tout malade est un possédé, un impur.

Si nous avons présente à l'esprit cette identité des idées de maladie et de possession, nous comprendrons aussi le double rapport entre l'histoire de la science et celle de la médecine comme entre l'histoire de la médecine et celle des mœurs. Dès l'éveil de l'esprit scientifique en Grèce, on le voit s'attaquer à l'idée que la maladie est une possession manifestant le pouvoir des démons ou des dieux sur l'homme. Les

____

(1) G. MASPERO. — Un nouveau traité de médecine égyptienne, *in* Causeries d'Egypte, p. 313.

idées d'HIPPOCRATE sur ce point sont aussi saines que celles d'un médecin moderne. La médecine scientifique trouve un écho dans l'opinion cultivée exprimée par les comiques. ARISTOPHANE lui-même, si hostile à l'esprit nouveau dans les *Nuées* raille les superstitions médicales dans le *Plutus* (1). Néanmoins, en dehors d'Athènes, l'idée de possession subsiste ; elle reste attachée à deux classes de maladies, les maladies contagieuses, dont la lèpre était la plus redoutée et les maladies mentales. Alors que les troubles des fonctions de nutrition et de relation sont depuis longtemps assimilées à des phénomènes naturels, la folie et les maladies analogues passent encore pour manifester, soit la présence d'un agent surnaturel, soit sa colère, soit enfin une relation criminelle entretenue avec un esprit malin par le malade lui-même ou par un de ses ennemis. Les médecins de l'époque grecque et romaine, HIPPOCRATE, ARÉTÉE, CŒLIUS AURELIANUS, GALIEN ont sur la folie des notions correctes, mais les théologiens en font prévaloir d'autres et il faut attendre la fin du XVIIIe siècle pour voir le traitement des fous assimilé à celui des autres malades. L'histoire de la médecine ne peut donc être négligée par celui qui veut se rendre compte et des mutations des mœurs et des raisons profondes de ces mutations. C'est au fond l'histoire du recul des idées de possession et d'impureté et par là même celle d'une idée où certains voient le germe même de la morale, l'idée du sacré ou du tabou.

____

(1) V. 676,59,

L'histoire de la médecine suffirait donc à nous conduire à l'histoire des religions s'il était besoin de prouver qu'elle est une des sources les plus abondantes pour l'historien des mœurs. Mais après la critique que nous avons faite des théories sur les *Primitifs*, il nous semble inutile de distinguer trop longuement entre l'histoire des religions, telle qu'elle se dégage de l'étude des textes ou des monuments et ces constructions arbitraires dont la *sociologie religieuse* est le parfait spécimen. En ce domaine autant et plus qu'ailleurs il convient de se garder des hypothèses où l'imagination vient suppléer à l'absence des renseignements. La plus retentissante est celle du totémisme primitif. Visiblement elle se rattache, en notre pays tout au moins, à un système aussi étranger que possible à l'observation et à l'histoire. Toute religion y est *à priori* considérée comme un ensemble de rites, c'est-à-dire d'emblèmes exprimant la tendance d'une communauté humaine, à l'unité. Quant aux croyances, elles ne seraient d'ordinaire que des illusions de la conscience sociale sur l'origine de ces rites. La croyance, le dogme ne serait jamais que la complication du mythe et primitivement le mythe ne serait lui-même que la représentation du rite, de la cérémonie qui répond aux exigences de la vie collective. La croyance réputée religieuse entre toutes, la croyance à des esprits, des démons, des dieux est présentée comme étrangère à la religion primitive, c'est-à-dire à celle dont toutes les autres ne sont que des dégradations.

Le grand argument de DURKHEIM est que l'idée de Dieu n'est pas susceptible d'évoluer et qu'elle tend à immobiliser les valeurs représentées à la conscience collective : elle serait donc incompatible avec cette évolution régressive qu'il avait assignée *à priori* comme loi aux phénomènes religieux. Cependant les témoignages qu'il mettait en œuvre l'ont contraint à reconnaître que les tribus australiennes s'étaient par leurs propres forces élevées non seulement à l'idée d'esprits et de démons, à un polythéisme rudimentaire, mais à une sorte de monothéisme. Le dieu australien « est un être immortel et même éternel car il ne dérive d'aucun autre. On lui attribue un pouvoir sur les astres. C'est lui qui a réglé la marche du soleil et de la lune ; il leur donne des ordres. C'est lui qui fait jaillir l'éclair de la nue et qui lance la foudre. On en parle comme d'une sorte de créateur : il est appelé le père des hommes et on dit qu'il les a faits (1) ». Un tel aveu est la ruine de son système.

L'historien des religions ne doit selon nous être ni métaphysicien ni théologien (quelles que puissent être ses convictions personnelles). Nous voulons dire que l'historien comme tel n'argumente pas pour ou contre l'existence de Dieu. Mais il s'expose à être arrêté net dans sa marche s'il refuse de reconnaître et que l'idée de Dieu existe dans l'esprit humain et qu'elle est susceptible de prendre les aspects les plus variés et de recevoir les valeurs les plus différentes. Sous ce nom, les hommes ont le plus souvent exprimé leur idéal de la nature humaine. L'histoire

---

(1) Durkheim. Formes élémentaires de la vie religieuse, pp. 410, 414.

des variations de l'idée de Dieu est donc d'une extrême fécondité pour la science des mœurs. L'un des initiateurs de cette science, Jhering ne se trompait pas en disant que bien souvent les dieux sont des « fossiles moraux ».

Un autre vice de la sociologie religieuse, telle qu'elle se présente à nous dans les œuvres de Durkheim et de ses disciples est de réduire à peu de choses le culte des morts dont Fustel de Coulanges, Sumner Maine, Herbert Spencer, Rohde, Amélineau, Maspéro, Erman, Naville et les autres égyptologues avaient montré la généralité et l'efficacité. En ce cas le fil conducteur de l'histoire des mœurs est encore une fois rompu. On voit s'effacer et s'obscurcir la relation qui semblait si claire entre le culte des morts et l'autorité des ancêtres. D'ailleurs là aussi les faits invoqués par les partisans du totémisme se retournent contre eux. C'est en Egypte qu'ils ont cherché le passage indubitable du totémisme primitif aux anciennes religions historiquement connues (1). Mais l'Egypte est le pays des *mastabas*, du culte des tombes poussé à ses dernières conséquences sociales. De plus, le plus clair et le plus profond des égyptologues, Maspéro, estime que les Egyptiens n'ont rendu que tardivement aux *espèces* animales un culte analogue à celui qu'ils rendaient à leurs ancêtres humains (2).

---

(1) Notamment Byron Jevons. Introduction to the history of religions p. 12.

(2) « Jusqu'à la conquête perse la momification avait été un honneur réservé dans chaque espèce à quelques

Quant aux Australiens, ces témoins par excellence du totémisme primitif, l'étude même des sources invoquées par DURKHEIM, notamment celle des grandes publications de SPENCER et GILLEN sur les tribus de l'Australie centrale et septentrionale nous montre le culte des ancêtres associé chez eux à celui des totems. « Leur croyance initiale est le mythe de l'Alcheringa. L'Alcheringa est pour eux la Genèse, l'âge qui a vu apparaître les ancêtres dont les hommes d'aujourd'hui sont la réincarnation. Tout enfant

---

individus qui étaient revêtus d'un caractère surnaturel, non pas à tous les taureaux par exemple, mais seulement à ceux des taureaux sur lesquels on avait discerné les marques qui trahissent la divinité et qu'on avait intronisé en pompe comme étant le dieu lui-même, l'Apis de Memphis, le Mnevis d'Héliopolis, le Bacchis d'Ermenthis. Ceux-là, ce n'était pas en tant que taureaux que l'on s'efforçait de perpétuer la durée de leurs cadavres mais en tant que dieux incarnés dans un taureau... Il semble que l'on s'en tint là pendant longtemps. Mais *au cours des âges la vénération qui s'était attachée à l'individu choisi par le dieu pour y incarner un de ses doubles s'étendit à tous ses confrères*, et le peuple de Bubastis, au lieu de rendre un culte aux chattes peu nombreuses qui représentaient la déesse dans le temple de la ville, honora toutes les chattes : *le dieu du nome cessa d'être un déterminé chat pour devenir le chat en général.* La même évolution se produisant ailleurs la sainteté et ses privilèges se propagèrent à tous les taureaux dans les nomes qui avaient adoré un taureau à tous les ibis dans les nomes qui avaient adoré un ibis, à tous les faucons, à tous les singes, à tous les serpents, à tous les poissons, à toutes les gazelles, à toutes les oies dans les nomes qui avaient adoré un faucon, un singe, un serpent, un poisson, une gazelle, une oie particulière. » (G. MASPÉRO. Les momies d'animaux de l'ancienne Egypte. Causeries d'Egypte, p. 219).

qui vient au monde est la réapparition d'un ancêtre du temps de l'Alcheringa. Les Churinga, les choses sacrées doivent leur caractère aux esprits des ancêtres qui y habitent. Or ces ancêtres n'étaient ni des animaux, ni des hommes mais des êtres intermédiaires, les Inapertwa, d'où les hommes se dégagèrent (1) ».

Un dernier trait oppose à notre avis une histoire des religions suffisamment compréhensive et scientifique à la sociologie dite religieuse : nous voulons parler des rapports de la religion et de la magie. Selon Durkheim la magie est une forme de la pensée individuelle et la religion une forme de la pensée sociale vu qu'il n'y a pas d'Eglise magique. Mais outre qu'il y a des confréries de magiciens, il est impossible de distinguer entre les croyances magiques et la représentation des démons et autres esprits, non seulement chez les Australiens, les Mélanésiens et autres races sauvages, mais chez les peuples de l'ancien Orient. D'ailleurs Durkheim doit reconnaître le caractère de croyance collective au principe même de toute magie : le semblable produit le semblable (2).

Par là, on voit ce que sera pour nous l'histoire des religions. Nous ne songeons pas à exclure l'étude des rites, souvent si étroitement associés aux mœurs et aux usages collectifs. Nous ne nions pas la réalité

---

(1) Spencer et Gillen The native tribes of Central Australia, chap. x et xi. — La citation est empruntée à notre étude sur l'*Athéisme dogmatique en sociologie religieuse*, Strasbourg, Istra 1923.

(2) Formes élémentaires livre III, chap. ii, p. 508.

des rites totémiques et leur importance dans l'histoire des sacrifices matériels. Mais nous nous refusons à identifier totalement la religion au culte extérieur. Par suite les grandes religions universelles nous paraissent aussi dignes d'attention pour le moins que les rites barbares. C'est surtout dans l'histoire des religions que nous pouvons espérer découvrir le lien entre la conscience spontanée et la conscience réfléchie. C'est là que nous chercherons la clef du passage entre la conscience fruste qui n'évalue que l'acte extérieur et la conscience affinée qui se préoccupe de la valeur du motif.

Pour la même raison nous ne pouvons séparer l'histoire des littératures de celle des religions et des philosophies. La littérature sacrée, qui consiste en hymnes et en prières, la littérature magique, qui consiste en *carmina*, en incantations, en exorcismes, expriment les plus anciennes formes de la croyance religieuse. Mais elles ne se distinguent qu'accidentellement des genres poétiques, tels que les Grecs les créèrent et où nous voyons l'origine des littératures de l'Europe. Ces genres poétiques et oratoires, l'ode, l'épopée, l'élégie, la tragédie, la comédie, la satire, l'oraison funèbre soutiennent à l'origine les relations les plus étroites avec l'expression des croyances et des mœurs. Entre la destinée que leur a faite le goût public et les transformations des mœurs, il existe une relation qui n'est nullement accidentelle. A diverses reprises, les études qui vont suivre nous apporteront l'occasion de le montrer.

L'histoire des littératures relève de la philologie qui touche à la science du langage. La Sémantique qui étudie les variations du sens d'un même mot ne peut elle non plus être négligée par l'historien des mœurs. Lorsque nous voyons par exemple le terme *anathème* pris à l'origine dans le sens d'*offrande* aux dieux, et le terme *hypocrite* avec celui de *répondant* au chœur tragique, puis d'acteur dramatique, nous comprenons à quel point les idées morales peuvent évoluer.

Telles sont les ressources dont dispose la méthode proprement historique pour étudier les mutations des mœurs et leurs rapports avec la formation de la conscience morale. Moins ambitieuse que celle des sociologues qui tentent de formuler d'emblée les lois de la société primitive, elle est plus propre à résoudre le problème moral proposé par le transformisme aux investigations sociologiques.

La méthode du sociologue en morale ne saurait être constructive, car en ce cas elle ne différerait en rien de celle des métaphysiciens, que l'on voit toujours partir de quelque axiome placé en dehors et au-dessus de la discussion. Elle n'a droit au titre de méthode scientifique que dans la mesure où elle se rapproche de l'expérimentation, c'est-à-dire du procédé qui prouve l'existence d'un lien causal entre deux ordres de phénomènes soit en faisant disparaître la cause présumée, soit en la modifiant dans des conditions définies. La méthode scientifiquement idéale, en morale comme ailleurs, serait celle qui retrancherait les facteurs présumés de la moralité humaine et étudierait les conséquences de cette disparition soit pour la conduite collective et les relations entre les individus ou les groupes, soit pour la direction de l'individu lui-même. Il est inutile de montrer que cette méthode est inapplicable, mais il est possible d'en rechercher les substituts ou les approximations. C'est ce que font déjà la psychologie, la pathologie mentale et la criminologie pour la conduite individuelle. S'il est prouvé, comme le pensent RIBOT et RENDA que la passion est un état psychopathique, un équivalent de la folie très comparable à l'épilepsie et que, selon les termes employés par l'un d'eux, elle constitue un gaspillage de la vie, la morale individuelle est déjà en possession d'une donnée de première importance : elle peut induire de la psychologie des passions que les conditions normales de la conduite individuelle se confondent avec celles de la stabilité et de l'équilibre du caractère (1).

Or l'histoire des mœurs nous apporte elle aussi un substitut de la méthode expérimentale. Il nous est pratiquement interdit d'abolir certaines règles de l'éducation des jeunes générations ou de modifier profondément certaines formes de l'habitude sociale. Les révolutions et les crises ethniques le font parfois sous nos yeux. Il en résulte déjà une révélation partielle des conditions profondes de l'ordre. Mais les révolutions sont des crises courtes et violentes dont l'origine est souvent obscure et

---

(1) RIBOT. Essai sur les Passions, chap. IV, § 4, p. 168, sq. Cf. Renda. Le Passioni, 1906.

dont l'appréciation partage beaucoup les esprits. Les crises ethniques, comme celles qui du ive au xe siècle de l'ère chrétienne ont renouvelé la population de l'Europe, sont beaucoup plus longues et moins irritantes, mais leur appréciation et la connaissance de leurs relations avec le mouvement de la civilisation ou avec les transformations sociales ou religieuses se confondent avec l'objet même de la sociologie comparée.

Le véritable substitut de la méthode expérimentale est donc la méthode comparative. Eclairée par l'histoire, qui ne s'en distingue pas autant que le pensait Comte, mais qui en est l'auxiliaire indispensable, elle consiste à remonter lentement et patiemment du présent au passé, des civilisations urbaines aux civilisations rurales, de la vie sédentaire au nomadisme et à la vie errante, des sociétés complexes et différenciées aux communautés simples et indifférenciées. Si à mesure que nous remontons d'un stade de culture à un autre qui lui est antérieur et l'a non seulement précédé mais conditionné, nous pouvons reconstituer les mœurs correspondantes et avec elle le niveau de la conscience morale, nous aurons pour ainsi dire opéré une série d'amputations, de retranchements dans la moralité actuelle. Nous aurons donc dans la mesure du possible l'équivalent de l'expérimentation. La connaissance inductive des conditions de la formation de l'homme moral, tel que nous le connaissons aujourd'hui nous renseigne encore sur celles de sa conservation, de son renouvellement par l'éducation et enfin de son perfectionnement possible.

Si cette marche régressive est celle qui s'impose à la recherche, nous la jugeons difficilement applicable à l'exposition, surtout dans une œuvre telle que celle-ci dont l'auteur ambitionne de s'adresser à un public étendu. Cette exposition suit forcément la marche progressive, en allant des problèmes les plus simples aux plus compliqués, sans que d'ailleurs les deux méthodes soient incompatibles.

———————

CHAPITRE III

LES ORIGINES DE LA PUISSANCE PATERNELLE

C'est dans la morale domestique que semble être la première ébauche de la moralité humaine. En effet la famille est la forme d'association qui repose sur les mœurs par opposition à l'Eglise ou confrérie religieuse qui repose sur la communauté de foi, à l'Etat qui repose sur la loi, à la corporation ou aux autres associations économiques qui dépendent des rapports d'intérêts. Or, comme sans une organisation domestique ni l'État, ni l'Église, ni la société économique ne pourraient durer plus longtemps que la moyenne d'une génération, les conditions morales de la formation et de la persistance de la famille sont indirectement celles de toutes les autres sociétés, si supérieures qu'elles puissent paraître. C'est donc dans la morale domestique que nous pouvons apercevoir les rapports élémentaires des mœurs avec la conscience morale.

Quoique la famille se présente à l'homme moderne, surtout en France, comme un cercle très étroit, un groupe exigu dont les membres se comptent par unités, bien rarement par dizaines, le sociologue tend à y voir l'expression, disons même la synthèse des rapports humains les plus généraux entre les personnes et les choses. On y trouve en effet : 1º des rapports entre les âges, entre les générations successives ; 2º des rapports entre les sexes ; 3º des rapports entre les hommes et les choses, telles que le sol et l'habitation. Dans toute famille, même dans la famille sauvage la moins juridiquement ou économiquement organisée, ces trois rapports s'unifient. La famille résulte de la subordination des relations entre les sexes à un minimum de discipline que leur impose l'autorité des ancêtres. Réciproquement le premier effet moral de l'autorité des ancêtres est de subordonner jusqu'à un certain point les rapports des sexes à la continuité régulière des générations, au remplacement de chaque génération en voie de disparaître par une génération nouvelle. Pour parler clairement, c'est la transformation d'une fonction toute physiologique, la procréation, en une fonction sociale et morale, l'éducation. Cette transformation en préparation dans toute la série animale, ne se définit et ne s'achève que dans l'espèce humaine : elle y devient la condition même de la production industrielle, de la coopération dite économique qui, comme le mot l'indique, est domestique à l'origine.

La formation des mœurs débute donc par une autorité, une discipline. Sous sa forme définie, qui sans doute n'est pas immédiate et primitive, cette autorité est la paternité, la puissance paternelle. La paternité symbolise et concentre dans une volonté personnelle l'autorité de la série des ancêtres disparus mais remémorés. Quelque abus qu'il puisse en être fait, quelque exagération qu'elle reçoive, cette autorité conserve un caractère hautement moral : elle est en effet inséparable d'une protection des faibles qui impose des devoirs impérieux et précis à ceux qui l'exercent. Dans les conditions des sociétés sinon primitives, au moins simples et très anciennes, au milieu d'une lutte très rude pour l'existence et d'une extrême insécurité, ces devoirs devaient être beaucoup plus difficiles et plus méritoires qu'ils ne le sont aujourd'hui.

Il résulte de là que dans la famille, le sentiment du devoir correspond à l'accomplissement de fonctions au sens le plus précis du mot. Tel est expressément le cas de la fonction maternelle dont le caractère reste biologique, dans la société humaine comme dans la société animale. Le dévouement de la mère aux enfants, dévouement d'autant plus complet que ceux-ci sont plus jeunes est un devoir, mais c'est aussi une fonction qui sous une forme sociale prolonge celles de la gestation et de l'allaitement. Cependant l'accomplissement de ce devoir et de cette fonction, qui confinent au sacrifice lorsqu'ils se renouvellent souvent au cours d'une même existence, n'est pas senti comme une souffrance, mais plutôt comme une satisfaction. Toute mère, constituée normalement, trouve dans l'accomplissement de ses obligations maternelles l'épanouissement de ce qu'il y a de meilleur et de plus élevé dans ses dispositions affectives. Ce qui est vrai de la mère l'est aussi des autres membres de la famille. Le devoir paternel de la protection et de l'éducation des enfants et du concours à la mère se présente aussi bien comme une fonction que comme une obligation, car c'est la mise en œuvre de toutes les qualités de la volonté et de la réflexion. Il n'en est pas autrement du devoir filial et du devoir fraternel. Pour ce dernier le caractère fonctionnel est moins marqué et cependant les affections fraternelles se manifestent par une certaine tendance à l'entr'aide qui impose de véritables devoirs sociaux en les rendant plus aisés à accomplir.

C'est donc dans la famille que se manifeste la conscience morale spontanée ; c'est là que la sympathie se transforme en approbation, l'antipathie en désapprobation, là que l'approbation ou la désapprobation d'autrui se transforme en approbation. ou désapprobation de soi-même. Ces premiers phénomènes moraux se produisent en toute agrégation familiale, même faiblement constituée, en raison de l'intimité des rapports entretenus, en raison aussi de la fréquence du concours que les membres de la famille doivent se prêter. Les manifestations de sympathie ou d'antipathie, d'approbation ou de désapprobation se produisent dans les relations d'enfants de même âge et de même génération. Cependant c'est surtout à l'autorité des générations adultes sur la génération la plus jeune que l'éveil de la conscience morale est dû.

L'enfant juge ses actions et ses omissions comme s'il s'attend à les voir jugées par ses parents et ceux-ci sont portés à juger leurs enfants comme eux-mêmes ont été habitués à être jugés. Là est le principe de l'harmonie entre la conscience individuelle et la tradition sociale, harmonie que le rationalisme indidivualiste a peine à comprendre, vu. qu'il néglige d'ordinaire la vie morale de la famille pour celle de l'Etat ou celle de l'humanité. Le rôle que joue le repentir, c'est-à-dire le reproche de la conscience suffirait cependant à nous donner la preuve du rapport entre l'autorité des ancêtres et l'éveil de la conscience morale. A tort ou à raison, les adultes, dans leurs relations avec les enfants, les vieillards dans leurs relations avec les jeunes gens expriment plus couramment et plus vivement leur désapprobation de la conduite qui les contrarie que leur approbation d'actes conformes à ce qu'ils attendent où à ce qu'ils prescrivent. Dans l'Etat et dans la société religieuse cette tendance de la morale à l'incrimination ne pouvait que s'accentuer.

L'histoire de la famille nous permet donc d'éclairer l'histoire des mœurs et de la rattacher à la sociologie comparée. L'histoire de la famille, du gouvernement domestique et des rapports intra-familiaux est l'histoire même de la coutume et de ses transformations.

A vrai dire, ces problèmes ont été compliqués et obscurcis comme à plaisir par la sociologie religieuse et par les spéculations sur l'homme primitif : nulle part nous ne devrons donc appliquer avec plus de rigueur les règles de méthode que nous avons précédemment indiquées.

Notre point de départ sera l'étude et l'analyse de la famille romaine. L'analogie incontestable qu'elle présente soit avec la famille dans les autres branches de la race indo-européenne et que les jurisconsultes romains notaient eux-mêmes quand ils parlaient des institutions domestiques des Galates et des Perses, soit avec la famille des Juifs et des Arabes, soit même avec la famille des Chinois, des Japonais et des Annamites, justifie suffisamment ce choix.

C'est dans la langue du peuple romain que le terme de *mœurs* reçoit le sens le plus défini et en même temps le plus compréhensif. D'un côté, il s'associe à la notion de la *pietas* et comprend toutes les conséquences de l'autorité des ancêtres sur les descendants, de l'autre il se distingue du *Fas*, c'est-à-dire des obligations proprement rituelles. Enfin il commence à se distinguer du *jus* au sens ancien du mot, des commandements que l'État, la Cité, impose au citoyen et qui, à l'origine, ont pour objet la paix entre les *gentes* dont les familles sont des branches. L'étude de la morale domestique des Romains est donc celle d'un type moral d'une valeur très générale.

La famille romaine n'est pas l'étroite famille des modernes : c'est encore une communauté morale étendue reliant entre eux tous les parents qui peuvent se rattacher à un ancêtre commun. C'est aussi, à l'origine au moins, une communauté économique· De là une solidarité domestique dont l'archéologie et la philologie nous permettent de retrouver les signes et de reconstituer l'esprit.

Elle prend comme forme extérieure la participation à des banquets que l'on retrouve avec des caractères voisins et des effets identiques dans les mœurs romaines et dans les mœurs de l'Inde : ce qui suffit à établir l'ancienneté de la tradition. Le témoignage des poètes et des historiens latins peut être comparé à celui des livres sacrés de l'Inde. L'examen sociologique porte donc sur autre chose que des conjectures.

Les Romains ont un repas funèbre, le *silicernium* que l'on célèbre auprès du tombeau des ancêtres et quelquefois dans cette tombe même, la tombe romaine étant parfois un véritable monument, le *columbarium*, vaste salle où sont des niches qui reçoivent les urnes contenant des cendres. Au-dessus du *columbarium* sont une ou plusieurs salles susceptibles de servir de lieux de réunions. C'est là que se célèbre le *silicernium*.

Cette cérémonie nous aide à en comprendre une autre plus intéressante encore pour l'histoire des mœurs. Nous voulons parler des *Caristia*. Cette fête, qui se célébrait chaque année le 23 février, nous a été décrite par Valère MAXIME et en termes pittoresques par OVIDE dans les *Fastes*. Il faut, d'après ces deux écrivains, la concevoir comme une fête joyeuse. C'était, dit Valère MAXIME, « un repas solennel auquel, en dehors des parents et des alliés personne ne pouvait être invité, en sorte que si quelque querelle s'était élevée entre personnes parentes, elle prît fin au milieu des rites de la table *(apud sacra mensæ)*, dans la gaieté des cœurs et sous l'influence des partisans de la concorde (1) ».

----

(1) Valerii MAXIMI. Factorum dictorumque memorabilium lib. II c. I 68.

D'après le texte d'OVIDE, il ne suffit pas de faire partie de la parenté pour être admis aux Caristies. Il faut ne s'être pas rendu coupable de fautes graves contre la concorde domestique. On en exclut le frère impie, la mère cruelle pour ses propres enfants, le fils impatient de la mort de ses parents, la belle-mère injuste qui opprime une bru prise en aversion :

> Innocui veniant : Procul hinc, procul impius esto
> Frater et in partus mater acerba suos ;
> Cui pater est vivax, qui matris digerit annos
> Quæ premit invisam socrus iniqua nurum (1).

Le châtiment de l'exclusion était une véritable excommunication familiale et devaît être très redouté. Comme le *silicernium*, les Caristies exprimaient donc le lien entre les ancêtres et la postérité. OVIDE lui attribue même le caractère d'une évocation des morts :

> Scilicet à tumulis et qui perière propinquis
> Protinus ad vivos ora referre juvat (v. 617-618).

Une cérémonie toute semblable est décrite et réglée minutieusement par les livres sacrés de l'Inde sous le nom de *çradha*. Contentons-nous ici de la caractériser d'après les *Lois de Manou* en dépit de la faible antiquité que la critique contemporaine attribue à ce code. Le çradha s'y trouve minutieusement décrit au livre III. Il est célébré en l'honneur des Mânes, des Pitri qui y sont invoquées et auxquelles on offre des mets imposés par la tradition.

---

(1) OVIDE, Fastes, lib. II v. 620, 624.

Les Saints, les Mânes, les Dieux, les Esprits et les hôtes demandent aux chefs de famille les obligations prescrites. L'homme qui connaît son devoir doit les satisfaire : « Tant que les mets se conservent chauds et que l'on mange en silence et sans déclarer les qualités de ces mets, les Mânes prennent leur part du festin (1) ». Les personnes étrangères à la parenté sont sévèrement exclues du çradha comme elles le sont des Caristia (2).

On voit quel est le sens de ces fêtes ; elles expriment la persistance et la primauté de la solidarité domestique ; elles rappellent à certaines dates que le parent quel qu'il soit, l'homme qui vous est imposé par la filiation et la consanguinité doit passer avant l'ami, avant celui que l'on peut librement choisir. Cette solidarité domestique n'est pas moins économique que religieuse. Elle règle le droit successoral. De même que le principe de l'ancien droit romain est qu'il n'y a pas d'hérédité sans obligations rituelles *(nulla hereditas sine sacris)*, dans l'Inde, ceux qui participent au çradha sont seuls admis à prendre leur part de l'héritage. L'héritage est la dévolution d'une somme de biens, d'une communauté dont le père, le chef de famille, n'est rien que l'administrateur et qui lui impose des charges onéreuses envers la parenté. Si l'usage de partager l'héritage s'est tardivement introduit en Occident, dans l'Inde, la coutume et la religion y sont restées contraires.

------

(1) Lois de Manou. Traduction Loiseleur - Deslong-champs, livre III, 80, 139.

(2) Ibid, article 138.

La morale domestique persiste à y consacrer une communauté de biens entre parents sous l'autorité de l'ascendant le plus âgé et le plus en rapport avec l'esprit des ancêtres.

Quel pouvoir cette morale exerçait sur l'homme de la race indo-européenne primitive, il nous est aisé de nous en faire une idée. Elle gouvernait l'individu en agissant sur tous les ressorts, tous les motifs dont la nature humaine est capable. Elle ajoutait à l'action des affections fraternelles, filiales, paternelles, celle de la religion, tout au moins de la crainte des morts. Le sentiment filial qu'elle mettait en œuvre était dans toute la force du terme une piété, car il ne s'adressait pas seulement aux parents vivants, mais à la série des parents morts auxquels on attribuait un pouvoir magique sur la nature et que l'on distinguait malaisément des dieux. Cette morale tenait encore l'homme par l'intérêt. Violer la piété domestique, c'était risquer l'excommunication, l'interdiction de prendre part au çradha, aux Caristies, au silicernium, à toutes les formes du repas funèbre. La conséquence en était terrible : c'était être désormais sans foyer, sans protection sociale, et exposé aux agressions des vivants autant qu'à la colère des morts.

*
* *

Mais le *mos* romain peut-il être considéré à bon droit comme le prototype des mœurs primitives où comme leur survivance la plus authentique ? Répondre affirmativement, c'est présumer que la puissance paternelle qui caractérise les mœurs domestiques des Romains (comme d'ailleurs de tous les peuples indo-européens, sémites et mongols chez qui l'on retrouve des mœurs analogues) remonte aux origines mêmes de l'humanité. On sait que cette opinion est repoussée par la grande majorité non seulement des sociologues, mais des ethnographes et des anthropologistes. Ils estiment que la famille proprement dite, fondée sur le mariage, l'autorité paternelle et maritale, et la filiation masculine résulte d'une lente différenciation de la *gens*, c'est-à-dire d'un groupe primitivement beaucoup plus étendu qu'elle où l'hérédité et la filiation se font d'ordinaire en ligne maternelle et où l'enfant a pour protecteur non son père mais son oncle maternel.

A vrai dire l'opinion contraire, favorable à l'idée d'un patriarcat primitif a conservé des partisans notables qui la défendent, non pas seulement au nom de la tradition morale ou religieuse, mais au nom de la science. Il nous suffit de citer les noms de SUMNER MAINE en Angleterre et de Frédéric LE PLAY en France. Résumons donc rapidement les preuves d'une antécédence de la gens sur la famille patriarcale et de la filiation maternelle sur la filiation paternelle. Il nous restera à montrer que la conscience morale n'est pas plus froissée par cette hypothèse que par celle que lui oppose la tradition.

Le transformisme ne contredit pas la possibilité d'un patriarcat primitif. C'était le grand argument de SUMNER MAINE. Chez les singes anthropoïdes,

notamment les chimpanzés et les gorilles, le mâle
vit avec une seule femelle : il la défend, elle et ses
jeunes, avec un soin jaloux.

« Les gorilles, écrit FORBES (1), vivent en petites
« communautés, ou plutôt en familles, composées
« des jeunes à différents âges, du père et de la mère.
« Comme l'orang, le gorille passe pour construire
« une sorte de nid en plate-forme ou d'abri pour la
« nuit. Il le fait en entrelaçant des rameaux sur la
« branche d'un gros arbre, à environ vingt pieds
« au-dessus du sol. Le mâle reste en garde au-dessous
« de l'abri ; la femelle et sa famille occupent la
« plate-forme au-dessus. Toutes mes informations,
« dit SAVAGE, s'accordent sur ce point que l'on ne
« voit jamais qu'un seul mâle dans une troupe. Il
« obtint cette primauté en tuant ou en chassant les
« autres mâles. — « Les chimpanzés habitent des
« régions forestières et y vivent soit de fruits sauvages
« recueillis dans les bois, soit des produits des jar-
« dins cultivés. Mais ils ne dédaignent pas la nour-
« riture animale s'ils peuvent se la procurer. Ils
« vivent en familles séparées ou en communautés limi-
« tées de petites familles associées entre elles, mais
« chaque mâle vit avec une seule femelle. Ces singes
« bâtissent, comme les orangs, des places de repos
« peu élevés au-dessus du sol. Ils les construisent de
« rameaux et de bâtons sur les branches d'un grand
« arbre ou encore sur une fourche (crotch). La

____

(1) Henry FORBES, directeur du Museum de Liverpool,
A. handbook to the primates. Tome II, pp. 185 et 192. —
Londres, Allen et Cⁱᵉ.

« femelle et ses jeunes s'y réfugient la nuit, le mâle
« se plaçant en garde au-dessous d'eux ».

·Devons-nous voir dans cette famille monogame
du gorille et du chimpanzé le prototype de la famille
humaine ? En ce cas, comment expliquer cette forme
de parenté dont le droit romain a conservé le souvenir, la *gens*, qui semble être la seule société domestique en vigueur chez la plupart des races arriérées
(Amérindiens, Bantous, Polynésiens, Mélanésiens).
Dans le cas contraire, que devient l'accord possible
du transformisme avec la dignité humaine ?

Pour traiter scientifiquement cette question, nous
croyons devoir écarter toutes les répugnances que
l'état présent de nos sentiments moraux peut opposer
à l'une ou à l'autre hypothèse. Quelque origine que
nous attribuions à notre morale domestique, elle ne
saurait ni correspondre à notre notion actuelle du
devoir ni pouvoir être érigée en modèle. Saint
AUGUSTIN, dans un curieux passage de la Cité de
Dieu, avoue qu'une famille patriarcale, créée conformément à la tradition biblique n'aurait pu échapper
à l'inceste (1). Si la famille primitive avait dépendu

____

(1) 'Le besoin qu'avait le monde d'être peuplé et le défaut
d'autres hommes que ceux qui étaient sortis de nos premiert
parents rendirent indispensables entre frères et sœurs des
mariages qui seraient maintenant des crimes énormes à
cause de la défense que la religion en a faite depuis. Cette
défense est fondée sur une raison très juste, puisqu'il est
nécessaire d'entretenir l'amitié et la société parmi les hommes,
but mieux atteint par les alliances entre étrangers que par
celles qui unissent les membres d'une même famille, déjà
unis par les liens du sang. Lorsque ces deux qualités sont
partagées entre différentes· personnes, l'amitié s'étend et se

de cette condition, il est vraisemblable que l'espèce n'aurait pas résisté à la concurrence vitale. Invoque-t-on l'analogie probable des mœurs de l'homme primitif avec celles du chimpanzé et du gorille actuels, on doit résoudre une autre difficulté que Saint Augustin indique déjà avec beaucoup de clairvoyance : une famille aussi étroite, aussi repliée sur elle-même fait obstacle à l'extension de la sociabilité, à la formation de ces associations étendues sans lesquelles, aux périodes géologiques, l'homme n'aurait pu vaincre dans la lutte pour l'existence tant d'espèces dangereuses qui l'entouraient.

La construction d'une société primitive, tirée de l'analyse de quelques données ethnologiques rudimentaires, a été pour beaucoup de sociologues l'unique moyen de résoudre cette difficulté que fait surgir la théorie de l'évolution. Cet expédient nous est interdit pour les raisons que nous avons énoncées plus haut. Nous sommes donc ramenés à l'inventaire des ressources dont nous disposons pour étudier l'origine et les variations des mœurs domestiques.

---

multiplie davantage. Adam était obligé de les réunir en lui seul parce que ses fils ne pouvaient épouser que leurs sœurs. Eve de même était à la fois la mère et la belle-mère de ses enfants comme les femmes de ses fils étaient ensemble ses filles et ses brus. La nécessité excusait alors ces sortes de mariages. Depuis que les hommes se sont multipliés, les choses ont bien changé sous ce rapport, même parmi les idolâtres. Ces alliances ont beau être permises en certains pays, une plus louable coutume a proscrit cette licence, etc. (Cité de Dieu, liv. XV, chap. XVI).

La méthode historique régressive dont nous avons montré la supériorité, ne nous enferme nullement dans l'Occident européen et ne nous condamne pas à n'observer que les branches occidentales de la race indo-européenne. C'est en Occident sans doute que les transformations sociales ont eu le plus d'ampleur et ont le plus affecté le droit et les mœurs. Ajoutons qu'elles s'y sont mieux qu'ailleurs exprimées dans des textes susceptibles d'être appréciés par la critique. Il est faux toutefois que la méthode historique ne nous fasse connaître que les variations du type domestique commun aux peuples de souche latine et germanique. Celui qui se contente de la connaissance qu'apportent les textes, *à fortiori* celui qui y joint les données archéologiques est en voie d'embrasser la série des transformations de la constitution domestique depuis la phase préhistorique la plus lointaine jusqu'à l'époque contemporaine.

Nous en trouvons dans la *Germanie* de TACITE une preuve décisive. Cette œuvre tout entière intéresse l'histoire des mœurs, mais ses dernières lignes (§ 46) suffiraient à lui donner une méthode. TACITE vient de décrire l'état social des Germains, proprement dits, vivant entre le Rhin, le Danube et la Baltique. Il a indiqué, l'existence, en une région plus septentrionale, d'autres Germains qui à n'en pas douter sont les Scandinaves, habitants d'un pays qu'il appelle Suebia. Plus loin encore, vers l'Est, il nous montre les *Veneti*, dans lesquels il est aisé de retrouver les Wendes, ces Slaves occidentaux qui devaient plus tard émigrer vers l'Elbe et les Alpes, au risque d'être exterminés et asservis par les Allemands. Nous arrivons enfin à un texte dont l'intérêt est capital pour l'ethnographie européenne et l'évolution sociale de l'Europe orientale.

« J'hésite si je dois classer parmi les Germains ou parmi les Sarmates les nations des Peucins, des Vénètes et des Fennes. Cependant les Peucins qu'on appelle aussi Bastarnes ne diffèrent pas des Germains pour la langue, le régime et l'habitation. C'est la même saleté, la même torpeur… Le type physique des Peucins s'est quelque peu dégradé dans le sens de celui des Sarmates, à la suite de croisements. Les Vénètes ont aussi emprunté beaucoup aux mœurs des Sarmates car ils errent en pillards dans toute la région montagneuse et forestière qui s'étend entre les Peucins et les Fennes. Cependant on les rattache plutôt aux Germains, vu qu'ils ont des domiciles fixes, portent des boucliers et savent combattre à pied, toutes choses étrangères aux Sarmates qui vivent à cheval et dans des charriots. Les Fennes sont dans un état de sauvagerie surprenant et leur misère est hideuse. Ils n'ont ni armes, ni chevaux, ni habitation. Pour nourriture ils ont l'herbe, pour vêtements des peaux de bêtes, pour lit le sol. Toute leur richesse consiste dans leurs flèches qu'à défaut de fer, ils savent armer des pointes en os. La même chasse nourrit les hommes et les femmes, car elles forment avec les hommes des groupes confus et réclament leur part de la venaison. Contre les bêtes fauves et les pluies, elles n'ont pour abriter leurs enfants que des branches d'arbres entrelacées (1) ».

---

(1) TACITE, Germania § 46. Edition Teubner, 2, II.

Il n'y a pas de doute à concevoir sur l'identité des Sarmates de TACITE : ce sont les Slaves orientaux, les ancêtres communs des Russes, des Serbes et des Polonais. Quant aux Fenni, peut-on hésiter à y voir les Finnois, les ancêtres communs des Finlandais, des Magyars et des peuples à demi barbares que l'on rencontre encore aujourd'hui dans les fôrêts et les steppes de la Russie orientale, entre la Kama et la mer Blanche ?

La *Germania* nous montre donc, au delà des frontières de l'empire romain, trois couches inégales de barbarie, représentées par les Germains, les Slaves et les Finnois. Les Germains n'ont pas su encore organiser l'Etat, la Cité ; ils n'ont pas dépassé le stade de la tribu ou d'une confédération de tribus formée seulement en vue de la guerre. Leur droit est rudimentaire et ne se distingue pas encore de la coutume, les tribunaux n'imposant pas le respect des sentences qu'ils prononcent. C'est l'autorité des mœurs qui assure un minimum de paix et de concorde. Il est douteux aussi que les Germains connaissent la propriété foncière patrimoniale. Mais la famille patriarcale est bien constituée quoi que l'autorité paternelle soit loin d'être aussi absolue que chez les Romains. Ajoutons que la population est relativement sédentaire, qu'elle sait se construire des habitations, forger les métaux, domestiquer les animaux, pratiquer la culture extensive du sol.

Les Slaves ou surtout le rameau oriental des Sarmates, sont arrêtés à un stade social déjà bien inférieur ; ils ne sont pas encore sortis du nomadisme. Le tableau que TACITE nous en fait en deux lignes porte à croire qu'au second siècle de l'ère chrétienne ils avaient conservé le même genre de vie que les Sauromates décrits par HIPPOCRATE six siècles plus tôt, et qui n'avaient pas encore atteint le stade patriarcal, car leurs femmes combattaient comme des hommes et choisissaient elles-mêmes leurs maris.

Cependant, comparée à celle des Fenni ou Finnois, l'organisation sociale des Slaves est déjà développée. Les Finnois n'ont pas encore domestiqué les animaux ; ils vivent de la chasse, ne construisent pas d'habitations, ignorent l'industrie élémentaire du vêtement et se contentent de peaux de bêtes *non arma, non equi, non penates ; victui, herba ; vestitui pelles ; cubile humus.* Ils ignorent totalement les métaux ; pour aiguiser leurs flèches, ils se servent d'ossements *solæ in sagittis opes quas inopiâ ferri ossibus asperant.* N'avons-nous pas ainsi la preuve ou tout au moins l'indice que les Finnois, au second siècle de notre ère, ne différaient pas de ces chasseurs de rennes, de chevaux sauvages et de mammouths qui, à l'époque glaciaire, associaient eux aussi l'os à la pierre pour fabriquer leurs armes ? La famille est-elle organisée chez ces peuplades ? Le texte de TACITE invite à en douter car il nous montre les hommes et les femmes formant des groupes confus, chassant en commun et réclamant chacun sa part de la proie, *idem venatus viros pariter ac feminas alit ; passim enim comitantur partemque prædæ petunt.* C'est le signalement du régime gentilice le plus rudimentaire.

Si nous songeons que ce tableau de l'Europe du Nord nous est présenté en quelque sorte du haut de l'empire romain, parvenu à son apogée, nous nous voyons ramenés à l'objection qui semblait nous arrêter et nous en apercevons la solution.

L'unité romaine, au IIe siècle, était le terme d'une lente évolution dont la philologie et l'archéologie classiques nous permettent de reconstituer les grandes phases et cette évolution avait été une longue transformation de la *gens* et de la famille. Les populations de l'empire étaient d'ailleurs loin d'être au même stade. Par exemple, les insulaires de la Grande-Bretagne étaient bien tardivement sortis de l'état social que César décrit dans les *Commentaires* et qui différait peu de celui des Finnois ou des Sarmates, vu qu'ils étaient tatoués et pratiquaient la polyandrie fraternelle. Les Vascons, ancêtres des Basques, étaient suspects de se livrer occasionnellement à l'anthropophagie. Les Ligures de l'Apennin conservaient bien des survivances de la filiation maternelle. En Gaule, selon M. Camille Jullian, la famille étroite, fondée sur le mariage monogame, était bien distincte de la *gens* que César ne mentionne pas une seule fois. Mais ce patriarcat, tout comme l'institution de la propriété foncière, procédait d'une évolution par régression du clan, évolution plus lente au nord qu'au midi, chez les Belges que chez les Celtes, d'autant plus lente que l'on se rapprochait davantage des populations bretonnes (1).

Or c'est cette évolution qui se poursuivait plus lentement encore dans l'Europe septentrionale, plus

______

(1) Camille Jullian. *Histoire de la Gaule*, t. II, chap. III, XI, XII.

rapidement chez les rameaux germaniques que chez les Slaves, chez les Slaves que les Finnois.

Telle était au point de vue de la sociologie domestique la physionomie de l'Europe il y a dix-huit siècles. Dira-t-on que TACITE était peut-être le CHATEAUBRIAND de son temps et qu'il nous a laissé un tableau où l'imagination a sa part ? Peut-être a-t-il poussé trop loin l'antithèse morale des Germains et des peuples de l'empire. Cependant ses peintures s'accordent avec toutes les conclusions de l'histoire des coutumes et de l'archéologie (1). L'étude des lois germaniques dont la rédaction ne commença que trois siècles plus tard, celle des Sagas scandinaves qui ne furent écrites que vers le xe siècle, celle des Nibelungen, plus tardive encore, ont confirmé les données de la *Germania*. Quant aux Slaves, l'on sait combien leur évolution a été tardive, surtout dans leurs rameaux orientaux et méridionaux, et ce que signifient, quant à l'histoire de la famille, les termes aujourd'hui classiques de *zadruga*, de *brastvo* et de *mir*. Il y a cinquante ans, les Monténégrins, les plus attardés des Yougo-Slaves, avaient à peine atteint le stade social des Germains du iie siècle. Au xviie siècle, les Cosaques Zaporogues conservaient sans grande modification les mœurs des Sarmates et au xixe, HAXTHAUSEN en retrouvait quelques traits chez les Cosaques de l'Oural (2).

------

(1) Notamment avec celles de Sophus MULLER. Europe préhistorique, chap. xvii et xviii.

(2) HAXTHAUSEN. Etudes sur la situation intérieure, la vie nationale et les institutions rurales de la Russie. (Hanovre 1847).

Doutera-t-on de la fidélité du portrait que TACITE, en quelques lignes, nous a tracé des Finnois ? Mais jusqu'à une date bien récente, une tribu finnoise, vivant entre la Kama et l'Oural, les Votiak, célébrait des sacrifices humains sans que le gouvernement russe pût réussir à les prohiber. Une autre peuplade finnoise, celle des Erza n'avait au début du xixe siècle que des tanières pour habitations. L'épopée nationale des Finlandais, le Kalevala, dont Lönroth a rassemblé les fragments conservés par la tradition orale, n'est qu'une suite de chants magiques laissant entrevoir un état social et des croyances bien voisines de celles des hordes sibériennes et même des Eskimo.

Qui pourrait contester la valeur de ces témoignages pour l'histoire de la famille des civilisés de l'Europe ? Les Finlandais contemporains désignent la famille par le terme de *perhé* qu'ils appliquent à un petit groupe formé par le mari, la femme et leurs enfants. Mais les Finnois orientaux ont un terme unique, *slagt* pour la famille et le clan ; il désigne une large association, comprenant parfois jusqu'à soixante personnes, vivant sous une même autorité, sous un même toit ou dans une même tanière. Or les Finlandais, quoique mêlés de colons suédois, sont étroitement apparentés aux Finnois orientaux et même aux Ougriens de Sibérie. Si la famille finlandaise est aujourd'hui celle des sociétés individualistes, celle des Finnois est un clan patriarcal aux divers degrés de formation et où l'on trouve toutes les survivances d'une société domestique plus simple et plus ancienne.

Si l'histoire et l'archéologie des peuples européens, surtout septentrionaux, nous permettent d'approcher d'aussi près de la vie de sociétés vraiment primitives, si elles nous apportent les données nécessaires à la discussion des rapports entre la famille et la *gens, à fortiori* en est-il de même de l'histoire de l'ancien Orient, que la vie des sociétés de l'Inde, de l'Indo-Chine et de la Chine a prolongée jusqu'à une date si récente. Tout prouve que chez les anciens Egyptiens, les Babyloniens, les Sémites, les Aryas de l'Inde, les Dravidiens, les Chinois et plus encore les Japonais, la famille patriarcale a été un démembrement, une différenciation ou désintégration d'un groupe plus étendu, que les Japonais nomment *Uji* et que nous pouvons nommer la *gens*, groupe qui dans presque toute l'Asie a survécu dans la parenté fictive et dans la solidarité morale, juridique, économique qui relie entre eux les habitants d'une commune rurale.

De même qu'en Europe, le régime gentilice a fait place au régime familial du Midi au Nord, en Asie, cette évolution s'est accomplie de l'Ouest à l'Est. En Asie mineure, les Grecs de l'âge classique retrouvaient une survivance remarquable du régime gentilice et de la filiation maternelle chez les Lyciens du Taurus (1). Ce peuple formait une exception au milieu de ses voisins, dans cette péninsule, de cul-

____

(1) HERODOTE A. 173. Les Lyciens et non les Lydiens, une distinction qui a échappé à James G. FRAZER. *Les Origines magiques de la royauté*, chap. VIII, traduction LOYSON. (Geuthner 1920).

ture alors si avancée ; mais de telles exceptions présentent à la sociologie comparée le plus profond intérêt. Ce sont les témoins d'un passé qui a été la règle.

En considérant cette question comme tranchée, nous étudierons désormais les variations de la morale domestique à cinq points de vue. Ce sont : 1º la condition de la femme et de l'enfant, relativement à l'autorité domestique ; 2º la condition du malade ; 3º celle du serviteur et de l'esclave ; 4º les rapports d'hostilité entre clans ou familles ; 5º les rapports d'amitié et surtout d'hospitalité.

CHAPITRE IV

LA CONDITION DE LA FEMME ET DE L'ENFANT

La transformation de la condition faite à la femme dans la famille est peut-être le plus général des problèmes que puissent se proposer la sociologie comparée et avec elle la science des mœurs, mais c'est aussi l'un des mieux définis, en raison du concours que nous apportent la physiologie et la psychologie. A côté des données variables, il y a des données constantes. On peut donc dire que, de même que les mœurs au sens strict dépendent des rapports simples et généraux qui constituent la société domestique, de même les variations de la morale domestique dépendent de la condition faite à la femme ou acceptée par elle.

Or trois lois peuvent être induites des faits analysés par la sociologie. La première est que la condition sociale de la femme est partout et toujours en rapport avec le mode de formation du mariage ; la deuxième, que la condition faite à la femme par les mœurs, les coutumes et les lois est partout et toujours en rapport avec celle qui est faite à l'enfant ; la troisième est que cette double condition dépend de la valeur que l'opinion de la communauté reconnaît à l'individu. Ce sont là, de simples lois tendancielles, comme toutes les lois sociales. L'intensité des effets qu'elles produisent est très inégale. Elles expriment cependant la marche, l'allure générale des événements.

A vrai dire, la relation primitive de la puissance paternelle et du mariage est des plus obscures. Rien de plus clair que la notion du mariage là où la puissance paternelle est en vigueur, car c'est la délégation qu'un père fait de ses droits sur sa fille à un autre père qui les remet à son fils. Mais comment la puissance patriarcale a-t-elle pu se constituer sans le mariage s'il est reconnu que le mariage est le signe, la garantie et la preuve de la paternité ? On semble tourner dans un cercle. Pas de mariage sans puissance paternelle, pas de puissance paternelle sans mariage. L'organisation de la famille est résultée de la solution de cette question ; elle n'a pu être trouvée sans tâtonnements et sans une série d'approximations.

La sociologie religieuse dispose ici d'une hypothèse qu'elle a su à rendre plausible à beaucoup d'esprits. Le totémisme selon ses principaux représentants, est l'unique expédient qui se soit offert aux hommes primitifs pour éviter l'inceste et pour passer d'une promiscuité bestiale à la famille telle que nous la connaissons ou telle que l'histoire nous la présente. Les sociétés primitives, représentées aujourd'hui par un petit nombre de races sauvages, notamment les Australiens et les Mélanésiens, sont d'ordinaire partagées en deux groupes, deux classes A et B. Le commerce des sexes est prohibé entre les hommes et les femmes de chacune de ces classes. Par contre toutes les femmes d'une classe sont consi lérées comme les épouses de tous les hommes de l'autre. Les enfants du groupe A donnent le nom de père à tous les hommes du groupe B. Le sectionnement graduel de chacune de ces classes en sous-groupes *a, b, c, d,* où s'institue la prohibition du commerce sexuel conduit finalement à la famille stricte.

Dès lors le problème est d'expliquer comment le respect de la prohibition peut être assuré et prévaloir contre la loi de sélection sexuelle et la lutte entre mâles pour la possession des femelles. Ici les notions du *tabou* et du *totem* interviennent à point nommé. Le tabou, l'interdiction rituelle fait peser ses menaces sur l'homme qui aurait commerce avec une femme de sa classe. Elle lui devient sacrée, interdite. La raison dernière est que tous les membres de ce groupe participent ou descendent de gens qui ont participé à une même communion totémique. La violation de la prohibition les exposerait à se voir refuser l'accès à des cérémonies religieuses dont dépend leur sécurité contre les puissances magiques, les maléfices de toute nature, dont dépend aussi le concours matériel que la tribu leur apporte.

Telle est la théorie qui a pris la forme d'un dogme intangible en dépit de ses transformations incessantes (1). Depuis la publication du grand ouvrage de Durkheim qui s'appuyait sur une première théorie de J. G. Frazer, nous avons vu surgir (1º) une nou-

______

(1) (Voir l'appendice).

velle théorie FRAZER, très différentc de la première (2º), une théorie de DUSSAUD, (3º), une théorie de FREUD, etc. Que si nous en demandons les preuves, nous sommes renvoyés à un petit nombre de témoignages dont l'examen nous jette dans un état de doute insurmontable.

On sait que c'est à l'Australie et à l'archipel mélanésien que l'on demande les preuves d'un totémisme primitif d'où seraient sorties l'interdiction rituelle (le tabou) et finalement la morale domestique primitive. Mais les patientes observations de CODRINGTON sur les Mélanésiens des Nouvelles-Hébrides et de l'archipel Salomon interdisaient d'y voir les terres promises du totémisme original comme d'ailleurs celles d'une promiscuité primitive graduellement limitée par cette religion (1). Restent les Australiens, où la géographie comme l'ethnographie nous autoriserait peut-être à voir des Mélanésiens dégénérés. Les observateurs auxquels DURKHEIM nous renvoie sont en petit nombre : ce sont SPENCER et GILLEN, FISON et HOWITT et enfin STREHLOW. Les œuvres massives des deux premiers sont de beaucoup les plus instructives et les plus souvent citées. Il n'en est pas de plus propres à faire douter de l'hypothèse du totémisme originel et plus encore, ce qui nous importe davantage ici, de son influence sur la formation de l'éthique sexuelle.

Dès le début de leur œuvre principale *(Native*

______

(1) Nous avons montré la portée des observations de CODRINGTON dans notre livre sur la *Femme* dans l'histoire, IIe partie, chap. I et II.

tribes of Central Australia), SPENCER et GILLEN nous mettent en garde contre la tendance à généraliser les observations faites sur une population australienne et à en tirer un schéma de l'Australien, *a fortiori* de l'homme primitif. « Il est essentiel d'avoir dans l'esprit que s'il y a sans doute une certaine somme commune relativement à l'organisation sociale et aux coutumes parmi les tribus australiennes, la diversité reste cependant fort grande. Quelques tribus par exemple comptent la descendance en ligne maternelle pendant que d'autres la comptent en ligne paternelle. En fait, il n'est pas possible maintenant de dire laquelle de ces méthodes est la plus répandue en Australie. *Dans quelques tribus les totems gouvernent les mariages et dans d'autres n'ont rien à faire avec cette question...* Dans quelques tribus, il y a un totem sexuel, dans d'autres rien de tel et dans des cas isolés nous rencontrons un totem individuel distinct du totem commun à un groupe d'hommes et de femmes (1) ». Plus loin les mêmes auteurs ramènent les mœurs domestiques de l'Australie centrale à deux grands types, celui des Urubonna et celui des Arunta et de quelques autres. La constitution des Urubonna confirmerait seule l'hypothèse totémiste. Ils sont partagés en deux groupes seulement, les Matthurie et les Kirarawa. Ces groupes sont exogames et subdivisée en groupes totémiques ou *tunthunnie*. « Un Matthurie du sexe mâle doit épouser une femme Kirarawa et l'homme d'un totem doit épouser une femme d'un

______

(1) Native tribes, Introduction p. 34, 36

autre totem (1). » « Le terme Nupa est sans exception appliqué indistinctement par les hommes d'un groupe particulier aux femmes d'un autre groupe. » « Chaque femme est en propre la *nupa* d'un homme défini, mais il n'a pas un droit exclusif sur elle (2). » Chez les Arunta, la descendance est comptée dans la ligne masculine. Les observateurs, instruits par un long séjour au milieu de ces peuples, voient cependant en eux « le type du large groupe de tribus habitant le centre du continent du lac Eyre au Sud jusqu'aux environs de Port-Darwin au Nord ; car chez eux la filiation est ainsi comptée (3) ». Si toutes ces tribus professent une même religion totémique et si cette religion est l'unique source des prohibitions de l'éthique sexuelle qui leur tiennent lieu du mariage, cette dualité des types urubonna et arunta est franchement inintelligible. Qui décidera d'ailleurs de leur ancienneté relative ? Les uns comme les autres vivent au même stade économique. Ils témoignent de la même absence d'organisation politique. Peut-être les Arunta et leurs congénères ont-ils immigré en Australie plus anciennement que les Urabonna, mais quelle conclusion tirer de ce fait ? La seule serait que le totémisme originel est devenu, jusque dans les régions les plus reculées de l'Australie, les plus fermées à l'action étrangère et européenne, une exception et peut-être un cas pathologique.

---

(1) Native tribes, chap. i, p. 60.

(2) *Ibid.* p. 62.

(3) *Ibid.* p. 70.

L'Australie indigène n'aurait donc rien à nous révéler sur l'origine du mariage si les observateurs dont le nom est, désormais associé à celui de ces tribus ne nous avaient apporté sur la méthode pour obtenir des femmes » (method of obtaining wives) quelques indications beaucoup plus lumineuses que toutes celles qu'ils ont pu tirer des rapports du totémisme et de la morale domestique (1).

Les moyens d'obtenir une femme en Australie centrale et septentrionale sont, par ordre de violence décroissante : 1º la capture ; 2º le charme magique ; 3º l'enlèvement consenti ; 4º l'accord avec les parents. La capture est déjà un fait criminel, car elle expose à des représailles celui qui y recourt. L'attraction magique, le recours présumé à des philtres n'en diffère pas dans l'estime publique. Restent donc deux procédés que l'on peut qualifier de normaux : l'enlèvement consenti (elopement) et l'accord avec les parents. La différence entre eux est que la volonté féminine joue dans l'un de ces deux cas un rôle plus grand que dans l'autre. Mais le consentement individuel peut n'être pas ratifié par le groupe qui de tradition s'attribue un droit sur la femme. Il en résulte donc des rixes, et même une sorte de combat judiciaire, dont nous ne pouvons décrire les détails mais à la suite duquel l'enlèvement peut être légitimé. Le dernier procédé, (tualcha mura) est en fait le plus répandu : c'est une convention de fiançailles, attribuant à un jeune homme la fille née ou à naître d'une femme appartenant au groupe

____

(1) *Ibid.* chap. xvii, pp. 554, 561.

dans lequel la coutume lui permet de faire son choix. La formation de cette convention ne présuppose aucune cérémonie totémique.

Chez les races supérieures, tout comme chez les Australiens, l'enlèvement et la convention de fiançailles ont frayé la voie au mariage proprement dit, fondée sur la délégation de la puissance paternelle. La convention de fiançailles a pris le plus souvent la forme d'un achat et d'une vente. La question est de savoir si de ces deux coutumes qui coexistent chez les Australiens, la première, la plus violente, n'a pas été l'antécédent de l'autre.

L'antiquité et la généralité de l'enlèvement ne sont pas niables. Un enlèvement symbolique figure dans le cérémonial des *justes noces* romaines. Quand le cortège nuptial arrive à la maison de l'époux, le fiancé soulève la fiancée et la porte ainsi au-dessus du seuil qu'elle paraît franchir malgré elle. Tous les historiens ont vu là la survivance d'un enlèvement bien réel. Dans le mariage spartiate, où s'était conservée la coutume dorienne, l'enlèvement était moins purement symbolique. Il en est de même de beaucoup de races restées demi-barbares et qui appartiennent cependant à l'histoire. Tels sont les Turcs-nomades, dont les Osmanlis sont issus. Chez les Turkmènes des bords de l'Oxus et de la Caspienne, c'était sous la forme d'un arbitrage entre familles après un enlèvement que s'exerçait la seule autorité reconnue, celle des Ak-sakal, ou barbes blanches.

L'enlèvement est sans doute un procédé violent, mais quand il est solennel et qu'il a été reconnu, il suffit à établir la paternité qui en est la suite. Peut-être l'enlèvement a-t-il lui-même un antécédent, socialement régulier, observé à Sumatra et dans la péninsule malaise sous le nom d'*ambil anak*. Avant d'enlever sa fiancée, le futur vit dans une condition servile au milieu de la gens à laquelle appartient sa fiancée. Le mariage de Jacob, décrit au chapitre xxix de la *Genèse*, paraît analogue à cette coutume. Toutefois, si plausible que soit cette hypothèse à laquelle s'est rallié Mazzarella (1), ce n'est qu'une conjecture, tandis que l'enlèvement symbolique est un fait et suffit à attester le passage du régime gentilice et maternel au régime patriarcal.

Toutefois le régime patriarcal n'est vraiment fondé que lorsque l'enlèvement fait place à une forme supérieure, quoique bien loin de nos mœurs, le mariage par achat de la femme. L'enlèvement a pour conséquence éventuelle d'ouvrir un état de guerre privée entre deux clans ou deux familles. Le groupe du ravisseur devient en effet solidaire d'un acte qui prive le clan originaire de la jeune fille de l'une de ses ouvrières, le travail étant d'ordinaire dévolu aux femmes. Le ravisseur et son groupe doivent donc un dédommagement. Le mariage est formé si le groupe dont la jeune fille est issue accepte l'indemnité. Elle est d'ordinaire payée en bestiaux : de là ce nom d'*alphésibées* que les Grecs de l'âge héroïque donnent aux jolies filles (celles qui procurent des bœufs). Vient enfin un âge où l'enlèvement est évité par l'anticipation du paiement de l'indemnité.

------

(1) Les types sociaux et le droit, section IIe, chap. i.

Le mariage par achat, ainsi institué, est une coutume de première importance pour l'appréciation des mœurs patriarcales. Sans lui, trois institutions resteraient inexplicables, les fiançailles, la polygamie et la dot.

Les fiançailles sont un véritable contrat, ou pour mieux dire un traité entre deux groupes domestiques. On a noté la quasi-identité des termes grecs désignant les deux institutions (1). Par ce contrat, le chef d'une famille cède son droit sur une de ses filles soit à un gendre qu'il agrée soit le plus souvent au père du futur époux. La forme de ce contrat importe beaucoup plus que sa matière, le prix payé, le paiement d'un prix n'étant, semble-t-il, pas autre chose que la preuve de l'engagement, l'attestation de l'obligation de traiter la jeune fille en épouse. A mesure que les mœurs s'affinent, le prix de l'épousée se réduit aux proportions d'un symbole, surtout dans les classes supérieures de la société. FRÉDÉGAIRE nous montre Clovis épousant la burgonde Clotilde pour un sou et un denier, (*solido et denario, ut erat mos Francorum*). Cette somme est payée à Gondebaud, oncle et tuteur de la fiancée. Chez les Irlandais, même après leur conversion au christianisme, le prix de l'épousée, le coïbche, reste en vigueur pendant les premiers siècles du moyen âge. Au moment du premier mariage, le père en touchait la totalité ; en cas de secondes noces, il devait le partager avec

____

(1) ἐγγύη contrat, ἐγγύησις fiançailles. La coutume du *potlatch*, observée chez les indigènes de l'Alaska, ne semble pas avoir un autre sens.

sa fille. Partout le versement du prix marque la conclusion des fiançailles, le moment à partir duquel le chef de la famille du mari peut exercer ses droits sur l'épouse dont il prend ensuite livraison quand il lui plaît.

Les noces consistent dès lors en une cérémonie religieuse dont les traits sont les mêmes chez les races les plus différentes et les plus éloignées, les anciens Égyptiens, les anciens Romains, les Annamites contemporains, les Turcs nomades de l'Asie centrale. C'est la présentation de l'épouse au foyer des ancêtres du mari, son incorporation religieuse à la famille qu'elle devra contribuer à perpétuer. Les patriciens romains l'appelaient *confarreatio*, en raison du repas symbolique qui l'accompagnait ; les jurisconsultes la définissent : *divini humanique juris communicatio*.

La polygamie était la conséquence possible et presque inévitable du mariage par achat. Un même homme pouvait épouser deux ou plusieurs sœurs et il lui était difficile de faire une distinction tranchée entre ses épouses et les femmes esclaves qui, elles aussi, entraient dans sa maison à la suite d'une vente. La Genèse nous montre Jacob épousant les deux filles de Laban, Léa et Rachel, et traitant en épouses leurs servantes, Zilpa et Bilha dont les fils prennent rang, comme ceux de ses femmes, parmi les ancêtres des douze tribus d'Israël.

La polygamie primitive ne comportait pas le développement monstrueux qu'elle a pris dans les harems des despotes asiatiques et surtout africains où les femmes se comptent par centaines et par milliers. Elle ne s'oppose pas radicalement à la monogamie, car les mœurs n'accordent pas partout aux épouses cette égalité qui caractérise pour nous la polygamie musulmane. On a pu en distinguer deux grands types prévalant l'un en Extrême-Orient, l'autre dans l'Orient musulman. La polygamie des peuples jaunes reconnaît à la femme épousée la première une primauté sur les autres qui lui sont subordonnées à tous égards ; la polygamie musulmane ignore cette distinction et favorise davantage le caprice sexuel. Rapprochée des données de l'histoire religieuse, cette dualité des types polygames porte à croire que l'inégalité des épouses est primitive et l'égalité plus récente. La hiérarchie des épouses coexiste en effet avec le culte des morts et leur égalité avec le monothéisme. La raison d'être de la polygamie primitive était incontestablement de prévenir l'extinction de la famille en lui assurant des héritiers mâles. C'était surtout une institution dynastique et aristocratique, propre à assurer la quantité de la famille plus que sa qualité, sa durée plus que son harmonie intérieure. Elle avait pour effet l'extrême assujettissement de la femme et mettait en relief le véritable esprit de l'institution du mariage par achat, la tendance à identifier la puissance maritale à un droit de propriété.

L'histoire de la coutume rattache cependant, par un lien indirect, au mariage par achat, une autre institution dont les effets s'y sont opposés, la dot. On en constate l'existence chez les Grecs de l'âge héroïque (μείλια), chez les Indiens (stridhana), chez les Irlandais (sinol). Elle semble être en contradiction avec le principe du prix de l'épousée. Cependant l'histoire de la coutume y voit plutôt une transformation. En effet, à mesure que le prix de l'épousée évolue vers le symbole et s'efface, on voit la dot le remplacer. C'est ainsi que chez les Turcs sédentaires du Turkestan oriental ou Kachgarie, le Kalyn, prix de l'épousée, en vigueur chez leurs ancêtres nomades, a disparu, mais il a fait place à un don (toymal ou toylouk) qui est offert à la jeune fille par le fiancé ou sa famille et consiste en parures ou objets mobiliers.

Il y a une analogie visible entre cette coutume et celle du don du matin (morgengifva) en vigueur chez les tribus germaniques à l'âge des grandes invasions. C'était aussi un présent fait par l'époux à la nouvelle épousée. Ce n'est certes pas la dot, puisque celle-ci sera donnée par la famille de la femme, mais c'est l'indice d'une transformation des idées sur le mode de formation de l'autorité maritale. Au lieu d'acheter d'un père la cession de son droit sur sa fille, on fait un présent à celle-ci, comme pour lui faire accepter la nouvelle autorité à laquelle elle devra désormais obéir. La famille de l'épouse est donc incitée à en faire autant pour marquer la distinction entre la condition d'une esclave et celle qu'elle veut assurer à la fille qu'elle donne en mariage.

La dot était incompatible avec le patriarcat strict, car il excluait les filles de l'héritage comme incapables de remplir les obligations rituelles qui en formaient la contre-partie : son apparition et ses progrès attestent donc que la famille patriarcale penche déjà vers son déclin. Doter une fille en la mariant, c'est en effet lui assurer une part du patrimoine, quelque précaution que l'on prenne pour que cette part puisse éventuellement revenir à la famille. Cette institution relevant de l'histoire du droit plutôt que de l'histoire des mœurs nous en négligerons le détail. Son histoire et surtout sa genèse nous mettent assez en garde contre ces jugements absolus que des moralistes étrangers à la marche des faits sociaux portent trop souvent sur les institutions civiles. Aujourd'hui l'on reproche non sans raison à la dot d'introduire des préoccupations d'intérêt matériel dans la formation d'une union où les motifs d'affection et d'estime devraient seuls être écoutés. Elle nous fait penser invinciblement au « mariage d'argent ». L'histoire des mœurs nous incline à la juger avec plus d'indulgence. Elle s'y présente comme la contre-partie du prix de l'épousée et comme le présage de l'émancipation d'un sexe. La femme vendue devenait une chose ; la femme dotée était déjà une personne.

La dot nous indique donc une transformation du mariage qui intéresse au plus haut point l'histoire des mœurs. Nous pouvons la ramener, abstraction faite des détails, à la succession de deux types opposés, dont l'un peut être observé dans l'ancienne Grèce et persiste atténué graduellement dans l'empire romain, la féodalité médiévale et jusque dans l'Orient moderne, tandis que l'autre ne prend sa forme définitive que dans les mœurs et la législation de l'Amérique du Nord. Dans un cas, le mariage se forme par la cession de l'autorité paternelle à un mari ; dans l'autre, c'est une association entre époux dont la loi pose les conditions. L'autorité maritale, la *manus* n'est donc qu'un aspect de la puissance paternelle dans le premier cas, tandis, que dans le second la femme ne cède au mari que la présidence d'une petite société où elle exercera des droits bien définis.

Entre ces deux types extrêmes, l'histoire du droit, des coutumes et des mœurs décrit un grand nombre de transitions, exprimées par le droit romain de la période byzantine, la coutume germanique, la *common law* d'Angleterre, les coutumes de la France du Nord et enfin le droit français moderne modifié lui-même à diverses reprises au XIXe et au XXe siècle, toujours aux dépens de l'autorité paternelle et au profit de la liberté des enfants majeurs.

L'ordre de succession entre ces deux types n'aurait pu être interverti. Si dans un état social plus ancien et plus simple que le nôtre, le père de famille n'avait pas cédé, aliéné, même à titre onéreux, son droit sur sa fille à un autre père qui la donnait comme épouse à son fils pour lui assurer une descendance, le mariage moderne ne nous présenterait pas les deux traits qui le caractérisent : d'un côté un homme et une femme se prenant librement pour époux, mais en vertu d'une convention publique et solennelle, de l'autre la loi et le magistrat recevant publiquement leur déclaration et en déduisant tout un système de droits et de devoirs que les tribunaux garantissent. Au fond, c'est toujours la même affirmation du devoir des individus envers la continuité morale de la famille, c'est-à-dire envers la continuité sociale de l'espèce, mais la différence réside dans la part croissante du consentement. Dans le mariage patriarcal primitif, les chefs des deux familles marient les futurs époux sans avoir besoin de leur consentement, parfois même avant leur naissance, comme il arrive encore dans l'Inde contemporaine. Dans le mariage du type le plus moderne (par exemple le mariage nord-américain (1) le magistrat, avant d'enregistrer l'union et de lui donner la consécration de l'autorité légale, n'examine que deux points, la validité du consentement de chacun des époux, qui dépend de leur âge et de leur indépendance économique et l'authenticité des témoignages. Au nom de la loi, il enregistrera purement et simplement l'acte du mariage contracté devant une Eglise quand il a été célébré par un ministre reconnu, car c'est pour lui un témoignage suffisamment authentique. Le consentement paternel cesse ici d'être strictement requis.

*
* *

Ainsi depuis que le mariage par enlèvement et par achat a mis fin au régime maternel des communautés gentilices, régime traversé probablement par toutes les races avec une rapidité inégale, l'on peut constater une succession de types matrimoniaux où l'autorité du mari sur la femme est de plus en plus distinguée du pouvoir du père sur l'enfant. A mesure aussi que l'une de ces formes d'autorité est différenciée de l'autre, nous la voyons s'affaiblir.

---

(1). LEHR (Ernest). Etudes sur le droit civil des Etats-Unis de l'Amérique du Nord. Introduction et première partie, chap. I. (Librairie du recueil Sirey-Larose et Tenin, 1906).

Le type moderne (dirons-nous le type supérieur ?) ne s'est formé que là où le droit personnel de la femme a été reconnu dans d'autres domaines. Les deux types antécédents, et sans doute inférieurs, correspondent à un état social où l'individu n'a pas de droits propres, c'est-à-dire où ses droits, dépendant de la puissance du groupe qui seul peut les protéger, y sont comme absorbés. Si la qualité des mœurs, conformément à une opinion répandue, dépend de la part que prend la femme à l'éducation morale de l'homme, on voit combien cette influence est variable et dépend de la constitution de la famille et du mariage.

On voit donc se poser dès lors un nouveau problème, le rapport entre la condition de la femme et celle de l'enfant, et par suite, la valeur accordée à la personnalité en général.

La famille patriarcale, surtout dans les deux races où il nous est le plus facile de l'étudier, les Indo-Européens et les Sémites, accorde au père un droit illimité sur la vie de l'enfant, *jus vitæ necisque*. Prêtre du foyer, propriétaire de la maison, le père est le maître absolu des siens. On ne peut douter qu'il n'en ait été de même dans plusieurs autres races, telles que les races jaunes de l'Extrême-Orient, les Turcs de l'Asie centrale, les Berbères de l'Afrique du Nord. Mais si en principe cette autorité ne distingue pas entre les deux sexes, en fait elle pèse beaucoup plus lourdement sur les femmes que sur les hommes. Pour l'homme, une heure vient toujours où il peut être à son tour chef de famille tandis que l'épouse, la veuve elle-même reste toujours un enfant, non seulement devant son père ou son mari, mais devant son propre fils.

Théoriquement cette subordination des femmes à l'autorité patriarcale ne cesse jamais. Si elles ne dépendent plus d'un père, d'un mari, d'un fils, elles tombent sous la tutelle d'un oncle, d'un frère, d'un cousin en ligne paternelle. Cette tutelle ne s'exerce nullement dans leur intérêt, car le tuteur peut l'aliéner.

Une autre conséquence plus grave encore de cette puissance paternelle illimitée est le droit d'abandonner les enfants à leur naissance, de les exposer en un lien solitaire ou public. Cet infanticide déguisé frappe beaucoup plus le sexe féminin que l'autre. Le père l'exerce, tantôt seul, tantôt avec l'assistance d'un conseil de famille. Le fils n'en est la victime que s'il est infirme ou contrefait, mais il n'en est pas de même de la fille. La religion du foyer ne sauvegarde que la première née : la conservation de celles qui naissent après elle dépend du choix arbitraire de la famille. « Un fils, on l'élève toujours, serait-on dans la plus extrême pauvreté ; une fille, on l'expose alors même qu'on serait riche (1) ». Le sort de la fille exposée est, on le sait, le thème courant de la comédie grecque et romaine. Il est aisé d'entrevoir que lorsque ces infortunées ne périssaient pas, elles n'étaient recueillies que pour devenir les recrues de la prostitution.

L'usage d'exposer les enfants était si enraciné dans les mœurs anciennes qu'il fallut atteindre

____

(1) POSIDIPPE, apud Stobée, chap. LXXVIII, § 7.

l'âge des empereurs chrétiens pour en voir décréter l'abolition. Encore persista-t-il en Russie jusqu'à Pierre le Grand. Chez les Arabes, la dureté des conditions d'existence le rendait plus général encore. Le mérite de Mahomet est d'en avoir prononcé dans le Koran la condamnation la plus explicite.

La condition faite à la femme par la famille patriarcale est donc, logiquement et en fait, celle d'un enfant dont la vie n'est garantie par aucune règle de droit. On peut dire qu'alors tout le poids de la concurrence vitale pèse sur elle dès sa naissance. Si cette condition a été améliorée, ce n'est nullement en vertu d'un progrès fatal et continu ; en effet, si on l'étudie chez un même peuple, pendant une longue suite de siècles, on la voit empirer plutôt que s'améliorer. Il en a été ainsi en Egypte et en Grèce. Les mœurs de l'Egypte ancienne faisaient à la femme des classes supérieures une situation comparable à celle de l'américaine moderne : elle n'était jamais mariée sans son consentement exprès et le mariage était un contrat librement formé par les époux. Le futur époux, s'adressant à elle seule, s'engageait à la traiter en épouse. Cohéritière des biens paternels comme ses frères, elle avait la disposition de son avoir. Les plus hautes fonctions, même celles de gouverneur de province, lui étaient accessibles. Mais au second siècle avant l'ère chrétienne, après l'introduction de la civilisation hellénique en Egypte, la femme, tout en gardant une situation supérieure à celle de la femme grecque, se voit frappée d'incapacité en matière de convention et d'administration. En Grèce, son sexe avait subi un abaissement plus marqué. Les peintures et les bas-reliefs de Knossos permettent d'induire qu'à l'époque égéenne, les femmes jouissaient d'une grande liberté et exerçaient une influence considérable. A l'époque héroïque, l'assujettissement est déjà poussé très loin, mais les traditions le tempèrent si nous en croyons la peinture que l'Odyssée nous fait des mœurs des Phéaciens. Cinq siècles plus tard, à l'âge classique rien n'en modère plus la rigueur, tout au moins chez les Ioniens, qui impriment à la civilisation grecque les tendances qui la caractérisent. A Athènes, une femme est d'autant plus assujettie que sa famille est plus respectable. La liberté caractérise la condition de l'hétaïre (1).

Malgré ces alternatives, en Europe et dans les sociétés coloniales issues d'elle, l'évolution de la société domestique a accordé le respect de la dignité de la femme avec la reconnaissance de ses droits civils et même politiques. L'esprit de l'éthique chrétienne était sans doute de réduire les droits de la femme au minimum en relevant sa dignité morale autant que possible. C'est ainsi que pendant les premiers siècles du moyen âge, les canons de l'Eglise ont restreint la liberté précédemment acquise aux femmes romaines aux dépens de la solidité du lien conjugal et ont de nouveau consacré l'autorité maritale, en la rattachant à des devoirs définis. Néanmoins l'égalité des droits s'est fait sa place. Nous avons retracé plus haut à grands traits les transfor-

______

(1) Gaston RICHARD. La femme dans l'histoire, Ire partie, chap. I.

mations du mariage et de la société conjugale : elles vont de pair avec beaucoup d'autres. Citons le droit d'hériter qui n'a été reconnu aux femmes qu'en 1791, par la Constituante, mais que d'anciennes réformes annonçaient, l'abolition de la tutelle perpétuelle, prononcée à Rome du temps des Césars, mais retardée en Suède jusqu'à 1872, l'institution d'une majorité légale pour la femme comme pour l'homme, etc. De l'ancienne inégalité, le droit français n'a conservé que l'incapacité de la femme mariée en matière de contrat et d'action judiciaire et l'incapacité politique. On sait combien l'égalité des sexes est plus complète, non seulement dans l'Amérique du Nord, mais chez le plus grand nombre des peuples européens : Anglais, Scandinaves, Belges, Allemands, Tchèques, Polonais, etc.

Les variations du droit des femmes dépendent de celles qu'éprouve le droit reconnu à l'individu sans distinction de sexe : telle est la conclusion que nous pouvons tirer d'une comparaison méthodique des mœurs et des institutions selon les stades sociaux, les nations et les races. Elle interdit, croyons-nous, toute distinction trop tranchée des bonnes et des mauvaises mœurs. L'émancipation de la femme coexistant avec la dissolution des liens de famille et l'affaiblissement du lien conjugal est sévèrement jugée par les partisans de la morale traditionnelle. En même temps l'on fait volontiers du respect de la femme un critère empirique de la valeur morale d'une civilisation. Mais la femme peut-elle être à la fois respectée et assujettie ?

CHAPITRE V

LA CONDITION DU MALADE

Dans l'état de nos mœurs, la famille a le devoir impérieux de soigner ses membres malades et la méconnaissance de ce devoir fait peser sur son chef le soupçon d'homicide ; la société vient en aide à la famille dont les ressources sont insuffisantes pour s'en acquitter. Nous sommes donc portés à croire que l'assistance aux malades est inséparable des sentiments sociaux qui fondent la société domestique et l'élargissent.

Cette conviction est ébranlée par toute une somme d'observations et de témoignages. Citons : le sort fait jusqu'à une date récente aux aliénés, aux hystériques et aux épileptiques par la famille, les lois, les croyances religieuses ; le traitement des lépreux jusqu'à la fin du moyen âge, le caractère surnaturel longtemps attribué à toute maladie non seulement par les barbares, mais par les peuples civilisés de l'Orient, et la tendance consécutive à voir dans le malade un être maudit, dangereux pour les siens, contre lequel son groupe est en état de légitime défense, bien loin d'être tenu de lui sacrifier son bien-être.

Nous sommes ainsi conduit à penser que les rapports entre la famille et le malade ont une histoire nous révèlant une opposition entre les sentiments et certaines croyances qui ont profondément affecté les mœurs primitives, telles que la croyance à la pureté rituelle.

Peut-être cette histoire a-t-elle plus de portée encore et nous permet-elle d'induire l'existence d'un conflit entre la morale sociale et la sélection naturelles.

Le malade est l'être faible ou affaibli : Les animaux, même chez les espèces sociables, l'abandonnent aux rigueurs de la concurrence vitale ; l'instinct maternel si fort qu'il soit, ne le protège pas. Si l'homme soigne ses malades, c'est donc qu'il a échappé au déterminisme rigide des lois biologiques. A quelles conditions l'a-t-il pu ? A quelles conséquences s'est-il exposé par là ? La science des mœurs ne connaît pas de problème plus général et plus difficile. Sans prétendre le résoudre, nous devons en résumer à grands traits les principales données en nous appuyant sur l'histoire de la médecine et celle de la magie.

L'histoire de la médecine scientifique correspond, comme nous l'avons montré plus haut, au recul de l'idée de possession. Or cette croyance mettait la famille en conflit avec des puissances redoutables, les esprits, les démons, le plus souvent les esprits des morts auxquels elle rendait un culte. La science médicale devait être longtemps en lutte avec la démonologie, qui aujourd'hui encore la tient en échec en certains milieux.

La démonologie est cette forme de pensée que les positivistes ont nommée improprement *théologique* et qui consiste à se représenter la nature comme hantée d'esprits qui y opèrent tous les changements. Ils s'y manifestent tantôt par la naissance, tantôt par la maladie et la mort. La magie tente de neutraliser leur action ou même de la subordonner aux fins humaines. Aussi réussit-on mal à la distinguer des croyances religieuses.

La sociologie est portée à chercher les preuves de ces croyances dans l'ethnographie des races inférieures. Mais il est douteux que cette méthode soit la meilleure. Nous lui préférons le recours soit à l'épigraphie des égyptologues et des assyriologues soit à la critique des textes classiques. Citons les *Travaux et les jours* d'Hésiode, un des monuments les mieux étudiés de la plus ancienne pensée grecque où les démons sont présentés comme des génies plutôt bienfaisants et identifiés aux âmes des ancêtres les plus anciens. La philosophie platonicienne ne devait pas oublier cette doctrine comme le prouvent des textes célèbres du *Banquet* et du *Théagès*. Apulée, au iie siècle de notre ère, devait l'emprunter à l'ancien platonisme et la transmettre à Saint Augustin dont l'autorité l'a en quelque sorte imposée à la pensée du moyen âge, si bien disposée à la recevoir.

Les Grecs, comme les peuples orientaux, ne conçoivent pas à vrai dire les démons comme des êtres foncièrement méchants et malfaisants : ils y voient des puissances que l'homme peut ou se concilier ou s'aliéner selon la façon dont il traite les êtres et les choses qui leur plaisent. Les démons se vengent

de l'homme qui les a mécontentés et leur vengeance
ne ménage pas sa parenté ; la maladie, notamment
l'infection, est la forme qu'elle prend couramment.
Comme le magicien, l'homme-médecine, peut lui aussi
mettre à profit cette puissance du démon en la soumettant à l'empire de ses formules pour la faire servir
à ses plans, la maladie est une menace pesant constamment sur l'homme : elle n'est pas autre chose
qu'une prise de possession de son organisme par une
puissance invisible.

Les relations qui constituent la société domestique
primitive en sont profondément affectées. Dans les
idées des hommes qui ont créé la famille patriarcale
ou, ce qui revient au même, l'ont dégagée de la communauté gentilice, l'esprit du mort, son double, est
assimilé à un démon. On se représente les morts
comme jaloux des vivants, portés à la malveillance
envers eux si, par des offrandes répétées, ils ne leur
assurent pas une part de leur bien-être. Il peut
arriver que ces rites de propitiation ne soient pas
accomplis avec assez de ponctualité, d'exactitude,
de générosité. En ce cas, l'esprit du mort témoigne
de son irritation par l'infliction d'une maladie.

*
* *

Cette croyance, universelle dans les races sauvages,
a été commune aux ancêtres de toutes les races supérieures, à la phase patriarcale aussi bien qu'à la phase
gentilice. Ainsi s'explique la double attitude prise
par le groupe domestique envers ses malades, le
recours à l'exorcisme et aux moyens magiques

aussi bien que l'usage d'une pharmacopée élémentaire.

Considérons d'abord les représentants des quelques races qui ont contribué à la formation des civilisations de l'Ancien Orient : Egyptiens, Assyriens, Juifs, Iraniens et Indiens. Nous en rapprocherons ensuite d'une part les ancêtres des civilisés d'Occident, notamment nos ancêtres gaulois, d'autre part quelques spécimens des races arriérées d'aujourd'hui.

Au moment où nous observons leur attitude envers la maladie, les peuples orientaux, Egyptiens, Sémites, Indo-Eraniens, ont atteint un haut degré de civilisation puisqu'ils sont déjà en possession de l'écriture. Ne nous attendons pas à trouver chez eux la magie médicale et la démonologie à l'état pur. La magie est déjà entamée par la médecine empirique ; la démonologie est effacée par les formes supérieures du polythéisme ou les formes primitives du monothéisme. Mais ces sociétés orientales sont toutes au stade patriarcal et il est frappant d'y voir la morale domestique en lutte avec la conception primitive de la maladie, un système de croyances que l'on croit trop souvent propres à la sauvagerie gentilice.

Les Egyptiens ont une médecine empirique qui a fait l'objet des travaux de REISNER et d'ERMAN, auxquels MASPÉRO a consacré deux de ses *causeries* les plus pénétrantes (1). Mais, comme nous l'avons

---

(1) Causeries d'Egypte. Formules égyptiennes pour la protection des enfants. — Un nouveau traité de médecine égyptienne. (La première de ces causeries résume un essai d'ERMAN (Zaubersprüche für Mutter und Kind), la deuxième porte sur la publication d'un papyrus médical par REISNER (Hinrichs. Leipzig 1905).

montré précédemment, le médecin égyptien ne soulagerait pas les angoisses de sa clientèle s'il n'associait pas le procédé magique à la médication que l'expérience lui conseille. Les travaux d'ERMAN notamment nous montrent la santé des vivants directement attaquée par la jalousie des morts (1). C'est par exemple une mère dont l'enfant est souffrant : elle voit l'ombre d'une autre femme se glisser vers le berceau pour l'en arracher. Pour remède, elle prononce une formule d'incantation. Un autre cas, plus frappant encore, est celui d'un haut fonctionnaire de l'empire, devenu veuf et que persécute l'ombre de sa défunte. Il sait qu'il y a des médecins et il lui rappelle qu'il a jadis eu recours à eux à son profit. Cependant dans son épreuve actuelle, le remède qui se présente à sa pensée est d'écrire à sa femme morte une lettre dont les formules la contraindront à le laisser en repos et c'est le cercueil d'une autre femme qui la portera à la destinataire.

L'assyriologie nous permet d'induire l'existence de croyances analogues chez les races composites qui peuplaient la Chaldée, quoique la crainte de la jalousie des morts y soit moins visible. SAYCE, l'un des savants qui ont jeté le plus de lumière sur les origines lointaine de la civilisation assyrienne et babylonienne estime que les Babyloniens formèrent d'assez bonne heure une médecine empirique, que l'on peut, toutes choses égales, comparer à leur astronomie. Mais de même que l'astrologie chaldéenne, quoique apte à prédire les éclipses de lune,

---

(1) Die œgyptische Religion kap. VI.

est encore mal dégagée du mythe et de la divination, la médecine de ces peuples procède encore par voie d'exorcisme. Les inscriptions cunéiformes trouvées en Assyrie et où se reflète la civilisation babylonienne dont celle des Assyriens était issue, nous montrent la pratique de l'exorcisme combinée avec l'emploi de remèdes naturels tirés des plantes comme avec quelques opérations chirurgicales élémentaires. Si la crainte des morts paraît ici moindre qu'en Egypte, celle des démons en tient lieu. Ces démons personnifient les vents du désert qui, dans l'une des régions du globe les plus étouffantes, amènent périodiquement les fièvres, les maladies cérébrales et les ophtalmies.

De la Chaldée à la Perse, le passage est aisé, en raison, soit de la proximité des régions, soit de l'influence que les peuples de la Babylonie, de la Susiane et de l'Iran ont exercée les uns sur les autres.

Les Iraniens sont des Aryas apparentés par la langue, l'origine et les croyances à ceux qui ont peuplé les vallées de l'Indus et du Gange. Si les livres sacrés de la Perse et de l'Inde nous présentent des conceptions identiques sur la nature des maladies et des remèdes, et si elles rappellent celles des Egyptiens et des Chaldéens, nous y verrons la preuve d'une tendance générale de l'esprit humain à s'expliquer la maladie par la possession, l'action de démons, d'esprits vindicatifs et jaloux, et à opposer à cette possession des pratiques tantôt magiques, tantôt rituelles tardivement unies à des traitements empiriques.

Les sources sont ici pour l'Inde le Rig-Véda et l'Atharva-Véda, pour la Perse le Vendidad, la partie la plus ancienne de l'Avesta. Nos guides seront les œuvres de James DARMESTETER et de BERGAIGNE, un peu anciennes peut-être, mais dont la pénétration n'a pas été dépassée par ceux qui veulent à tout prix retrouver dans la mythologie indo-européenne un totémisme compliqué et altéré (1).

Haurvâtat et Ameretat sont deux des six Amchaspands ou bons esprits qu'a créés Ormuzd (Ahura-Mazda) et qui soutiennent avec lui la lutte pour l'ordre du monde, l'Asha, identique à la pureté. Les Parsis modernes les appellent Khordad et Amurdad. Ils s'opposent aux deux Darvands Taric et Zaric, à deux des six esprits pervers qui sous la direction d'Ahriman (Anro-Mainiyu) luttent contre l'ordre. L'intérêt de ce mythe réside dans l'association des idées de pureté et de santé, d'impureté et de maladie dans l'esprit des Iraniens. Les Amchaspands sont les défenseurs de l'Asha, qui identifie l'ordre du monde et la pureté et comprend la bonne pensée, la bonne parole, la bonne action. Khordad et Amurdad sont parmi eux investis de la mission de défendre l'immortalité et la santé contre Taric et Zaric qui représentent la mort et la maladie. Ils sont, pour la même raison, les dieux des eaux et des plantes, des moyens de purification et des remèdes.

Ces idées ne peuvent dater de l'âge, relativement récent, où se constitua le dualisme iranien ; il y a lieu de les croire beaucoup plus anciennes, communes aux ancêtres des Indo-Européens et tout au moins

---

(1) Nous consultons ici non seulement le livre bien connu de DARMESTETER sur Ormuzd et Ahriman, mais encore son mémoire plus ancien sur Haurvâtat et Ameretat.

des Aryas d'Asie. DARMSTETER estime qu'on les retrouve dans deux des Védas, le Rig et l'Atharva. La seule différence est que dans l'Inde les Raxâs remplacent les Darvands et que la notion du Rita tient la place de celle de l'Asha. Les Aryas primitifs associent les idées de pureté et de santé à celle des dieux de l'ordre, comme ils associent la maladie et la mort à l'action des esprits impurs. Les dieux de l'ordre, que le malade implore pour sa défense mettent à son service et au service de sa famille les eaux pures et les plantes salutaires.

Chez les Iraniens et les Aryas de l'Inde, le monde des puissances invisibles est conçu comme différencié ; les esprits qui causent la maladie sont distingués de ceux qui procurent le remède. Était-ce l'état initial de la race indo-européenne ? La mythologie des Celtes autorise à en douter. D'après le témoignage de César, ils ne faisaient pas encore la même distinction que leurs congénères asiatiques au temps de la conquête, un demi-siècle avant l'ère chrétienne. Le malade était pour eux la proie d'un dieu, qui ne consentait à l'abandonner qu'en échange d'une autre victime, animale ou même humaine ; elle lui était offerte en sacrifice et brûlée (1). Les

---

(1) Natio est omnium Gallorum admodum dedita religionibus ; atque ob eam causam, qui sunt affecti gravioribus morbis, quique in prœliis periculisque versantur aut pro victimis homines immolant, aut se immolaturos vovent administrisque ad ea sacrificia Druidibus utuntur ; quod, pro vitâ hominis nisi hominis vita reddatur non posse aliter deorum immortalium numen placari arbitrantur. CÉSAR (*De bello gallico*, Lib. VI, c. XVI).

Galates avaient transporté en Asie mineure cette coutume au grand effroi des peuples dont ils étaient le fléau.

Il semble que le monothéisme aurait dû faire table rase de cette démonologie et de ses conséquences médicales. Cependant certains livres de la Bible expriment une notion de la maladie présentant avec la précédente trop d'analogies pour qu'on l'en puisse croire totalement indépendante. A vrai dire elle ne concerne qu'une seule maladie, la lèpre, à laquelle le Lévitique consacre deux chapitres, les chapitres XIII et XIV. Le lépreux y est considéré comme un être impur ; il est retranché de la communauté. La maladie elle-même est combattue non par un traitement, mais par des sacrifices de purification et l'un d'eux porte un titre significatif ; c'est le sacrifice de culpabilité (1). N'y a-t-il là qu'un excès de prudence à l'origine duquel la persistance des croyances démonologiques serait étrangère ? La lecture d'un des plus beaux livres de l'Ancien Testament, le livre de Job, empreint d'une si haute religiosité, ne permet pas de le penser. Par son préambule, il touche directement à la question qui nous occupe. Job est un lépreux ; la maladie l'a frappé après qu'il avait perdu successivement ses biens et ses enfants. Elle lui a été communiquée par Satan lui-même (chap. II). Le livre tout entier n'est qu'un long dialogue entre Job et ses amis sur la répartition des biens et des maux par la justice divine. Le problème de la maladie est donc sublimé et rattaché à la question fon-

____

(1) OSTERWALD. (Bible) Lévitique, chap. XIV.

damentale des religions, l'origine du mal, physique et moral (1).

L'étude des origines des nations civilisées d'aujourd'hui suffirait à démontrer la réalité et la généralité d'une croyance primitive à l'identité de la maladie et d'une impureté causée par une possession ; elle nous dispenserait d'une étude minutieuse et fastidieuse de races sauvages sur lesquelles nos sources d'information sont si souvent incertaines. Cependant les inductions précédentes paraissant nous mettre en opposition avec une théorie célèbre et fort accréditée en sociologie, celle du tabou totémique, nous ne pouvons nous soustraire à l'obligation de chercher ce que devient chez les races sauvages contemporaines l'association des idées de maladie, d'impureté et de possession.

Nous pourrions nous contenter à vrai dire de l'examen d'une seule de ces races, de la race dont Durkheim a cru pouvoir tirer le tableau de la société et de la religion primitives, la race australienne. Nous croyons cependant devoir en rapprocher une autre race, vivant certainement à un étage supérieur de la culture, mais encore barbare et incomplètement sortie de la constitution gentilice des rapports domestiques (2) : nous voulons parler des Yakoutes de la Sibérie orientale.

____

(1) *Ibid.* Job. Cf. Renan. Le livre de Job. Introduction et Welhausen. (Reste des arabischen Heidentums. S. 148, 155).

(2) Au regard de Durkheim lui-même. (*Année sociologique*, t. V, p. 364).

L'intérêt sociologique qui s'attache à ce peuple des Yakoutes est qu'il nous représente l'état initial probable d'une race qui a joué un grand rôle dans l'histoire, la race turque dont il est possible de suivre pas à pas l'évolution et que la langue, les mœurs et la constitution physique apparentent à des peuples aujourd'hui beaucoup plus élevés qu'elle sur l'échelle de la civilisation, les Finnois et les Ougriens, ancêtres des Finlandais et des Magyars : Ailleurs nous avons montré quelle lumière projette sur la préhistoire de l'Europe un texte de Tacite sur les *Fenni*. Or à l'exception des Eskimo et des Tchouktchi, les Yakoutes sont de tous les peuples des régions arctiques celui qui s'éloigne le moins du type des Fenni, et le plus propre à nous exhiber le lien entre les civilisations historiques et les témoins de la période glaciaire.

Les Yakoutes, nominalement chrétiens, persistent à se représenter le monde comme gouverné par deux classes d'esprits, les Uor et les Amägät. La première, la plus nombreuse est celle des esprits malfaisants, la seconde, celle des esprits protecteurs.

Les rites et les incantations ont pour objet d'obtenir la faveur des Amägät pour combattre l'influence des Uor. Ils sont célébrés par les chamanes qui sont à la fois, prêtres, devins, chantres et magiciens. L'exorcisme est le principal de ces rites, et peut recevoir une forme assez lyrique. Quand un Yakoute ressent une maladie, ses parents font venir un chamane. Il opère de nuit, dans l'obscurité, prononce ses incantations en chantant, en frappant sur un tambourin et en dansant d'une façon de plus en plus convulsive. Son objet est de mettre en fuite l'esprit malfaisant. Au terme de l'incantation, il lui arrive souvent de tomber dans un état cataleptique. Les assistants croient alors voir l'esprit s'enfuir (1).

Dans la croyance des Australiens, la mort, même causée par la vieillesse, à plus forte raison la maladie mortelle, est toujours due à une influence magique. La notion capitale est chez eux celle de l'Arungquiltha (2) : elle désigne à la fois l'influence maligne, infectieuse et l'esprit qui la cause. C'est ainsi qu'une éclipse de lune est due à un arungquiltha, introduit dans l'astre par un esprit malin qui en fait son siège (3). Il en résulte que la maladie est soumise à la puissance d'une classe d'hommes très comparables aux chamanes sibériens et que SPENCER et GILLEN ne nomment les hommes-médecines que faute d'un terme mieux approprié. Ils sont en relation directe avec le monde des esprits, sans qu'aucune initiation totémique paraisse requise. Les uns reçoivent leur pouvoir d'une initiation qui leur est conférée par d'autres magiciens, mais ce sont les moins considérés. Le véritable homme-médecine doit être lui-même possédé par un esprit ou l'avoir été à un moment de sa vie. Les esprits possesseurs sont de deux sortes; les uns les *Orunchas*, sont de véritables démons, des êtres malfaisant tirant leur

---

(1) SIÉROSZEWSKI (*apud* Sumner (The Yakuts). *Journal of the Anthropological Institute* TXXXI).

(2) SPENCER et GILLEN. Native tribes, chap. XVI, p. 536, 537.

(3) *Ibid* p. 566.

origine d'ancêtres de la période mythique, les autres, les *Iruntarinia* sont des puissances d'ordre plus élevé et susceptibles d'exercer une action bienfaisante (1).

*
* *

De cette croyance à l'identité de la maladie et d'une impureté causée par une possession résulte pour les parents du malade une certaine diversité d'attitude dont l'histoire de la morale domestique n'a peut-être pas tenu toujours un compte suffisant. Il est permis, croyons-nous, de distinguer trois moments dans l'évolution du devoir d'assistance. Au risque de faire usage de termes barbares, nous nommerons le premier le moment magique, le second le moment cathartique et le troisième le moment pharmaceutique.

La maladie est une impureté communiquée par un esprit ou par un homme qui tient un esprit sous sa dépendance. Le malade est donc réputé impur et son cercle est porté à s'éloigner de lui, parfois même à le juger justement frappé par la colère d'une puissance surnaturelle. Telle n'est pas cependant l'attitude la plus ordinaire. Outre qu'une étroite solidarité unit les membres de la parentèle entre eux, la possession est un risque dont nul n'est exempt, de même que nul n'est à l'abri des persécutions d'un magicien. La magie est donc le pouvoir que l'on mettra en action. Il s'agit seulement d'opposer le bon magicien au méchant. Le chamanisme corres-

---

(1) *Ibid* chap. xv et xvi

pond à ce stade où l'incantation, l'exorcisme tient lieu de tout traitement. Si les populations de la Sibérie et de la Russie finnoise ont donné au chamanisme son nom, la croyance est universelle et a laissé les traces les plus visibles dans l'ancienne Chaldée, l'ancienne Egypte, peut-être l'ancienne Grèce.

C'est en Grèce et chez les Indo-Européens primitifs que nous observons le moment *cathartique*, caractérisé comme le nom l'indique, par le recours aux moyens de purification. Les Indo-Européens y arrivèrent de bonne heure, notamment les Grecs de l'âge héroïque et plus encore les Doriens. Chez eux, le médecin fut longtemps peu distinct du devin, du voyant dont le rôle était d'indiquer les purifications à accomplir. « L'activité du voyant, écrit ROHDE, n'était pas limitée à la prévision et à la prédiction de l'avenir. On raconte d'un certain Bakis comment il avait en les purifiant délivré les femmes spartiates d'une épidémie de folie qui sévissait parmi elles. Ils savaient détourner les maux de toute nature par le recours à des moyens extraordinaires, notamment à des purifications de nature religieuse. D'une même source dérivait le triple don ou art de la divination, de la purification de l'homme souillé (befleckten) et de la guérison des maladies. Il n'y a pas lieu de douter longtemps du fondement unique de l'aptitude à ce triple don. Le monde des esprits, invisible aux hommes du commun qui ne peuvent en ressentir que les effets, est familier au devin extatique, au voyant des esprits (Geisterseher). Il opère comme expulseur d'esprits là où il tente de guérir

les maladies. La *Cathartique* est d'après son origine
et son essence l'éloignement d'influences dangereuses provenant du monde des esprits (1). »

L'usage des purifications conduisit à celui des
ablutions et fraya la voie à une médication empirique, qui d'ailleurs laissa subsister à côté d'elle
l'exorcisme et les purifications. Ce moment, nous
n'hésitons pas à le nommer *pharmaceutique*, la recherche des remèdes ayant, même chez les médecins
grecs et romains devancé et primé l'étude des maladies, sauf peut-être celle de leurs symptômes. L'épigraphie assyrienne, la philologie égyptienne et indo-
iranienne ont rendu possible l'étude de ce moment,
vraiment décisif non seulement dans l'histoire de la
science, mais encore dans celle de l'assistance de la
famille à ses malades.

Dans son livre bien connu sur la *Magie assyrienne*,
M. Fossey nous donne le texte de divers exorcismes,
dont deux surtout, l'exorcisme du mal de tête et
l'exorcisme de l'œil malade nous mettent en présence
du passage de la magie pure à la médecine empirique. Dans les deux cas, la maladie est apportée
par le vent du désert, c'est-à-dire par l'esprit qui
l'anime. C'est une puissance surnaturelle. « Celui
qui ne craint pas son dieu, il le brise comme un
roseau ; il met en pièces ses membres comme le
roseau ; il accable la chair de celui qui n'a pas de
déesse pour le protéger. » Cependant si divin qu'il

----

(1) Rohde (Erwin). Psyche, Seelencult und Unsterbli-
chkeirtsglaube der Griechen, p. 359 (Mohr. Freiburg u Leipzig. 1894).

soit, ce mal n'est pas sans remède : il peut céder à l'application d'un concombre sauvage, pourvu qu'elle soit faite selon un certain rite et accompagnée d'un exorcisme.

« Le concombre sauvage qui dans la plaine croît isolé, lorsque Samas rentre dans sa maison, couvre ta tête d'un vêtement. Couvre le concombre sauvage et entoure-le de farine. Au matin, avant le lever du soleil, arrache-le de sa place. Prends ses racines; prends une toison de chevrette vierge et lie la tête du malade ; lie la nuque du malade. Le mal de tête qui est dans le corps de l'homme, qu'il soit enlevé; qu'il ne revienne plus à sa place, comme le fêtu que le vent a emporté. Au nom du ciel qu'il soit exorcisé Au nom de la terre, qu'il soit exorcisé ! (1)

Le Vendidad nous montre l'exorcisme remplacé par la purification associée elle-même à l'usage des simples. L'idée capitale est ici qu'une providence bienfaisante peut envoyer la maladie à la maladie.

« Quel fut le premier des hommes guérisseurs ? (demande Zoroastre). Quel est le premier qui envoya la maladie à la maladie, la mort à la mort ? Ce fut Thrita, répond Ahura-Mazda. Il demandait un remède pour résister à la maladie, pour résister à la mort, pour résister à la souffrance, pour résister à la fièvre froide, à la fièvre chaude qu'Anro-Mainyu a créées pour le corps des mortels. Alors moi, Ahura-Mazda, j'apportai les plantes salutaires qui, par centaines, par milliers, par dizaines de mille croissent

---

(1) Fossey, Magie assyrienne; Textes magiques, n° 5. — Cf. n° 35, l'exorcisme de l'œil malade.

autour de l'unique Gaokarena. Tout cela nous le bénissons, tout cela nous l'invoquons, tout cela nous l'adorons pour le bien du corps des mortels, pour repousser la maladie, pour repousser la mort, pour repousser la souffrance, la fièvre froide, la fièvre chaude qu'AnroMainyu a créées pour le corps des mortels. O maladie, je t'exorcise ! ô mort je t'exorcise ! »

Les Veda attestent la même foi à l'action curative des plantes (1). Si l'Atharva-Veda procède encore par exorcisme, le Rig-Veda combine l'efficacité du procédé magique avec l'action plus efficace des simples.

« O plantes aux cent puissances, délivrez-moi cet homme de la maladie ! Lorsque les plantes ont fait leur jonction comme des chefs dans la bataille, alors le prêtre prend le nom de guérisseur, celui qui tue le *raxas*, qui chasse la maladie. »

« O plantes, vous venez rapides comme le fleuve, comme l'oiseau. Vous défaites tout ce qui fait souffrir ! Elles surmontent tous les obstacles comme le voleur la haie de l'étable ; les plantes font évanouir tout mal qui ronge les corps. » « Quand moi qui ranime je saisis ces plantes dans la main, le souffle de la maladie s'éteint comme sous le coup d'un meurtrier ! Quand sur un malade, ô plantes, vous glissez, membre par membre, jointure par jointure, vous refoulez la maladie hors de son corps. semblables à un vainqueur redoutable. Envole-toi, ô

---

(1) Vendidad, 20 § 1. Cité par J. Darmsteter, Haurvatat et Ameretat. Chp. iii, p. 53.

maladie, avec le geai et le kikidîvi ! Envole-toi dans la course du vent (1) ».

Les textes dont nous disposons ne nous montrent donc nulle part un conflit entre la foi aux procédés magiques et la confiance en l'emploi de remèdes tirés des plantes ou des eaux. L'idée de l'impureté du malade conduisait à l'idée de la purification par l'eau, c'est à dire à une première expérience du remède, mais le remède était conçu comme une destruction de l'effet magique, l'envoi d' « une maladie à la maladie ». Même quand le médecin doutait de l'exorcisme, l'état d'esprit dans lequel il trouvait le malade l'obligeait, comme l'observe MASPÉRO, à y recourir et à rester un magicien.

La magie a donc créé le remède « de bonne femme ». Dans les papyrus médicaux exhumés par l'égyptologie « nous voyons figurer du lait, de la salive, de l'urine, des excréments, des vers, des insectes, de la corne, du fiel, l'attirail complet de notre pharmacopée populaire (2) ». Ces prescriptions grotesques pouvaient parfois guérir leur malade. « Il est moins répugnant, dit MASPÉRO d'appliquer de l'ammoniaque ou des médicaments composés avec de l'ammoniaque où les Egyptiens prescrivaient l'urine ou les déjections, mais en somme les conséquences étaient les mêmes et l'ammoniaque emprisonné dans ces horreurs agissait tout comme s'il eût été préparé chimiquement (3) ». Cependant si la magie a pu évoluer

----

(1) RIG-VEDA. V. 10, 97.

(2) *Ibid*, MASPÉRO. Causeries d'Egypte, p. 315.

(3) *Ibid*.

vers la médecine empirique, c'est sans doute parce qu'elle en vint à être considérée par la famille comme un moyen d'assistance à ses membres et qu'elle fut retournée en quelque sorte contre son principe initial, la crainte de la malveillance des esprits. Ici encore les documents égyptologiques font pour nous la lumière. Ils nous montrent l'amour maternel à l'œuvre. C'est le désir de protéger les enfants contre les pratiques magiques et la malveillance des morts qui a peu à peu transformé la magie offensive en magie défensive. Voilà ce que nous démontrent les textes analysés par ERMAN. Ce sont des recueils d'incantation destinés à protéger contre les entreprises des esprits désincarnés « ceux des humains que leur faiblesse naturelle expose particulièrement à leur malice, les femmes enceintes, les accouchées, les nouveau-nés (1) ». De ces textes, nous ne citerons qu'un, en raison de la sollicitude maternelle qu'il atteste et de la crainte dont il est l'expression. « Evanouis-toi, mort qui vient dans l'obscurité, qui entres en tapinois, le nez en arrière et la face obverse, évanouis-toi frustrée de ce pour quoi tu venais. Evanouis-toi, morte qui viens dans l'obscurité, qui entres en tapinois, le nez en arrière, la face à rebours, évanouis-toi frustrée de ce pour quoi tu venais. Que si tu es venue baiser cet enfant, je ne permets point que tu le baises ! Que si tu es venue pour apaiser ses cris, je ne permets point que tu l'apaises ! Que si tu es venue pour lui faire du mal, je ne permets

____

(1) MASPÉRO. Causeries d'Egypte. Formules pour la protection des enfants, p. 230.

point qu'il lui soit fait du mal ! Que si tu es venue pour le prendre, je ne permets point que tu me le prennes ! Je lui ai fabriqué un charme contre toi, avec de la laitue qui te point, avec des aulx qui te font mal, avec du miel doux aux hommes, répugnant aux morts, avec les épines du mormyre, avec une tresse de filasse, avec l'arête dorsale d'un lotus (1) ». Ce texte résume la préhistoire de l'assistance au malade : il en fait comprendre toute la portée, tout l'intérêt sociologique.

(1) ERMAN, Zaubersprüche für Mutter und Kind. — *apud* MASPERO, *loco citalo*, p. 231.

CHAPITRE VI

LA CONDITION DU SERVITEUR
L'ESCLAVAGE ET LES MŒURS DOMESTIQUES

Le patriarcat ne peut être ni compris ni apprécié si on l'isole de l'institution qui l'a toujours complété, l'esclavage. Le caractère de la famille patriarcale en effet est économique autant que religieux. Si elle subordonne les rapports des sexes aux rapports des âges et à l'autorité des ancêtres, elle donne aussi au travail une organisation qui devait évoluer vers le parasitisme.

L'étude de l'esclavage s'impose d'ailleurs à la science des mœurs à divers égards. Au point de vue ethnographique, il y a lieu de chercher si l'institution a affecté de la même façon la vie morale et la constitution domestique de tous les peuples qui l'ont pratiquée ou s'il n'y a pas eu plusieurs types d'esclavage. Le sociologue et l'économiste peuvent se demander quelle influence l'esclavage a pu exercer sur le progrès de la division du travail, la spécification des métiers et des industries et partant, la formation des sociétés réputées supérieures. Enfin, l'éthique cherchera quelle a été la réaction de l'esclavage soit sur les sentiments sociaux, soit sur les principes moraux des deux classes que l'institution mettait en présence.

Longtemps les moralistes et les économistes n'ont connu qu'un seul type d'esclavage, celui qui était en vigueur dans la cité antique et sous l'empire romain, où l'ensemble des esclaves constituent la *familia* et sont classés, à côté des champs, des bâtiments et des bêtes de labour, parmi les *res mancipi* qui ne peuvent être aliénées qu'avec des formes solennelles. L'histoire montrait ensuite cet esclavage faisant place au servage de la glèbe, puis au salariat, condition de l'ouvrier moderne. Les faits, résumés par la formule saint-simonienne *esclavage, servage, salariat*, étaient ainsi simplifiés à l'excès. L'un des résultats de la sociologie comparée a été de nous donner un tableau plus exact et complet des variations de l'esclavage et de leurs rapports avec celles des mœurs.

Comte fit le premier une distinction lumineuse entre l'esclavage des anciens et celui des sociétés coloniales modernes. Dans la cité antique l'esclavage soumettait le travail industriel à l'activité militaire et politique et ébauchait ainsi la différenciation des fonctions sociales. Dans les sociétés coloniales modernes, c'était un asservissement des travailleurs manuels à l'autorité et aux intérêts des chefs d'industrie. Cette distinction un peu sommaire devait être reprise et complétée par Sumner Maine et Westermarck. Les deux types d'esclavage répondent à deux types de famille. Dans l'antiquité classique, le rapport du maître à l'esclave n'est pas seulement celui du propriétaire à la chose possédée, c'est encore une relation domestique et religieuse ; elle ne fait pas à l'esclave une condition radicalement différente de celle du fils ou de la femme en puissance, car l'esclave est incorporé au foyer domestique et participe au culte de la famille. La relation économique n'efface pas toute relation morale. Mais dans les colonies modernes, toute fiction religieuse et familiale s'efface ; seul subsiste le rapport de propriétaire à chose possédée.

La transformation de l'esclavage semblait donc obéir à deux lois contraires, où si l'on préfère à deux tendances qui se contrariaient, une tendance à l'adoucissement par la multiplication des affranchissements, l'élévation de la condition sociale des affranchis, la protection légale des esclaves, la substitution du colonat à l'esclavage, l'assimilation de l'esclave au colon, à la limite l'égalité civile. Mais en regard de cette émancipation graduelle et continue, l'histoire constate une tendance tout aussi réelle à l'aggravation. Sous l'empire romain, la distance est plus grande entre le maître et l'esclave qu'aux premiers temps de la république et que chez les Grecs. Dans les sociétés coloniales modernes, l'esclave, qui sort d'une race réputée inférieure, est plus dépouillé de sa qualité d'homme, plus assimilé à un simple instrument de travail qu'il ne l'était dans la cité classique.

Il y a là une contradiction apparente, l'évolution de l'esclavage ne pouvant obéir à deux lois opposées, si ce sont des lois dignes de ce nom, même tendancielles. Le mot de l'énigme ne peut être cherché que dans la coexistence ou la succession de plusieurs types d'esclavage, correspondant à des différences de races, de religion, de culture. Ces types, nous les ramènerons à cinq : 1º l'esclavage chinois et siamois ; 2º l'esclavage juif et musulman ; 3º l'esclavage gréco-romain ; 4º le servage de la glèbe ; 5º l'esclavage colonial moderne.

Il est possible de caractériser brièvement chacun d'eux en raison de la certitude des conclusions auxquelles la sociologie comparée est ici parvenue.

Chez les Chinois et dans les sociétés indo-chinoises qui se sont réglées sur leur exemple, l'esclavage a pris peu de développement et s'est peu distingué du service domestique. Le maître qui maltraite son esclave en cette vie, doit s'attendre, d'après les croyances régnantes, à subir des tourments équivalents dans une autre existence. Le roman et la comédie représentent ordinairement l'esclave comme le confident de son maître, la servante esclave comme l'amie de sa maîtresse (1). L'autorité du maître sur l'esclave n'est pas d'une autre nature que celle du père sur le fils. Les droits du fils ne sont pas supérieurs à ceux de l'esclave ; si celui-ci ne peut plaider contre le maître, le fils ne peut plaider contre son père. Quant aux sources de l'esclavage, c'était la guerre, l'endettement ou une condamnation pour crime. Ajoutons que si le droit chinois défend à l'homme de se vendre ou de vendre ses enfants, cette défense est souvent transgressée pendant les famines et les

––––––––

(1) Westermarck. Ursprung und Entwickelung der Moralbegriffe kap. XXIII, I ter Band. S. 549. Leipzig Klinkhardt 1907.

périodes où la gêne est générale. Dans la classe rurale, il n'est pas rare de voir le mari vendre sa femme, le père vendre ses enfants, le débiteur et le joueur malheureux se vendre eux-mêmes (1).

Chez les Siamois, qui ont subi à un haut degré l'influence de la civilisation chinoise, l'endettement est la source presque exclusive de l'esclavage. Le débiteur insolvable donne sa personne en gage (2). Il en est de même chez les peuples de l'Indonésie. Cet esclavage n'est pas définitif. C'est en quelque sorte un moyen de paiement et par suite, de crédit.

L'esclavage a donc pris peu d'ampleur chez les peuples de race jaune ; il y a peu affecté la structure sociale et le caractère national. Il a eu pour effet principal d'étendre les droits du père de famille sur certains individus, notamment sur ses débiteurs. Fait d'autant plus remarquable qu'il s'agit de peuples agriculteurs et que souvent on a cherché dans les exigences économiques de l'agriculture la principale cause de l'institution servile !

Quoique l'esclavage ait disparu de bonne heure chez les Israélites, les règles qui l'ont défini présentent un haut intérêt à la sociologie comparée. C'est l'une des sources de l'esclavage tel qu'il est encore bien consacré par le droit musulman et pratiqué sur un tiers de notre globe. De plus, l'Ancien Testament qui en définit les conditions, a longtemps

---

(1) Smith (Arthur). Village Life in China.

(2) Bastian (Adolf), Die Rechtsverhæltnisse bei verschiedenen Völkern der Erde. Beilage aus dem Siamesischen Gesetzbuch. S. 405-433 (Berlin. Reimer, 1872).

influé sur les idées des peuples chrétiens relativement à la propriété et au travail.

Le Lévitique, quï contient le droit civil mosaique, reconnaît l'esclavage, mais il limite les droits du maître et donne des garanties spéciales à l'esclave contre les mauvais traitements et les abus de pouvoir. En principe, l'esclavage d'un Hébreu ne peut être perpétuel. L'Hébreu devient esclave, comme le Chinois, soit à la suite d'une condamnation pour vol, soit parce qu'il doit se vendre pour se libérer d'une dette. Dans ces deux cas, sa condition ne se distingue pas de celle d'un serviteur à gage. La durée de l'asservissement prend fin légalement au bout de six ans. Si l'esclave préfère alors rester dans la maison de son maître, il devient esclave à vie, mais (et ce point est capital) sa condition ne se transmet pas à ses enfants. Tous les cinquante ans doit avoir lieu l'année jubilaire dont l'objet est de restaurer l'égalité sociale. L'esclave de religion juive recouvre alors son droit à la liberté (1).

Les esclaves étrangers sont des prisonniers de guerre ou des captifs introduits par le commerce. La loi ne leur accorde pas la même protection qu'à l'Israélite, sans cependant les abandonner entièrement à l'arbitraire du maître. L'esclave est affranchi de droit si le maître l'a maltraité au point de le mutiler ou de lui briser un membre. *A fortiori* le maître est-il privé du droit de vie et de mort. Tout comme l'esclave israélite, l'esclave étranger bénéficie du repos du sabbat et des fêtes solennelles. N'eût-

—————

(1) OSTERVALD. (Bible) Lévitique, chap. xxv, verset 10 et sq.

elle, comme il le semble, été qu'un idéal moral et religieux, la loi de Moïse distinguerait en cette matière le patriarcat juif de celui des cités gréco-romaines.

Chez les peupes musulmans, le Koran, qui n'est guère qu'une adaptation de la loi mosaïque et des prophètes juifs aux mœurs arabes, a conservé l'esprit du Lévitique et du Deutéronome. Mahomet interdit l'espoir du paradis au maître qui maltraite l'esclave ou qui sépare de sa mère l'enfant né d'une femme esclave. L'esclave doit être nourri des mêmes aliments que le maître, vêtu des mêmes vêtements. En principe, sa condition ne doit pas être imposée au musulman. Ces règles, étroitement sanctionnées par les interprêtes de la loi, ne sont pas restées à l'état d'idéal théorique mais ont passé dans les mœurs. Après une longue résidence chez divers peuples musulmans, WESTERMARCK a cru pouvoir affirmer que les relations entre maîtres et esclaves sont le plus souvent cordiales et empreintes de sympathie, qu'il est jugé déshonorant de vendre les esclaves, moralement assimilés aux membres de la famille. Au Maroc, l'usage est même de leur laisser une liberté de travail assez grande pour qu'ils puissent gagner le rachat de leur affranchissement. En Perse, la coutume recommande l'affranchissement de quelque esclave aux fêtes solennelles de la famille. Les mœurs et l'opinion ne distinguent pas non plus sensiblement entre l'affranchi et l'homme de naissance libre (1). DUVEYRIER confirme le témoignage de WESTER-

---

(1) WESTERMARCK, Kap. XXIII S. 561, sq.

MARCK, fait d'autant plus remarquable qu'il avait vécu chez l'un des peuples musulmans réputés les plus barbares, les Touaregs du Sahara. « L'esclavage chez les Touaregs, comme chez les peuples musulmans est très doux. Dans les familles musulmanes, l'esclave est traité par ses maîtres avec les plus grands égards et il n'est pas rare de le voir se considérer comme l'un des enfants de la maison (1) ».

Chez les Grecs et les Romains, l'esclavage subit l'influence de l'esprit juridique qui animait ces peuples, le second surtout. De l'âge héroïque aux siècles des Césars et des Antonins, on le trouve toujours en voie d'accroissement, modifiant plus profondément les mœurs et l'économie sociale, d'où il fait disparaître le travail libre en le dégradant devant l'opinion. Là aussi les sources primitives de l'esclavage sont la capture des prisonniers de guerre et l'endettement. Mais de bonne heure s'organise dans toute la Méditerranée un trafic des esclaves dont les Phéniciens et les Carthaginois sont longtemps les principaux agents ; le résultat en est que les esclaves sont de plus en plus tirés de races réputées inférieures. Moins facilement assimilés à la famille, leur condition est plus dure qu'en Orient. Le caractère familial qui était celui de l'institution primitive, s'efface graduellement surtout dans les grands domaines de l'aristocratie romaine où l'esclave n'est plus que l'*instrumentum fundi*.

Cependant, plusieurs classes se dessinent dans la

------

(1) DUVEYRIER. Les Touaregs du Nord, livre IV, chap. II, p. 339.

foule servile. Les *servi publics* sont plus pressurés que les *servi privati* et parmi ces derniers, le *verna*, né dans la maison du maître, jouit d'une condition privilégiée. Certains esclaves deviennent aptes à exercer des professions supérieures, celles de médecin, de précepteur, de secrétaire et entrent ainsi dans l'intimité de leurs maîtres. Mais pas plus pour eux que pour les autres la loi n'institue de garantie, au moins jusqu'à la période impériale.

L'évolution de l'esclavage classique aurait donc été une aggravation si nous ne tenions compte du rôle social des affranchis, de la fréquence croissante des affranchissements et enfin de la protection légale instituée par le gouvernement impérial. Chez les Romains plus encore que chez les Grecs, la règle est de tolérer une certaine liberté du travail à côté du service domestique, de permettre même à l'esclave l'exercice d'un commerce ou d'une industrie. Ainsi se forme entre ses mains un pécule qui en théorie rentre dans les biens du maître, mais dont en fait il a la disposition. Le plus souvent, il emploie ce pécule au rachat de sa liberté. Les propriétaires y consentent, l'expérience leur ayant appris que la formation des pécules par l'industrie des esclaves est pour eux une source de revenus plus abondante et certaine que le travail servile lui-même. Ainsi se forme la classe des affranchis qui a transformé l'ancienne société dont elle modifie les idées, les croyances les mœurs, la structure économique plus encore que les institutions. La période impériale est celle de l'épanouissement de cette classe d'où sortent non seulement ces écrivains dont HORACE, *libertino patre natus*, est le prototype mais encore les administrateurs auxquels les Césars accordent leur confiance plus volontiers qu'aux ingénus.

L'ascension des affranchis devait réagir finalement sur la condition légale des esclaves eux-mêmes. A dater de Néron et surtout des Antonins, la législation impériale prit des mesures en leur faveur soit sous l'influence de la philanthropie stoïcienne (Néron n'étant par exemple que le prête-nom de SÉNÈQUE), soit dans l'intention d'affaiblir l'autorité des grandes familles. Non seulement le droit de vie et de mort fut retiré aux maîtres et transporté aux *triumviri capitales* mais ils ne purent plus blesser ou mutiler impunément leurs serviteurs.

La transformation de l'esclavage en servage de la glèbe s'annonçait donc dès ce moment. Des causes d'ordre économique, religieuse, ethnique vinrent l'accélérer, à dater du ive siècle. C'est une nouvelle phase de l'évolution sociale de l'Occident qui commence avec elle et elle est trop connue pour que nous songions à la retracer. Mais nous devons noter que quoique l'on ait pu dire ou écrire, le servage était un véritable esclavage. Dans la société devenue nominalement chrétienne, la condition juridique du serf ne différait pas de celle de l'esclave dans la société gréco-romaine. Il était comme lui un *instrumentum fundi*, une chose possédée. La grande différence est que sous l'influence du christianisme et de la coutume germanique, la notion romaine de la famille s'était profondément modifiée. Le serf ne pouvait plus être incorporé à la famille du maître, à ses autels, à son culte domestique. Il y avait là la possibilité d'une aggravation de sa condition. S'il n'en fut rien, si de l'Ouest à l'Est de l'Europe au cours de dix siècles le servage s'effaça et disparut (1) c'est au développement du principe d'association qu'il faut en demander l'explication.

Le servage prit fin d'abord dans les villes et les bourgs où les artisans et commerçants formèrent des unions de métiers, tantôt d'après le type de la confrérie religieuse, tantôt d'après celui de la ghilde germanique. Là où ils ne réussirent pas à tirer de la fédération des métiers une puissance politique nouvelle, telle que la commune jurée, ils purent cependant racheter leur liberté et obtenir des chartes d'affranchissement. Dans les campagnes, ils se contentèrent de former des associations plus modestes, les communautés *taisibles*, associations tacites de parents résultant de l'habitation en commun pendant un an et un jour. Ces associations obtenaient l'indulgence et même la faveur des seigneurs laïques et ecclésiastiques car ils y voyaient une sûreté pour l'accomplissement des corvées sur leurs terres ou le paiement des redevances. Cependant elles permirent aux familles serviles d'acquérir assez de biens pour pouvoir presque partout en Occident racheter leur liberté. La classe des métayers ou des fermiers, puis celle des petits propriétaires se substituèrent la première surtout, à celle des serfs.

Le servage peut donc passer pour une atténua-

---

(1) Pour l'histoire de sa disparition voir Sée (Henri). Esquisse d'une histoire du régime agraire en Europe aux XVIIIe et XIXe siècles. I^e partie (Marcel Giard, 1921).

tion de l'esclavage gréco-romain, dont il ne fut à l'origine qu'une variante. Il n'en est pas ainsi de l'esclavage colonial. Les sociologues sont unanimes à y voir une aggravation de l'esclavage romain et plus encore de l'esclavage biblique. Il a laissé dans les mœurs américaines des traces si profondes que l'histoire des mœurs ne saurait le négliger.

La condition de l'esclave noir différait sur trois points de celle de l'esclave antique. A Rome, on présumait toujours qu'un homme était de naissance libre : le propriétaire qui revendiquait un esclave devait faire la preuve de son droit sur lui. Dans les colonies anglaises et plus tard dans la partie esclavagiste des États-Unis, le nègre était toujours présumé esclave. Il y a plus. Si un nègre libre avait été incarcéré par erreur, la loi de certains États américains prescrivait qu'il fût vendu pour payer les frais de cette détention arbitraire. A Rome, le propriétaire, en raison même de son droit, pouvait toujours faire cesser l'esclavage et affranchir l'esclave : les colonies anglaises et les États de l'Union américaine n'autorisaient l'affranchissement que dans des conditions exceptionnelles. L'esclave sur lequel le propriétaire n'exerçait pas son droit pouvait lui être retiré et vendu par un acte de l'autorité publique. Dans l'antiquité, l'esclave recevait souvent la même éducation que l'homme libre et jamais on ne songea à restreindre son droit à être instruit : la loi de beaucoup de colonies anglaises interdisait aux propriétaires d'enseigner aux nègres les rudiments mêmes des connaissances. Bref, si dans la cité antique et même dans la société de l'empire romain, l'esclave était un élément de la société domestique, dans les sociétés coloniales l'esclavage des noirs était de droit public et faisait des Africains une classe sociale composée, non de personnes, mais de choses.

La condition des esclaves était moins dure dans les colonies formés par les peuples restés fidèles au droit romain, l'Espagne et la France. Quelques mesures y avaient été prises pour garantir aux noirs certains droits de famille. Le code noir français et les lois espagnoles interdisaient de vendre les enfants sans les parents, les femmes sans les maris. L'objet des lois espagnoles était de rapprocher autant que possible la condition de l'esclave de celle du serf attaché à la glèbe. Mais les colonies anglaises furent de bonne heure autonomes ; les assemblées coloniales y étaient composées de propriétaires qui, selon l'usage, refusaient d'admettre la moindre restriction de leurs droits et prétendaient l'exercer de la façon la plus absolue.

Si nous cherchons quelle a été l'influence de l'esclavage sur les mœurs, nous réduirons à deux les divers types que l'institution nous a présentés. Ou bien les esclaves sont considérés comme des membres inférieurs de la famille, destinés à devenir libres tout en restant dans la clientèle du chef de famille, ou ils sont purement et simplement assimilés à l'instrument de travail, à l'outil animé. Ceci admis, il est possible de formuler la loi des transformations de l'esclavage. Les formes douces, ou pour mieux dire les institutions qui incorporaient l'esclave à la famille et le faisaient bénéficier de la morale domestique ont tendu à persister, comme dans la société musulmane; les formes dures qui réduisaient l'esclave à la condition de chose et détruisaient toute relation morale entre lui et le maître ont disparu peu à peu ou ont été abolies brusquement.

L'histoire de l'esclavage projette donc une vive lumière sur les variations de la morale domestique et par suite sur celle des mœurs. Produit logique et naturel de la morale du patriarcat, l'esclavage a consacré cette morale. Les sociétés qui comme la nôtre, celle des peuples européens et américains ont aboli l'esclavage et le servage ne pouvaient donc conserver le type patriarcal. La structure de la famille s'y est révélée toujours plus faible en face de la société civile ou religieuse et elle était condamnée à s'affaiblir plus encore pour se réduire finalement à une société conjugale toute contractuelle.

On peut donc parler, comme NIETZSCHE, d'une morale des esclaves, chez les peuples de culture moderne, mais en un tout autre sens que lui. A l'exception de familles aristocratiques très clairsemées et dont la généalogie est presque toujours suspecte, nous tirons tous notre origine d'esclaves ou de serfs. Pour cette seule raison, nous ne pouvons être restés fidèles aux mœurs ou à l'idéal moral du patriarcat primitif. Aucune idéalisation rétrospective, littéraire ou archéologique, ne pourrait nous y ramener. On peut dire que la famille patriarcale tendait à sa propre destruction par cela même qu'elle était inévitablement esclavagiste. L'esclavage faisait d'une part disparaître le travail libre et de l'autre, il détruisait l'esprit de famille dans la masse laborieuse en même temps qu'il favorisait la prostitution chez un sexe et les vices contre nature chez l'autre. Au cours de la lente évolution qui a substitué à l'esclavage le servage de la glèbe et le travail libre, la famille a pu se reconstituer et l'éthique chrétienne a largement concouru à sa restauration, mais ce ne pouvait plus être cette famille étroitement solidaire et fortement hiérarchisée qui était sortie de la gens par voie de différenciation et qui s'était incorporé l'esclave à titre de membre auxiliaire et subordonné.

L'histoire de l'esclavage, de la condition du serviteur, conclut donc dans le même sens que l'histoire de la condition faite à la femme, à l'enfant, au malade par le puissance paternelle et l'autorité des ancêtres. L'une comme l'autre nous montre les mœurs domestiques profondément modifiées à mesure que s'affaiblit une hiérarchie fondée en somme sur la crainte de l'impureté physique que les esprits des morts étaient réputés capables de communiquer.

SECTION II

LES RAPPORTS INTERFAMILIAUX
L'HOSTILITÉ ET L'AMITIÉ

CHAPITRE VII

LES RAPPORTS D'HOSTILITÉ
LE CANNIBALISME

L'histoire des mœurs, sous peine de se perdre dans l'infinité des détails, doit prendre pour objet les variations des rapports sociaux les plus généraux, ces rapports qui tombent sous l'observation directe, qui mettent en jeu des sentiments constants et profonds et qui donnent lieu à la formation d'habitudes sociales invétérées. Ce sont d'abord les rapports entre sexes différents, puis entre générations successives, car ils constituent les liens de famille et fondent les mœurs au sens strict. Leur étude, même limitée aux quelques races qui ont créé les civilisations supérieures, suffit à nous donner une idée de l'amplitude des variations éprouvées par les mœurs. Nous croyons cependant que si l'on s'en contentait, on risquerait de ne pas comprendre l'évolution morale de la société, même domestique.

En effet, entre les groupes domestiques, on doit voir surgir des rapports soit d'hostilité soit d'amitié. Les rapports interfamiliaux sont indispensables à la perpétuité du groupe domestique, même si nous nous le représentons sous l'aspect de la *gens* ou du clan. Or, selon que ces rapports sont plus ou moins hostiles ou amicaux, ils ne peuvent manquer de réagir très différemment sur la constitution de l'autorité domestique et sur les mœurs qui y correspondent.

Si nous prenons, comme précédemment, l'histoire des coutumes et des croyances pour nos guides, nous voyons aussitôt que deux ordres de coutumes doivent faire l'objet principal de notre étude, celles que résument les mots de vengeance et d'hospitalité. Il y a là en effet deux classes de devoirs, devenus en apparence étrangers à la conscience des civilisés, mais qui font comprendre la vie morale des peuples dits barbares et y sont en relation étroite avec les obligations de la solidarité domestique.

De ces deux coutumes, l'hospitalité est évidemment plus voisine de nos mœurs et de nos idées que la vengeance ; l'une suppose l'autre en partie atténuée ou surmontée. C'est donc par la vengeance du sang que nous aborderions l'étude des rapports d'hospitalité si l'ethnographie et l'histoire ne nous la montraient bien souvent confondue avec celle de toutes les pratiques qui déconcertent le plus la raison et la conscience, l'anthropophagie. Quand bien même elle ne serait que la manifestation la plus violente et la plus brutale de la disposition à la vengeance, nous devrions la soumettre à un examen sommaire. Cette étude peut d'ailleurs projeter la plus vive lumière sur la nature et la valeur de certaines croyances dont la conscience morale a pu subir l'empire à la phase primitive de son existence.

*
* *

La présence presque universelle de l'anthropophagie, non seulement chez les races inférieures, mais chez les ancêtres des races moyennes et supérieures, peut difficilement être mise en doute par celui qui groupe l'ensemble des témoignages qui nous sont parvenus. Un faisceau de témoignages d'origine grecque, italienne et chinoise atteste l'existence du cannibalisme chez les peuples jaunes de l'Asie centrale au cours d'une longue série de siècles. Ces populations cannibales s'échelonnaient du Turkestan actuel aux frontières du Tonkin. Les historiens et les géographes grecs citent notamment les Massagètes, qui vivaient à l'état nomade dans les steppes au Nord de l'Iaxarte. Marco Polo, Rubruquis et autres voyageurs italiens du moyen âge disent avoir constaté des traces d'anthropophagie chez les Mongols, même après la prédication du bouddhisme. Les écrivains chinois notent les mêmes coutumes chez les montagnards sauvages du Yun-Nan et du Laos (1).

L'anthropophagie a-t-elle existé aussi chez les ancêtres aryens ou anariens des peuples européens ? Nous inclinons volontiers à en douter, mais pour

____

(1) Westermarck, kap. xxxix. II ter Band. S. 441, sq.

des raisons de sentiment auxquelles la science doit rester étrangère.

Écartons les inductions tirées des mythes d'Atrée, de Lycaon, etc. Le témoignage de l'Odyssée a déjà plus de valeur car il nous prouve que les Grecs croyaient à la persistance du cannibalisme chez ces insulaires de la Méditerranée, vivant encore au stade du clan anarchique et qu'ils désignaient du nom générique de Cyclopes. Leur état social, caractérisé par l'absence de toute institution judiciaire ou politique définie était précisément celui de la plupart des races anthropophages d'aujourd'hui. Traitera-t-on la légende de Polyphème de simple conte ? Il est plus difficile d'écarter le témoignage d'ARISTOTE. On sait avec quel scrupule il contrôlait ses sources et quelle est la solidité des matériaux sur lesquels il a édifié sa *Politique*. Or au livre iv de cette œuvre, il affirme en propres termes que deux peuples riverains du Pont-Euxin, les Hénioques et les Achéens, pratiquent l'anthropophagie et il laisse entendre que plusieurs peuples septentrionaux leur ressemblent (1). STRABON, esprit éminemment critique lui aussi, confirme l'existence du cannibalisme chez les peuples du Caucase. Or il semble bien qu'à cette date, la population du Caucase et du littoral de la Mer Noire appartenait sans exception à la race indo-européenne. La pénétration des peuples jaunes n'y

---

(1) Πολλὰ δ'εστι τῶν ἐθνῶν ἃ πρὸς τὸ κτεινειν καὶ πρὸς τήν ἀνθρωποφαγίαν ευχερως ἔχει, καθάπερ τῶν περὶ τον Πόντον 'Αχαίοὶ τε καὶ Ηνιοχοι, καὶ τῶν ἠπειρωτικῶν ἐθνῶν ἔτερα, τὰ μεν ὁμοιὼς τούτοις τὰ δε μαλλον (Πολ viii, 4).

est pas antérieure au iiie siècle de l'ère chrétienne, c'est-à-dire au mouvement des Huns vers l'Ouest. Les Caucasiens ne constituent pas alors une exception. La même coutume est constatée chez des peuples beaucoup plus occidentaux, les Vascons et les Irlandais. Passons sur les Vascons sur lesquels nous ne sommes renseignés que par le témoignage un peu suspect de JUVÉNAL (1). STRABON affirme que les Irlandais ont la réputation de pratiquer l'anthropophagie, même à l'intérieur de leur clan (2). Le cannibalisme des Irlandais n'a d'ailleurs rien d'invraisemblable quand on voit des témoignages plus sérieux encore que celui des géographes attester la survivance de l'anthropophagie chez une race très voisine, sinon identique, mais moins arriérée, celle des Gaulois. D'après PAUSANIAS, les Galates qui conquirent la Grèce et l'Asie mineure au iie siècle avant l'ère chrétienne, ne manquaient jamais de décapiter leurs ennemis tombés sur le champ de bataille puis de manger un lambeau de leur chair (3). Camille JULLIAN, qui cite ce passage de l'historien grec, n'hésite pas à voir là un cas de cannibalisme rituel. « Décapiter l'ennemi et emporter sa tête, ce

---

(1) Juvenal Sat. xv, v. 92-96.

(2) Εἰσὶ δὲ καὶ ἄλλαι περὶ τὴν Βρεττανικὴν νῆσοι μικραί, μεγάλη δ'Ἱέρνη. Περὶ ἧς οὐδὲν ἔχομεν λέγειν σαφές, πλὴν ὅτι ἀγριώτεροι τῶν Βρεττανῶν ὑπάρχουσιν οἱ κατοικοῦντες αὐτήν, ἀνθρωποφάγοι τε ὄντες καὶ πολυφάγοι, τούς τε πατέρας τελεοτήσαντας κατεσθίειν ἐν καλῷ τιθέμενοι (Strabo. Τῶν γεωγραφικῶν Liv. IV c. v, § 4.

(3) Ἀποκτείνοντες ἔπινον τε οἱ Γαλάται τοῦ αἵματος καὶ ἥπτοντο τῶν σαρκῶν (Pausanias X. 22, 3.)

n'était pas seulement le moyen le plus rapide et le plus sûr de s'assurer de sa mort et de faire constater sa victoire. C'était peut-être aussi une façon d'enlever à l'ennemi ce qui faisait sa force même et de transférer cette force au profit du vainqueur... » « On regardera comme des compléments de l'acte du sacrifice l'usage de goûter de la chair de la victime humaine et celui de boire de son sang dans un crâne fourni par quelque autre victime (1) ».

L'anthropophagie n'était pas confinée aux deux extrémités de l'Europe : les tribus germaniques et scandinaves n'y étaient pas étrangères. Les héros et les héroïnes des Eddas pratiquent l'anthropophagie cardiaque ; ils mangent le cœur de leurs ennemis et des enfants de leurs ennemis. Pour venger ses frères, assassinés par son mari Atli, Gudruna lui fait manger le cœur de ses propres fils (2).

A tous ces témoignages, qui ne permettent pas de douter de la diffusion du cannibalisme chez les ancêtres lointains des peuples civilisés d'Europe et d'Asie, il convient d'ajouter deux autres faits de même ordre, l'usage de boire du sang humain dans la formation des sociétés secrètes et des conjurations et la croyance magique à la vertu qu'auraient certains organes de guérir ceux qui les mangent. Cette dernière croyance passe pour être très répandue en

----

(1) Camille JULLIAN. Recherches sur la religion gauloise pp. 56 et 80.

(2) LAVELEYE. La Saga des Nibelungen dans les Edda, La Saga d'Atli, p. 273.

Chine et n'a disparu que tardivement chez les classes incultes de l'Italie méridionale (1).

En résumé, le cannibalisme n'était pas propre aux races inférieures : aucun privilège d'origine ethnique n'en a préservé les ancêtres des civilisés. Il a disparu plus vite de l'Europe méridionale que de l'Europe du Nord, de l'Europe que de l'Asie centrale et orientale. Il nous reste à chercher si sa disparition a répondu à un processus moral défini et pourquoi il s'est conservé chez tant de races de l'Amérique, de l'Afrique et de l'Océanie pour y recevoir une intensité que vraisemblablement il n'avait jamais prise chez les Européens et les Asiatiques. Ces deux questions sont inséparables.

Nous sommes ainsi amenés à discuter les hypothèses courantes sur l'origine naturelle de l'anthropophagie. On sait qu'on lui a attribué trois origines différentes, une origine biologique, une origine psychologique, une origine sociale ou plutôt religieuse. La théorie biologique la rattache à un certain besoin de l'organisme, la théorie psychologique en fait la satisfaction d'une passion comparable à celle de l'opium ou de l'alcool ; la théorie sociologique y voit soit l'effet des croyances magiques, soit une transformation du sacrifice humain.

L'explication biologique ou si l'on préfère, économique, est la première qui se présente à l'esprit.

---

(1) Westermarck, Kap. 39.

Le cannibalisme serait l'inévitable conséquence de la misère économique et physiologique dans laquelle sont plongées beaucoup de populations sauvages étrangères à la production agricole ou même pastorale. Mentionnons cette explication sans nous y arrêter. Une connaissance plus approfondie des populations dites sauvages a prouvé qu'elles ont d'autres ressources que la chasse, la pêche et la cueillette. Presque toutes pratiquent l'horticulture. Les plus cannibales d'entre elles élèvent des animaux domestiques comme le porc et la chèvre. Si le cannibalisme provenait de la rareté des subsistances, il devrait être au minimum là où abondent les fruits spontanés du sol et au maximum dans les régions polaires, où l'homme ne vit que des produits de sa chasse et de sa pêche. Or le contraire est vrai. Les Eskimo sont à peu près étrangers au cannibalisme, qui est extrêmement développé dans les régions forestières de l'Afrique et de l'Amérique, où foisonnent le gibier et les fruits.

Il peut sembler plus plausible de chercher l'origine de l'anthropophagie dans une passion qui se serait propagée chez certaines races pour se fixer dans leurs habitudes. Ce serait un vice, comparable à l'alcoolisme des modernes. Mais c'est là une explication tout artificielle. Tout au plus rend-elle compte de quelques rares cas, notés dans l'histoire de quelques peuples civilisés ; telle la diffusion de l'anthropophagie en Egypte au XIIIe siècle, racontée par l'historien arabe Abd-al-latif (1).

___

(1) *Apud* WESTERMARCK, kap. 39. II ter Band, S. 458.

D'ailleurs que le cannibalisme tire ou non son origine d'une passion, la question est de savoir s'il passe dans les mœurs et à quelles conditions. Tous les témoignages nous montrent que le sauvage devient cannibale par degré, que chez plusieurs races la coutume est récente, que la population a le souvenir d'une époque où elle n'existait pas, qu'elle est d'origine étrangère. Ajoutons qu'il est bien rare que la tribu entière y participe. L'usage est d'exclure du banquet anthropophagique les femmes et les enfants pour en faire un privilège sacerdotal et aristocratique. Bref, les faits et les inductions témoignent contre l'idée d'un cannibalisme instinctif et universel. Là où il est repoussé par la religion, l'opinion ou l'autorité, il ne s'implante pas et n'est qu'une mode temporaire. Tel a été au XIIIᵉ siècle le cas de l'Egypte musulmane et au XIXᵉ siècle celui des Bassoutos de l'Afrique méridionale (1).

Si l'origine du cannibalisme ne peut être cherchée ni dans une passion diffuse ni dans un besoin instinctif on est conduit à penser qu'il est d'origine sociale et que le banquet anthropophagique est une coutume, un *mos*. C'est la discipline sociale, l'autorité de la communauté sur l'individu qui a vaincu la répugnance instinctive de l'homme pour la chair humaine. Reste à connaître l'origine de la coutume elle-même.

Ecartons d'abord certaines confusions qui ont égaré des ethnographes trop prompts à systématiser des faits insuffisamment établis. Le banquet anthropophagique, précédé de l'immolation de la victime,

---

(1) CASALIS. Les Bassoutos, Iᵉ partie, § I, p. 19. sq.

a été rapproché de la nécrophagie ou de l'usage de manger tout ou partie du corps d'une personne morte de vieillesse ou de maladie. L'indication la plus étrange à cet égard est celle qu'un orientaliste italien, PUINI, a tirée de certaines coutumes funéraires des Tibétains. Selon les régions et les couches de population, ce peuple observe envers ses morts quatre rites différents. Les deux premiers sont l'incinération, introduite par les bouddhistes indiens et l'inhumation apportée par les musulmans. Une autre coutume plus ancienne consiste à porter le cadavre sur un rocher et à l'abandonner aux oiseaux de proie. Enfin un usage populaire est de découper le corps et de le faire manger à des chiens consacrés. PUINI estime que là est la coutume primitive. Mais comme certains voyageurs qui visitèrent l'Asie centrale au moyen âge, RUBRUQUIS et ORDERIC DE PORDENOME, attribuent aux Tibétains l'usage de conserver les crânes de leurs ancêtres pour y boire et même celui d'en manger la tête, le savant italien n'hésite pas à conclure que le Tibétains étaient primitivement un peuple anthropophage, pratiquant le cannibalisme non seulement externe, mais interne, dont leurs rites funèbres seraient une survivance (1).

On ne peut accueillir une telle induction si l'on a quelque souci de la preuve scientifique. Sans doute, on observe chez beaucoup de races dégradées des cas isolés de nécrophagie sous l'influence tantôt de la douleur, tantôt des croyances magiques. Mais la

______

(1) PUINI. *Rivista italiana di Sociologia*, VIIe année, avril 1903.

physiologie à elle seule suffit à nous convaincre que la nécrophagie n'a pu être une coutume générale. Un empoisonnement universel en aurait été la conséquence. D'ailleurs l'attitude des peuples primitifs envers le cadavre est plutôt le respect, pour ne pas dire l'éloignement et l'horreur.

Cette confusion écartée, notre étude des origines du banquet anthropophagique se limitera à trois points, le rapport du cannibalisme avec la condition des prisonniers de guerre, avec celle des condamnés à mort, avec les privilèges sociaux.

Ce sont les prisonniers qui le plus souvent font les frais du banquet ; ce sont parfois aussi les corps des guerriers ennemis qui ont succombé. Le corps est tantôt dévoré intégralement, tantôt n'est mangé qu'en partie. Souvent l'on se contente de manger un organe, le cerveau ou plus souvent le cœur. Il est exceptionnel que l'on mange des femmes ou des enfants. On a tour à tour attribué une telle attitude à deux motifs. Le guerrier que l'on dévore avait infligé des pertes au clan : on éprouve donc un ressentiment contre lui. Si on se contentait de le tuer, on devrait craindre son ombre, son double. Si on le mange, on a la satisfaction de penser qu'il est anéanti. Une telle explication ne s'applique pas à l'anthropophagie cardiaque et aux formes analogues. On en a donc proposé une autre, plus plausible et plus généralement acceptée. Le guerrier ennemi est l'objet de l'admiration autant que du ressentiment. On veut donc s'assimiler sa force, son courage, son intelligence, et le moyen le plus simple est de le manger ; c'est surtout de manger l'organe qui passe pour être le siège du courage et de l'intelligence, le cœur. Le banquet anthropophagique n'est qu'une application du principe suprême de la magie, le semblable produit le semblable.

En dépit de l'opposition que l'esprit de système veut voir entre les pratiques magiques et les rites primitifs, ce banquet présente encore les plus grandes analogies avec le sacrifice. Pour en bien comprendre la portée, il convient de le rapprocher d'autres traitements infligés au prisonnier et à l'ennemi vaincu. Les Peaux-Rouges du littoral de l'Atlantique ne mangeaient pas le prisonnier mais le brûlaient lié à un poteau après avoir invoqué les esprits de ceux qui étaient tombés sous ses coups. Or c'est là un rite sacrificiel (1). Brûler le corps d'un animal ou d'un homme a toujours été considéré comme la manière la plus sûre de l'offrir aux esprits ou aux dieux. Chez les Aztèques du Mexique, l'expédition guerrière était toujours suivie d'un sacrifice humain global accompagné d'anthropophagie cardiaque. Maspéro, nous le savons, pense qu'il en était ainsi dans l'Egypte archaïque. Camille Jullian attribue la même coutume aux Celtes. Bref un double caractère rituel et magique est associé au banquet anthropophagique.

La victime n'y est pas toujours un prisonnier de guerre. Ce peut-être aussi un condamné ou pour mieux dire, un homicide poursuivi par la vendetta d'un clan ou d'une famille. Notre explication semble ici être en défaut. Comment chercherait-on à s'assimiler les vertus inhérentes au criminel que l'on

---

(1) Cf. Brinton (Daniel). American race pp. 95-97.

condamne à mort ? Ne soyons pas cependant trop prompts à croire que le cannibalisme guerrier et le cannibalisme juridique soient irréductibles. Comme l'autre, le cannibalisme juridique est un sacrifice et présente un caractère magique.

Considérons-le là où il s'est le mieux conservé, chez les Battaks des forêts de Sumatra. Ce ne sont pas à proprement parler des sauvages. Quoiqu'ils conservent encore beaucoup des institutions du clan maternel, ils sont au seuil du patriarcat (1). Ils ont domestiqué les animaux et ne sont pas étrangers à la culture du sol. Ils ont subi l'influence de l'Islam quoique leur véritable religion soit encore le culte des esprits et des ancêtres. Cependant ils sont anthropophages. Le cannibalisme est chez eux l'accompagnement obligé des exécutions capitales. Le meurtrier condamné par la sentence du peuple est lié à un poteau : tous les membres du clan qui exercent sur lui le devoir de la vengeance l'immolent alors, le dépècent et doivent manger chacun un morceau de sa chair. Le même traitement peut être appliqué au débiteur insolvable s'il ne préfère l'esclavage.

Bien loin d'obscurcir le problème de la nature et de l'origine de l'anthropophagie, la coutume des Battaks nous paraît susceptible de l'éclairer et d'en indiquer la solution. Entre le cannibalisme juridique et le cannibalisme guerrier, la différence est légère, car qu'est-ce que la guerre à l'origine sinon une lutte entre clans dont la vengeance du sang est l'occa-

____

(1) MAZZARELLA. Types sociaux. Section II, chap. v.

sion ? Il y a donc une analogie réelle et profonde entre le traitement de l'homicide et celui qui est infligé au prisonnier de guerre. Il est vraisemblable que si l'on n'avait pas d'abord mangé le meurtrier, l'on n'aurait pas mangé ensuite le guerrier captif, puis par extension, l'étranger. Mais pourquoi manger l'homicide sinon que la vendetta est une oblation sanglante à l'ombre du mort et aussi qu'en le mangeant on présume qu'on lui prend sa force pour se l'assimiler ?

Quand la peine de mort légalement instituée remplace la vengeance, le cannibalisme juridique disparaît, mais l'exécution conserve le caractère d'un sacrifice, d'une oblation comme en témoignerait à lui seul le terme qui la désigne, *supplicium*, supplication.

De là sans doute aussi l'extrême diffusion de la peine du feu, si usitée chez les Peaux-Rouges, les Nègres, les Sémites, les Egyptiens, les Celtes. La cruauté humaine ne l'aurait peut-être pas inventée sans la suggestion des croyances magiques, la crémation de la victime étant considérée comme le moyen le plus sûr de l'offrir aux esprits, puis aux dieux, surtout aux dieux solaires.

Le banquet anthropophagique ne s'ouvre pas à tout le peuple. Il a ses privilégiés, et aussi ses exclus. Ce n'est pas là un point négligeable. La plupart des peuples cannibales d'aujourd'hui interdisent le banquet aux femmes et aux enfants (à l'exception de certaines formes magiques et médicales de l'anthropophagie dont un enfant peut être le bénéficiaire). Les femmes peuvent réclamer l'immolation du prisonnier et participer aux apprêts du repas mais les guerriers seuls se partagent la chair des victimes. Parfois, le privilège est plus marqué encore et n'appartient pas à l'ensemble de la population guerrière. Dans les archipels mélanésiens, dans plusieurs régions de l'Afrique équatoriale, le banquet est célébré comme une sorte de mystère, par une société secrète, nuitamment et avec accompagnement de rites magiques. Les instruments qui y servent sont consacrés et déposés dans des huttes. Il est interdit aux femmes et aux enfants de les voir ou même d'en parler. Enfin chez les peuples civilisés d'Amérique, à la phase précolombienne, les Mayas, les Aztèques, l'anthropophagie était un privilège sacerdotal. Les victimes offertes soit au dieu de la guerre, soit au dieu du sol et de l'agriculture appartenaient à leurs serviteurs qui le plus souvent n'en mangeaient que le cœur (1).

Ces privilèges et ces exclusions doivent être rapprochés de l'existence fréquente des sociétés secrètes chez les races sauvages, de leur composition exclusivement masculine et de leur caractère magique. Souvent, ce sont elles qui ont conservé ou répandu le cannibalisme (2) et c'est là une preuve de plus du lien qui l'unit à la magie.

Cependant, l'anthropophagie, si contraire non seulement aux vrais instincts de l'homme, mais à ceux des animaux dont la physiologie comparée le rapproche, ne peut s'expliquer que par l'intensité

______

(1) WESTERMARCK, kap. 39. Bd. II. S. 447, sq.— Cf. *ibid.* S. 456.

(2) CASALIS. Les Bassoutos, p. 19.

G. RICHARD. — L'Évolution des Mœurs.   10

de l'hostilité entre les petits groupes. C'est une manifestation de l'esprit de guerre entre les communautés gentilices. A cet égard, rien ne la distingue radicalement d'une autre coutume guerrière qu'il nous reste à étudier, la vengeance du sang.

Cependant la lutte des clans, même la plus violente, ne pouvait transformer en cannibales des hommes dont la pensée n'aurait pas été asservie aux croyances magiques. Magie et anthropophagie sont inséparables. Les survivances de l'une se trouvent partout associées aux survivances de l'autre. Il y a là une conclusion dont nous devrons montrer plus loin la portée, en traitant du sacré : elle confirme l'induction que nous avons déjà tirée d'une histoire sommaire de la condition du malade.

S'il y a un lien historique entre la légitimité de l'anthropophagie, en tant que forme extrême de la vengeance, et l'application rigoureuse du principe de la magie sympathique, il en est forcément une autre entre le cannibalisme magique et l'idée que la maladie est une impureté communiquée par des esprits malfaisants ou irrités. L'anthropophagie atteint donc son plus haut développement et sa plus grande stabilité chez les peuples restés les plus fidèles à l'idée de la pureté rituelle et aux interdictions qui en dérivent, bref, au tabou.

Rien de plus remarquable à cet égard que les témoignages recueillis sur ces tribus australiennes dont certains sociologues métaphysiciens ont fait les héroïnes de leur roman de la société primitive. Une de leurs tribus les plus centrales, les *Luritcha*, pratiquent encore l'anthropophagie et, point plus digne d'attention, sous la forme médicale. Lorsqu'un enfant déjà élevé leur semble chétif, on immole un de ses frères plus jeunes dont on lui donne les chairs à manger en vue de lui incorporer sa force (1).

Chez les Arunta et autres tribus plus septentrionales, le cannibalisme n'est plus qu'une survivance qui se fait jour principalement dans les initiations dites totémiques, dont l'*Engwura* est la principale (2).

------

(1) In the Luritcha tribe also young children are sometimes killed and eaten and it is not an unfrequent custom, when a child is in weak health, to kill a younger and healthy one and then to feed the weakling on its flesh, the idea being that this will give to the weak child the strength of the stronger one. » (SPENCER et GILLEN. Native tribes of Central Australia, chap. XII, p. 475.

(2) There is very clear evidence that during a former stage cannibalism was a well recognised custom. We have already described certain ceremonies performed at the Engwura which can only be regarded as pointing back to the existence of a different state of affairs from that which now obtains. For example, in the *Quabarra Ingwurninga inkinja* two men had their bodies decorated with circles of white down which were supposed to represent the skulls of slain and eaten men. The performers themselves represented the *Ulthana* or spirits of the dead men wandering about in search of those who had killed and eaten them. In another ceremony two Achilpa men were engaged in cooking the body of a third; in another concerned with the white bat totem, one of the performers carried on his ead an object representing a limp, dead body; and in the traditions dealing with the wandering of the wild dogs, the men are continually referred to as killing and eatingh other wild dog men and women. These ceremonies may be regarded as probably indicative of what took place in past times amongst the ancestors of the present Arunta tribe, where ennemies are eaten. »

Qu'en conclure sinon que la distinction que l'école de la sociologie religieuse croit devoir faire entre la magie et les rites des primitifs n'est rien qu'une idée préconçue, sinon aussi que les interdictions rituelles et les cérémonies totémiques sont beaucoup plus parentes des rapports d'hostilité que des véritables sentiments sociaux (1) ?

____

(1) SPENCER et GILLEN. Native tribes, chp. XII, pp. 473-475.

CHAPITRE VIII

LA VENGEANCE DU SANG

L'étude de l'anthropophagie est une introduction
à celle de la vengeance et par suite à l'un des problèmes les plus débattus par l'histoire et la science
des mœurs et du droit. Il s'agit ici de la formation
de la croyance à la valeur de la vie humaine et des
divers facteurs sociaux qui ont agi sur elle, soit pour
l'obscurcir, soit pour l'éclairer et la fortifier. Nulle
part l'histoire des mœurs n'est en présence d'une
variation plus ample (1). La conscience moderne ne
voit dans la vengeance que la satisfaction d'une
passion haineuse, parfois excusable, mais toujours
opposée au devoir. Mais chez les ancêtres des races
au milieu desquelles se sont formés et notre civilisation et tout le système de nos croyances morales
et de notre droit, il n'en était pas ainsi : ils considé-
raient comme le plus saint, le plus impérieux des
devoirs l'exercice d'une vengeance sur le meurtrier
de tout parent proche ou même éloigné. C'était un
devoir auquel on ne pouvait se soustraire sans

____

(1) Voir sur ce point BERKUSKY, Die Blutrache, *in Zeits-
chrift fur Socialwissenschaft* (1909. Tome XII).

encourir le mépris des proches et même celui de tous les groupes en relation d'amitié avec la *gens* ou la famille.

Cette étude nous montre une fois de plus le lien qui unit l'histoire des mœurs non seulement à celle de la coutume et du droit, mais à celle des croyances religieuses et à celle des littératures. Ses relations avec l'histoire littéraire sont peut-être moins visibles qu'avec le reste. Cependant on n'exagère rien en disant que la vengeance a été le sujet préféré de la poésie primitive. On ne peut guère comprendre, croyons-nous, la succession des genres poétiques et la destinée de chacun d'eux si l'on ne tient pas compte d'une tendance très forte de la nature humaine à idéaliser la vengeance. Voici deux genres classiques entre tous et qui sont tombés en désuétude, quels qu'aient été les efforts de poètes de génie pour les ranimer : l'épopée et la tragédie. En effet, la tragédie a partagé le sort de l'épopée, quoique elle ait survécu plus longtemps. Or si l'épopée, l'*epos*, le récit, est la forme préférée que prend la création poétique chez les peuples primitifs, le fond le plus ordinaire en est une vengeance ou le tableau des suites d'une vengeance. Qu'est-ce que l'*Iliade*, sinon le récit d'une triple vengeance, vengeance collective des Grecs en réponse à la violation des droits de l'hospitalité par Pâris, vengeance d'Achille molesté par Agamemnon et surtout vengeance exercée par Achille sur Hector après la mort de Patrocle ? Les derniers livres de l'*Iliade*. contiennent le tableau parfait de la vendetta primitive avec toutes les croyances qui la soutiennent et toutes les passions qui la stimulent. La tragédie grecque, moins associée que l'épopée à la peinture de la vengeance et à la morale de l'inimitié passe pour être tout entière dominée par l'idée de la fatalité. Mais qu'est-ce que cette fatalité sinon l'hérédité de la souillure imprimée à une famille par le sang versé, notamment par le parricide ? Quant ces croyances primitives ont disparu, le déclin des deux genres est inévitable. Le génie d'un VIRGILE, d'un CORNEILLE, d'un RACINE cherche en vain à les ranimer. Encore l'*Enéide* concentre-t-elle tout l'intérêt de ses derniers livres sur la vengeance exercée par Enée sur Turnus, à l'occasion de la mort de Pallas :

Pallas hoc te vulnere, Pallas,
Immolat et pœnas scelerato ex sanguine sumit !

Utilisons toutes ces sources et nous arriverons à une conception claire des mobiles primitifs de la coutume de venger le sang versé et des origines de la croyance au devoir d'y obéir. Ce mobile procédait-il de l'énergie des affections familiales ? Mais elles ont pu rester tout aussi fortes chez les peuples qui ont dépassé cette phase inférieure de la morale et du droit. S'il avait fallu que les sentiments filiaux, fraternels, conjugaux et plus encore les sentiments paternels et maternels se fussent affaiblis pour que la vengeance disparût, on ne s'expliquerait pas qu'elle ait pu faire place à des institutions meilleures car, en consentant à une transformation des rapports familiaux dans le sens de la légalité et de la pacification, on aurait cru trahir son propre sang. L'histoire religieuse nous apporte une explication beaucoup plus satisfaisante, mais nous impose aussi la discussion d'hypothèses sociologiques qui à une date récente l'ont systématiquement obscurcie, notamment celle du prétendu totémisme australien.

La vengeance du sang est inévitable là ou règne le culte des morts et où le principal lien entre parents éloignés est un système de cérémonies en l'honneur d'ancêtres disparus, quand bien même ces ancêtres seraient, comme dans les croyances australiennes, des *Inapertwa*, des êtres intermédiaires entre les hommes et les animaux.

L'origine du culte des morts ne doit pas être placée dans l'affection, mais dans la crainte. On se les représente comme jaloux des vivants, capables de leur nuire en leur infligeant des maladies ou d'autres maux et l'on cherche à détourner leur animosité. Or jamais l'ombre d'un mort n'est plus redoutable que lorsqu'il a succombé aux coups d'un étranger ou à ses maléfices. Pour l'apaiser, il lui faut autre chose que des sacrifices ordinaires. Il lui faut le sang, la vie de son meurtrier réel ou imaginaire, ou à son défaut, la vie de l'un de ceux qui lui sont liés par une parenté naturelle ou fictive. C'est pourquoi le devoir de venger le sang est aussi impérieux que celui d'offrir le sacrifice aux ancêtres, et il s'impose aux mêmes personnes. Il est inséparable du droit de succéder aux biens du défunt. Chez tous les peuples restés au stade du patriarcat strict l'hérédité et la vengeance sont connexes. On n'a pas l'une si l'on n'accepte pas l'autre. Or l'hérédité comporte le devoir de célébrer les sacrifices funèbres chez les peuples qui, comme les Romains, ont depuis long-

temps abandonné l'idée de vengeance obligatoire
pour lui substituer d'autres sanctions. Preuve suffisante que le devoir de la vengeance est lui-même
une conséquence du devoir d'offrir le sacrifice !

Une autre preuve de la nature religieuse de la
vengeance est qu'elle a reculé devant des conceptions religieuses plus élevées et profondes et surtout
devant le monothéisme. Dans la Bible, Dieu réclame
la vengeance pour lui seul. « C'est à moi qu'appartient la vengeance, dit le Seigneur » : cette formule
revient souvent dans les lois et chez les prophètes.
La conséquence avait été une restriction du droit
de vengeance même avant le moment où l'État juif
s'était senti assez fort pour poursuivre lui-même les
meurtriers. La vengeance ne frappait plus que les
auteurs de meurtres involontaires. Encore le vengeur du sang, le Goel, ne devait-il les atteindre qu'en
dehors des villes de refuge qui devaient être instituées en Israël (1). D'ailleurs le monothéisme national
des Juifs avait réagi si énergiquement contre l'ancien
culte des Réphaïm, des morts et des esprits que c'est
tout au plus si l'on en aperçoit quelques traces dans
certains passages du Deutéronome et des prophètes
Osée et Jérémie (2). Le monothéisme musulman a
eu des résultats comparables chez les Arabes. Le
polythéisme lui-même avait affaibli le manisme dans
les cités grecques et italiennes, chez les Germains et
même dans l'Inde. Aussi la cité avait-elle pu instituer

---

(1) NOMBRES, chap. XXXV. 11-13.

(2) Voir sur ce point LODS : La croyance à la vie future et
le culte des morts dans l'antiquité israélite. Paris, 1906.

des peines pour les homicides ou tout au moins faire accepter par la famille l'usage de la composition (ποίνη, pœna), d'un dédommagement en bétail ou en argent. Cependant les survivances de l'ancienne vendetta persistent, notamment dans le devoir qui incombe aux parents de poursuivre et d'accuser le meurtrier. Ce devoir reste associé aux obligations du culte des morts. Si l'Etat ne se propose plus de donner satisfaction aux ressentiments vindicatifs, il prend plutôt à son compte les obligations religieuses liées à l'expiation de l'homicide qu'il ne les étouffe (1).

La vengeance du sang prend donc peu à peu le caractère d'une fonction juridique sans perdre pour cela totalement son caractère religieux. Elle équivaut à la pénalité et par suite contribue à assurer un minimum de sécurité dans un milieu où les relations familiales ou communales présentent un caractère analogue à celui qu'ont encore pour nous les relations internationales. Nous ne sommes donc plus portés à y voir l'effet d'un brutal emportement. Peut-être est-elle alors le seul moyen d'assurer un minimum de respect à la vie humaine. D'ailleurs elle n'a pas disparu sans laisser des traces profondément imprimées dans le droit postérieur. Sans l'antécédent d'une croyance universelle au devoir de venger les parents morts s'expliquerait-on des institutions telles que le talion, la composition ou même le carac-

---

(1) Rohde (Erwin) Psyché. — Der Seelencult. § III. Elemente des Seelencultes *in* der Blutrache und Mordsühne, pp. 236, sq.

tère religieux de la peine de mort ? Avant d'être
consacrée par les lois, la composition a été un traité
de paix entre deux sociétés domestiques, celle de la
victime acceptant un dédommagement de la part
de celle du meurtrier. Mais quand la gens ou la famille
du mort est puissante, quand elle est encore très
imbue de ses devoirs religieux elle exige du groupe
auquel le meurtrier appartient qu'il lui soit livré :
pratique connue sous le nom d'abandon noxal. Souvent, elle s'engage à rester en paix avec la famille
du coupable, mais en l'exceptant lui-même de l'am-
nistie. L'Etat seul, a eu dès sa naissance la force
d'imposer l'acceptation inconditionnelle d'un dédommagement. Chez les Babyloniens, il semble avoir
substitué d'emblée la peine à la vengeance, mais il
a fait reposer le droit pénal sur le principe du talion
où la persistance de la vengeance est bien visible (1).
Est-il besoin de rappeler aussi que lorsque la peine
de mort est infligée au meurtrier à la requête de la
famille de la victime elle revêt universellement la
forme d'un acte religieux. C'est une expiation, parce
que le condamné devient un *piaculum*, une offrande
destinée à apaiser (piare) (2) ; l'exécution est encore
un *supplicium*, c'est-à-dire une supplication. Sans
doute lorsque le monothéisme est établi, ou que déjà
le polythéisme a été dégagé de la démonologie pure
et simple, c'est la colère divine que l'on croit calmer

---

(1) Scheil, Loi de Hammourabi § 21, 107, 116, 194, 195,
196, 197, 198, 199, 200, etc.

(2) Il est surprenant que Durkheim traduise piaculum
par malheur. (Formes élémentaires, p. 557, note 1).

en lui offrant la vie du coupable. Mais la divinité est primitivement substituée à l'ombre même du mort qui longtemps réclamait que le meurtrier lui fût sacrifié par la main d'un de ses proches ou de ses compagnons d'armes, comme Patrocle réclame le sang et la chair des douze captifs troyens. Nous avons parlé ailleurs de l'usage si général du bûcher dans les exécutions capitales : la crémation leur conférait le caractère de sacrifices.

Ce caractère à la fois religieux et juridique du devoir de vengeance se retrouve encore dans la condition que les mœurs domestiques primitives font au parricide et au fratricide. Le meurtre d'un membre du groupe domestique auquel on appartient doit être expié par l'effusion du sang du meurtrier ou de l'un de ses parents ou affiliés. Mais qu'arrivera-t-il si le meurtrier lui-même est un parent du mort, un de ses proches, son propre frère ? Qu'arrivera-t-il s'il est son fils, celui qui devait célébrer le sacrifice et par suite remplir le devoir de la vengeance ? Primitivement l'Etat est impuissant à le punir. On ne gagnerait rien non plus à déléguer à un autre parent le devoir de vengeance puisqu'il faudrait ensuite frapper le vengeur lui-même. C'est encore la religion domestique qui apporte la solution. La malédiction du parent assassiné est présumée prendre une forme, devenir une puissance, l'Erinnye, l'Ἀρα, l'Euménide qui s'attache au meurtrier, l'égare, le poursuit dans le monde et le fait tomber sous les coups d'un vengeur inconnu. La croyance indo-européenne exprimée par la légende d'Oreste, la croyance juive résumée dans celle de Caïn concordent en ce point, malgré la différence des détails. Elles nous font connaître une phase de la vie morale où le crime commis à l'intérieur de la famille ne peut recevoir qu'une sanction religieuse.

La formation de l'Etat et le développement de sa puissance dans la cité antique ne mettent pas fin d'emblée à l'action de ces croyances, si éloignées des nôtres. ROHDE, dans un livre dont la réputation et l'autorité sont universelles, nous montre l'Etat athénien prenant à son compte les obligations religieuses associées à l'expiation de l'homicide. Ainsi s'expliquerait le caractère religieux du tribunal de l'Aréopage et le rôle que le culte des Erinnyes jouait dans son cérémonial et même dans sa procédure. Chaque mois, l'Aréopage consacrait trois jours aux causes criminelles et l'un d'eux était voué à l'une des Erinnyes. Or l'Erinnye est pour ROHDE la vengeresse du parent qui n'a plus de vengeur, et surtout du père victime d'un parricide. Peut-être à l'origine se confond-elle avec l'âme même de la victime qui transformée en démon poursuit son meurtrier comme un vampire. Le procès criminel se termine d'ailleurs par une purification et par un sacrifice expiatoire (1).

Ces mœurs n'étaient pas propres aux ancêtres des Indo-Européens, mais communes à ceux des Sémites, des Berbers, des Finnois, des Turcs et des peuples de race jaune. Les anciens Juifs observaient sous le nom de *gheoullâh* une solidarité domestique peu différente de celle des Indo-Européens et nous savons quelle trace la vengeance du sang avait

____

(1) ROHDE. Psyché, p. 247, sq.

laissée dans leurs lois. Les Arabes nomades, répandus de la Perse au Maroc et de l'Algérie au Soudan, ont conservé les mêmes mœurs que les anciens Hébreux. Si les Bédouins ont d'ordinaire substitué la composition (dia) à la vengeance, l'acceptation de la *dia* n'est pas obligatoire. Les clans les plus purs, les plus aristocratiques se font un point d'honneur de la refuser et de s'en tenir à la vengeance, à peu près comme l'on voit aujourd'hui les nations les plus orgueilleuses de leur puissance repousser l'arbitrage et recourir à la guerre. Les Berbers qui ont conservé plus encore dans leurs Kanoun les règles de l'ancienne morale domestique, où la Kharroubat est non une famille étroite, mais un groupe assez étendu de parents pour peupler l'équivalent d'un village de nos pays, sont restés plus fidèles encore au devoir de venger le sang (reqba). Cette vengeance, véritable guerre interfamiliale, peut atteindre n'importe quel parent du meurtrier. Ni la loi française, ni la loi musulmane avant elle n'ont eu raison de cette coutume.

L'étude de la vengeance suffit à nous faire toucher du doigt et la diversité des mœurs et l'ampleur des transformations éprouvées par la conscience morale. Cette famille patriarcale, cette communauté gentilice avant elle que nous avons vues si soucieuses de leur concorde et si portées à y sacrifier l'individu formaient chacune un groupe étroit en rapport d'hostilité, au moins latente, avec le reste des hommes. Il leur fallait une autorité inflexible pour assurer leur existence et leur fonction. Le principe de cette autorité était la tradition des ancêtres, fondée sur le culte des morts ou des esprits. Les ascendants les plus âgés étaient les interprètes de cette tradition qui agissait sur les ressorts les plus puissants, la crainte religieuse, l'intérêt, les affections. Le groupe était exposé à des agressions extérieures dont ses croyances magiques le portaient à exagérer la fréquence et le danger. Il avait, à un plus haut degré encore que l'Etat moderne, le droit de les repousser et le justifiait par ses croyances mêmes. S'il n'avait pas vengé le sang des siens, il n'aurait pas protégé l'existence et la sécurité de ses membres et, sollicitée par les exigences de la conservation personnelle, la solidarité domestique se serait graduellement relâchée. L'aspect des anciennes mœurs patriarcales qu'incrimine la conscience contemporaine était alors inséparable de celle que volontiers notre imagination idéaliserait.

En expliquant la vengeance par le culte des morts et l'autorité des ancêtres nous paraissons nous appuyer sur de vieilles théories animistes frappées de désuétude par l'anthropologie religieuse des Anglais et plus encore par la sociologie religieuse de l'école française dont DURKHEIM était le chef reconnu. Sans discuter l'ensemble de ces théories et la valeur de l'appréciation qu'y reçoivent des faits historiques avérés, nous nous bornerons à étudier brièvement la pratique de la vengeance chez un peuple qui passe pour être resté étranger à ce culte, le peuple australien. Les *Tribus indigènes de l'Australie centrale,* de SPENCER et GILLEN nous présentent un chapitre très propre à faire la lumière sur ce point, d'autant plus concluant que les auteurs ont été initiés à ces cérémonies australiennes qu'eux-mêmes nomment totémiques (1).

Les Australiens ne conçoivent pas la mort naturelle. « Si vieux ou décrépit que puisse être un homme ou une femme, son décès est toujours attribué à l'influence magique de quelque ennemi (p. 476). » Il en résulte que nulle part la vengeance ne sévit plus que parmi ces peuples. Comme la mort qu'elle rétribue, elle y est toujours associée aux pratiques magiques. Le recours à l'homme-médecine en est le moyen habituel. Il n'en résulte pas qu'elle ne prenne pas la forme courante d'une vengeance du sang. Le boomerang et la lance en sont les agents. L'homme-médecine remplit surtout le rôle de devin et est chargé de découvrir le coupable. Lorsqu'il y est arrivé, la vengeance s'organise assez solennellement sous le nom d'*Atninga*. Elle peut prendre deux formes, l'une masculine, dite *Kurdaïtcha* et l'autre féminine dite *Illapurinja*. La première est de beaucoup la plus fréquente et la plus significative. Elle est d'ordinaire précédée d'un conseil des Anciens et peut se terminer soit par la revendication du coupable présumé, soit par son immolation sans avertissement. Dans le premier cas, le groupe menacé peut recourir à l'abandon noxal ; il en profite pour se débarrasser des hommes qui ont en quelque manière transgressé la coutume ancestrale (pp. 490-496).

---

(1) SPENCER et GILLEN. Native tribes of central Australia chap. XIII. The customs of kurdaitcha and Illaparinja, and the avenging party or Atninga. Cf, chap. X et XI. Traditions dealing with the origin of the Alcheringa ancestors, chap. XIV. Customs relatives to burial and mourning.

La coutume australienne accorde donc au devoir de la vengeance la même place que les races situées au même stade du développement social ou à un stade supérieur. Nous l'y trouvons fondée sur une conception de la maladie et de la mort, dont nous avons constaté la généralité et l'importance. Cette conception pourrait fort bien être qualifiée d'animiste puisqu'elle fait intervenir des esprits. Nous persistons à la nommer magique ou démonologique pour mieux nous garder de toute hypothèse métaphysique.

Les Australiens sont-ils étrangers au culte des morts ? DURKHEIM lui-même, si porté à creuser un abîme entre le culte des morts et le totémisme des Australiens (1) est contraint d'attribuer à ces peuples tout un système de rites qu'il nomme *piaculaires* (en modifiant arbitrairement à vrai dire le sens de ce mot) (2). C'est qu'au chapitre xiv de leurs *Tribus indigènes* SPENCER et GILLEN nous décrivent un culte des morts aussi impérieux, aussi étroitement lié à leurs croyances religieuses que celle de n'importe quel peuple réputé maniste ou animiste. Les Australiens pratiquent l'inhumation et elle donne lieu à des cérémonies parallèles à celles que l'on nomme totémiques. Le mort est assis dans sa tombe, dans une position identique à celle qu'il était présumé occuper parmi ses ancêtres, alors qu'il était un esprit (whilst in spirit form) (3). Après l'inhumation, le camp du mort est brûlé. Tout ce qu'il

---

(1) Formes élémentaires de la vie religieuse, pp. 90 et 91.

(2) *Ibid*. Livre III, chap. v, notamment p. 557.

(3) SPENCER et GILLEN. Native tribes, chap. xiv, 497.

G. RICHARD. — L'Évolution des Mœurs.   11

contenait est détruit. Il est désormais interdit de prononcer son nom pendant une période de deuil qui dure de douze à dix-huit mois, car on se représente le mort errant autour des vivants sous la forme d'un *Ulthana* et s'il entendait prononcer son nom, il conclurait que ses parents négligent d'observer son deuil. A la fin de cette période, la cérémonie de l'*Urpmilchima* est célébrée auprès de la tombe : grande solennité, soigneusement préparée par les femmes, où la veuve joue le rôle principal, mais à laquelle toute la parenté doit participer ! Une danse rythmée en est le moment essentiel : elle semble destinée à prendre le mort à témoin que le deuil qui lui était dû a bien été accompli, car « cet esprit est supposé avoir surveillé du fond même de la tombe les détails de la cérémonie (1) ».

Quand le corps inhumé est celui d'une femme, la cérémonie s'accompagne souvent du simulacre d'un sacrifice humain. La mère de la morte tente de se couper la tête avec un instrument tranchant, en bois à vrai dire, mais les autres femmes s'y opposent. Des scènes sanglantes se renouvellent auprès de la tombe. Les parentes de la morte se taillent le corps et se flagellent frénétiquement. Elles vont jusqu'à se frapper avec des massues. Là est même l'origine des cicatrices dont les corps des femmes australiennes sont couverts et que les Européens, qui en jugeaient par eux-mêmes, imputèrent d'abord à la brutalité masculine (2).

---

(1) *Ibid*, pp. 506-507.

(2) Spencer et Gillen. Native tribes, pp. 508 et 509.

Si l'on se rappelle que les tribus australiennes attribuent la maladie à une prise de possession du vivant par des *Ulthana*, c'est-à-dire par des esprits errants et irrités (ceux-là même que la cérémonie de l'Urpmilchima doit apaiser) et qu'ils expliquent la mort par des pratiques magiques rendues possibles par le commerce avec le monde des esprits, nous sommes conduits à nous demander si leur conception des origines de la vie diffère de celle qu'ils se font de la nature de la mort. La réponse, que nous donne une étude critique des sources, est négative. La naissance d'un enfant, tout comme la mort d'un vieillard, est la manifestation de la puissance d'un esprit. Tout enfant qui vient au monde est considéré comme la réincarnation d'un ancêtre, qui a vécu pendant une période mythologique, l'Alcheringa, au cours de laquelle les hommes et les animaux n'étaient pas bien distingués et prenaient la forme d'*Inapertwa*, hommes incomplets (1). En résumé, les Australiens se représentent leurs rapports avec leurs ancêtres sous la forme d'une palingénésie, que rien ne distingue de leur démonologie. Quant à leurs totems, Durkheim, quand il s'affranchit de l'esprit de système, en fait fort bien comprendre la fonction en la ramenant à l'emblématisme. « Le clan comme toute espèce de société ne peut vivre que dans et par les consciences individuelles qui le composent » mais ces consciences « sont fermées les unes aux autres, elles ne peuvent communier qu'au moyen de signes où viennent se traduire leurs états inté-

---

(1) *Ibid*, chap. x et xi, passim.

rieurs. Pour que le commerce qui s'établit entre elles puisse aboutir à une communion, c'est-à-dire à une fusion de tous les sentiments particuliers, il faut que les signes qui les manifestent viennent eux-mêmes se fondre en une seule et unique résultante. En exprimant l'unité sociale sous une forme matérielle, l'emblème la rend plus sensible à tous (1) ». Soit, mais si le totem n'est rien de plus qu'un emblème, il n'y a aucune raison de qualifier de totémisme l'ensemble des croyances que l'emblème symbolise en les matérialisant. DURKHEIM ne reconnaît-il pas que les Australiens croient en un Dieu créateur et que cette croyance ne leur a pas été apportée par les Européens ? (2)

L'étude des croyances australiennes, loin d'ébranler les conclusions de nos inductions précédentes, en est la confirmation éclatante. Rapprochée de celle que nous avons faite sommairement de l'anthropophagie chez ces peuples, elle nous montre les relations étroites qui associent les représentations magiques aux sentiments d'hostilité et aux mœurs qui en dérivent.

----

(1) DURKHEIM. Formes élémentaires de la vie religieuse, pp. 317 et 329.

(2) *Ibid,* pp. 409-415.

CHAPITRE IX

L'HOSPITALITÉ PRIVÉE ET PUBLIQUE

La morale domestique, même à l'époque patriarcale ne pouvait suffire à régler les relations des
hommes ni à assurer entre eux la coopération la
plus élémentaire : elle était incompatible avec le
commerce des idées, des produits et des services. Or
si certains théoriciens des sociétés primitives se sont
complus dans la vision de groupes fermés et impé-
nétrables, l'histoire ne nous montre rien de semblable. La philologie constate une pénétration réciproque des langues dès un âge si reculé qu'il est
antérieur à toute histoire écrite. L'archéologie fait
plus : elle nous montre que dès l'âge de la pierre
taillée ou polie, il existait des foyers de civilisation,
d'où les inventions rayonnaient pour se communiquer
à une immense périphérie qui les reproduisait en les
imitant avec plus ou moins de gaucherie. Cette irra-
diation des inventions, industrielles ou intellectuelles,
eût été impossible sans un commerce universel dont
Sophus MULLER a montré la réalité en interprétant
méthodiquement les données archéologiques (1) et

____

(1) Sophus MULLER. Europe préhistorique, chap. XI, sq.

dont Camille JULLIAN a retrouvé les preuves dans l'histoire de la Gaule primitive (1). La conséquence inévitable en était un élargissement des obligations imposées primitivement par la morale domestique et plus tard par la morale civique. La condition faite à l'étranger dans les communautés humaines a donc éprouvé d'amples variations. Leur étude nous présente un nouveau problème dont l'histoire et l'ethnographie éclairent les données.

Cette étude est principalement celle de l'hospitalité, de ses origines et de ses transformations. Là encore la différence est profonde entre nos mœurs et celles des ancêtres de nos races (2). L'hospitalité ne nous est pas inconnue : nous avons encore le mot, mais nous n'avons plus la chose. A la vérité nous pouvons nous croire très hospitaliers, car nous n'avons aucune hostilité de principe contre l'étranger. En France, le recensement de 1921 accusait la présence d'un étranger sur trente habitants. Tout peuple civilisé accorde à l'étranger la protection de ses tribunaux, accrédite des consuls chargés de défendre ses intérêts, le fait bénéficier de ses institutions d'instruction et d'assistance. Cependant aucun d'entre nous ne croit plus au devoir d'accueillir dans son intérieur et à sa table le premier inconnu qui se présente à son seuil, fût-il un compatriote. Les deux mots d'hôtel et d'hôpital suffisent à exprimer

____

(1) Cam. JULLIAN. Histoire de la Gaule. Tome I.

(2) Voir sur ce point LEIST. Alt arisches Jus gentium, kap. III, § 35 et Alt arisches Jus civile S. 354-368. — Cf. G. Del Vecchio, Evoluzione dell'ospitalita.

la transformation subie par l'ancienne notion d'hospitalité. Leur racine est la même, *hospes, hospitium,* mais ils attestent que la maison de l'hôte, où était accueilli gratuitement l'étranger, où il recevait des soins en cas de maladie, a fait place soit à un établissement commercial, soit à une institution publique d'assistance (1).

L'étude de l'hospitalité est par là même des plus propres à nous donner des idées claires et justes sur le passage des sociétés simples aux sociétés composées et à nous faire rejeter toute analogie trop complaisante entre les sociétés et les organismes : elle nous apprend que la transformation des sociétés simples n'est pas due exclusivement à la division du travail, à la différenciation d'une masse homogène, mais encore à l'intégration d'éléments étrangers (idées et personnes) et par suite à l'extension des cercles sociaux.

Il est aisé de voir comment cette étude doit être divisée. Les Romains distinguaient deux formes de l'*hospitium* (*privatum* et *publicum*), l'hospitalité privée et l'hospitalité publique. C'est sans doute l'évolution de l'hospitalité publique qui a eu le plus de conséquences pour la formation des sociétés supérieures. Mais elle procède visiblement elle-même de l'hospitalité privée.

*
* *

Chez les anciens Indo-Européens, et en beaucoup d'autres races qui ont donné naissance aux civili-

---

(1) L'hôpital était au moyen âge cette partie du couvent où étaient recueillis et soignés les pèlerins malades.

sations progressives, la communauté des sacrifices en l'honneur des dieux domestiques (Lares, Pénates, Mânes, Pitri) est ce qui donne à la petite société sa forme. Or qu'est-ce que l'hospitalité ? C'est l'admission de l'étranger, sinon à tous les sacrifices, au moins à un repas rituel. Il en résulte que l'hospitalité privée est l'incorporation temporaire de l'Etranger à la famille de l'hôte. C'est ce que nous montrent ces quelques extraits du premier livre des lois de Manou, qui concordent avec beaucoup d'autres textes indiens. « Lorsqu'un hôte se présente, que le maître de maison, avec des formes prescrites, lui offre un siège, de l'eau pour se laver les pieds et de la nourriture qu'il a assaisonnée de son mieux. Un maître de maison ne doit pas le soir refuser l'hospitalité à celui que le coucher du soleil lui amène ; que cet hôte arrive à temps ou trop tard, il ne doit pas séjourner dans la maison sans y manger. Que le chef de famille ne mange lui-même aucun mets sans en donner à son hôte : honorer celui qu'on reçoit, c'est le moyen d'obtenir des richesses, de la gloire, une longue existence et le Swarga. Lorsque l'oblation à tous les dieux est terminée ainsi que les autres offrandes, s'il survient un nouvel hôte, le maître de maison doit faire de son mieux pour lui donner des aliments, mais ne pas recommencer l'offrande » (1).

L'hospitalité privée a donc un caractère religieux. Sans doute elle est utile, car elle devient réciproque et facilite le commerce des produits et des services,

---

(1) Traduction Loiseleur-Deslongchamps, livre I, 99, 105 à 108.)

mais le seul souci de l'utilité n'aurait pas conduit à
l'instituer ni suffi à en faire respecter les obligations
si elle n'avait été sanctionnée alors par un mobile
plus fort. D'ailleurs chez les anciens Indo-Européens, chez les Grecs notamment, l'hospitalité
dépasse de beaucoup les simples exigences du commerce. On croit devoir accueillir non seulement
l'hôte de distinction, mais le suppliant (Ἱκέτης)
mais le mendiant (πτῶχος). Il y a un dieu de
l'hospitalité, et c'est le plus élevé et le plus puissant
des dieux, Zeus, Jupiter, Diaus-Pitar. C'est lui
qui envoie les hôtes ; c'est en son nom qu'on les
accueille (1). Ici comme ailleurs, le système superficiel qui explique toutes les institutions sociales
par les conditions économiques est pris en défaut.
Aucune considération d'ordre économique n'aurait
pu déterminer une famille riche à entretenir des
mendiants et les récits de l'*Odyssée* nous font déjà
entrevoir la figure du mendiant professionnel, per-
sonnifié par cet Irus qui dispute à Ulysse déguisé
sa place à table et se fait châtier par lui.

Gardons-nous cependant de croire à l'existence
commune d'une charité absolument désintéressée
qui aurait poussé les hommes d'alors à sacrifier leur
aisance en faisant place à leur foyer et à leur table
à tous les inconnus. La durée de l'hospitalité était
forcément très courte, sinon, la condition de l'hôte

---

(1) En deux passages différents de l'*Odyssée*, on peut
lire les mêmes vers qui ont un coloris presque évangélique
Προς Διὸς εισιν απαντες Ξεινοι τε πτῶχοι τε, δοσις τε ολιγὴ τε φιλὴ τε
(VIe chant. v. 207-208).

devenait celle de l'esclave, en raison même de la nature de l'hospitalité privée qui en faisait une incorporation à la famille. Ajoutons que chez les Grecs de l'âge héroïque les mendiants se font tolérer de leurs hôtes habituels en leur rendant de menus services, comme de transporter leurs messages. L'hospitalité restait cependant une lourde charge pour les familles riches. Si elle était acceptée sans murmure, c'était par crainte. L'hôte qui se présentait au seuil, pouvait être un dieu déguisé. Lui refuser sa porte, c'était s'exposer à sa colère. L'homme du commun lui-même ne pouvait sans danger être rebuté ou mal accueilli. Il pouvait, en s'éloignant, prononcer une malédiction, ἀρά et nous savons que la malédiction était conçue comme un être invisible, une furie qui prenait possession de l'homme maudit pour l'égarer et le jeter dans quelque péril insurmontable.

Il est à peine besoin de dire que cette coutume hospitalière n'était pas propre aux Indo-Européens. On connaît l'hospitalité des tribus arabes : elle présente les mêmes caractères que chez les anciens Grecs ; elle s'accompagne des mêmes craintes. Les plus anciens livres de la Bible consacrent les devoirs de l'hospitalité et les placent sous l'invocation et la protection de Jehova (1). Chez les Berbers, la morale de l'hospitalité a pris une forme socialement

____

(1) Celui qui lit de près le récit du châtiment des Sodomites (Genèse, ch. xix) ne sait s'il a devant les yeux le tableau des conséquences d'une violation cynique des droits de l'hospitalité ou celui de la punition d'un vice contre nature. La première hypothèse est plausible.

définie, l'*anaïa*, protection accordée à un étranger, par une famille ou par un groupe déjà plus large et dont l'effet est de conférer à celui qui la reçoit une réelle inviolabilité. L'hôte que l'*anaïa* protège peut traverser toute la région où son protecteur est connu. Si cette garantie était méprisée, il en résulterait un devoir de vengeance, une reqba, non seulement pour ce dernier, mais pour toute sa parenté : telles étaient du moins les mœurs de la Kabylie, il y a un demi-siècle, au temps de son autonomie (1). Aucune institution n'est plus propre à mettre en lumière ce caractère d'incorporation temporaire à la famille qui nous a permis de définir l'hospitalité privée. L'hôte en effet participe aux garanties de la famille comme à ses biens et à sa religion domestique.

Les devoirs de l'hospitalité privée élargissaient donc notablement la morale domestique. Tout homme qui n'était pas un ennemi privé, contre qui on n'avait pas à exercer le devoir de la vengeance pouvait s'incorporer temporairement à la famille et, à ce titre bénéficier de la condition privilégiée faite aux parents. Il y avait là une transaction et un passage de l'exiguïté du lien domestique aux

------

(1) Général Daumas. Mœurs et coutumes de l'Algérie (IIIᵉ partie, ch. VIII), 1855 Hanoteau et Létourneux : La Kabylie, Masqueray (Emile). Formation des Cités chez les populations sédentaires de l'Algérie, chap. I, p. 33 (Paris, Leroux, 1886).

exigences du commerce universel des idées et des services. L'hospitalité privée n'aurait pu cependant à elle seule combler l'abîme qui primitivement séparait les parents des étrangers si l'institution de l'hospitalité publique n'était venu en renforcer et en multiplier les effets. Cette institution paraît propre aux Indo-Européens occidentaux : ce n'est pas une raison d'en dédaigner l'étude. Si elle a exercé la plus grande influence sur la formation des sociétés auxquelles nous appartenons, sur l'évolution de notre droit et de nos mœurs, elle n'est pas moins éloignée de nos idées courantes que l'hospitalité privée elle-même.

Nous pouvons nous contenter de résumer ce que nous en apprend l'histoire des Cités de la Grèce et de l'Italie ancienne, en nous attachant à trois institutions, les proxénies, la condition de l'étranger domicilié et la *latinitas*.

La cité gréco-romaine présente, on le sait, de nombreux traits communs avec la communauté domestique, *gens* ou même famille. Comme elle, elle a son foyer, ses repas communs, ses *syssities* pour leur donner leur nom spartiate. Entre citoyens, le lien n'est pas seulement politique, mais religieux. Il en résulte qu'en principe, le groupe civique est aussi fermé, étroit, exclusif que le groupe domestique lui-même. Cependant la Cité ne peut pas plus que la famille vivre repliée sur elle-même en n'ayant avec le reste des hommes que des relations d'hostilité. L'hospitalité publique devait lui permettre de s'élargir et de s'humaniser. Cette institution accompagne toutes les transformations de la cité antique à un point tel qu'il n'est pas possible de la distinguer de leurs causes. Elle nous permet de comprendre comment s'est effectué graduellement le passage d'une multitude de petites communautés comparables aux cantons français pour l'étendue et la population à l'immense communauté juridique formée par l'empire romain. La conquête et l'esclavage n'auraient pu suffire à une extension sociale aussi considérable et aussi rapide car la conquête à elle seule n'a jamais formé que des agrégations de peuples ou même de races instables et passagères, telles que l'empire des Mongols. L'esclavage n'a déterminé l'évolution sociale que par la formation de la classe éminemment plastique des affranchis. Dans le monde romain la conquête a tantôt frayé la voie à l'hospitalité publique, tantôt elle en a consolidé les effets et à son tour l'hospitalité publique a accéléré l'évolution de l'affranchissement dont les effets sont devenus indiscernables des siens.

Pour produire de telles conséquences, l'hospitalité publique devait créer des liens durables, faire participer partiellement et graduellement l'étranger au droit de cité. C'est à quoi a répondu à Rome la fiction de la latinité. En Grèce, l'assimilation des métèques y est comparable, mais elle suppose une institution plus ancienne et plus flexible, celle des proxénies.

Représentons-nous deux cités grecques ou italiotes, A et B dont les membres ont occasionnellement quelques rapports de commerce. En théorie, toutes deux sont radicalement étrangères et ne reconnaissent aucun lien moral ou juridique commun. Ce sont des communautés religieuses distinctes et des communautés politiques hostiles. A chaque instant peut éclater entre elles une guerre dont la conséquence soit la destruction de B par A et la réduction de ses habitants en esclavage.

Entre elles, pas de rapports diplomatiques officiels, pas d'ambassades ni de consulats. Mais cette situation violente ne correspond pas complètement à la réalité. Les habitants de A et de B parlent la même langue ou des dialectes de la même langue ou des idiomes très voisins. Ils ont la même civilisation, les mêmes besoins sociaux, rendent à des dieux semblables un culte analogue. Ils ont enfin des rapports de commerce. Les deux cités pourront donc conclure des traités d'hospitalité réciproque. La cité A reconnaîtra à un citoyen de B la qualité d'hôte public, de *proxène* ; elle l'assimilera en partie à ses propres citoyens en lui attribuant un certain nombre de privilèges. B en fera autant pour un citoyen originaire de A. Dans la cité B la personne choisie comme proxène par A aura le patronage des citoyens de A ; elle sera leur *prostate* (littéralement : celui qui se tient devant eux) ; elle sera leur répondant, les représentera devant les tribunaux ou encore présentera aux tribunaux de la cité leurs avocats. La proxénie n'est jamais confiée qu'à des personnages considérables car la fonction est onéreuse. Son avantage est de mettre en relief celui qui l'accepte, aux yeux mêmes de ses concitoyens. En théorie le proxène n'est qu'un particulier ; en fait son rang dans la société est comparable à celui que nous reconnaissons à un consul, sinon à un ambassadeur. L'Etat lui garantit la sécurité personnelle ; il a, selon une expression courante, la paix dans la guerre. « Les proxènes, nous dit MONCEAUX, sont placés, eux et leurs biens, sous la protection des assemblées, des magistrats, des chefs d'armée, des amiraux (1) ». Le proxène jouit encore du privilège de pouvoir se présenter sans patron devant les assemblées et les tribunaux de la cité qui reconnaît sa qualité. Enfin il est admis, comme un citoyen, aux cérémonies publiques du culte de la Cité (2).

Cette institution permit aux cités grecques et italiennes de se pénétrer mutuellement. Des liens sociaux se formèrent ainsi entre les petits États autonomes qui couvraient les rivages de la Méditerranée. Du VIe siècle à la formation de l'empire romain on voit la proxénie toujours en progrès. L'histoire de Marseille nous présente un fait de nature à attester l'étendue des rapports qui en résultaient.

Au début du IIe siècle, une cité grecque d'Asie mineure, Lampsaque voulait envoyer une ambassade à Rome. Le chef de l'ambassade se rend d'abord à Marseille, est introduit devant le conseil des Six-Cents et obtient que quelques Massaliotes aillent à Rome pour faire agréer les envoyés de sa cité. Si Marseille jouissait d'un tel crédit auprès du Sénat romain, elle le devait à ce qu'autrefois, elle avait patroné Rome en Grèce et l'avait présentée à Apollon pythien et à ses prêtres. Dans la même circonstance, les gens de Lampsaque obtiennent des magistrats

____

(1) Paul MONCEAUX. Les proxénies grecques. Thorin, éditeur, p. 29.

(2) *Ibid*, p. 38.

de Marseille une lettre de recommandation aux Galates d'Asie mineure. Ils mettaient à profit ainsi les relations étroites que Marseille entretenait avec le monde gaulois. Même avant la fin de ces guerres puniques d'où, selon POLYBE, date l'histoire universelle, une colonie grecque de Gaule pouvait mettre en rapports les Grecs de l'Asie mineure et avec Rome et avec l'autre extrémité du monde celtique : preuve évidente que la morale civique perdait sa rigidité primitive et que la condition des étrangers bénéficiait de ce progrès moral.

La proxénie favorisait les progrès du commerce plus qu'elle n'en résultait. Un de ses principaux historiens, M. Paul MONCEAUX, montre qu'elle ne progressait pas d'une même allure chez toutes les races composant le monde hellénique (1). La race éolienne reste, à cet égard comme à beaucoup d'autres, la plus arriérée de toutes : l'hospitalité publique n'est pour elle qu'un moyen de mettre en rapports les petites cités voisines. La race dorienne, de Doride, du Péloponnèse, de Crète, d'Italie, d'Asie mineure tire un meilleur parti de la proxénie, mais en lui conservant un caractère strictement religieux. C'est dans son domaine qu'est le grand sanctuaire de Delphes, un des foyers de l'unité hellénique. Mais la race qui a fait porter à l'institution tous ses fruits est la race active, progressive et démocratique des Ioniens. La proxénie a fait d'Athènes le centre social, intellectuel et politique de l'hellénisme.

____

(1) *Loco citalo*, p. 45, sq.

Elle introduisait dans les grandes cités commerciales un élément étranger destiné à modifier profondément la structure et les mœurs de l'ancienne société. Nous voulons parler des métèques. Ce sont des personnages beaucoup plus humbles que les proxènes ; ils s'établissent dans les cités étrangères, à leurs risques et périls, sans rien des privilèges des hôtes publics. Mais peu à peu leur travail les rend indispensables à la cité qui sait les accueillir. Ils y obtiennent certains privilèges qui les rapprochent des citoyens. Vraisemblablement la proxénie a eu cet effet de favoriser d'une cité à une autre l'introduction des immigrants et leur ascension sociale.

Comme son nom l'indique, le métèque est le *domicilié*, bien distinct de l'étranger de passage. Selon le scholiaste ARISTOPHANE de Bysance il devait, pour mériter son nom, réunir ces trois condtions : 1º avoir définitivement fixé son domicile dans une ville ; 2º y vivre depuis un temps déterminé : 3º contribuer à certaines charges publiques. Il n'est pas l'égal du citoyen et par suite les orateurs le maltraitent à la tribune. Les commotions publiques lui sont fatales. C'est que les métèques sont enviés. Ils forment à Athènes une classe sociale qui détient une grande partie de la richesse publique ; ils recrutent en effet les deux professions les plus lucratives, celle de négociant en grains et celle de changeur ou banquier. Le célèbre banquier Pasion, dont s'occupent tant de plaidoyers de Démosthène, d'Isocrate et d'Apollodore était un métèque. Aussi la condition légale de cette classe s'améliorait-elle, en dépit de l'envie et des outrages. Primitivement le métèque était sans doute astreint à l'obligation d'avoir un patron ou prostate, répondant de lui devant les tribunaux de la Cité, mais il en fut dispensé d'assez bonne heure. Le patron collectif de leur classe était la cité athénienne elle-même (1). Le rôle du prostate était seulement de présenter le métèque au dème, unité administrative de l'Attique. Une fois inscrit, il pouvait se présenter directement devant le magistrat, notamment devant l'archonte polémarque. Il était admis aux fêtes religieuses des dèmes, puis aux grandes fêtes de la Cité. Quand il était admis à payer les mêmes taxes que les citoyens sans en payer d'autres, il entrait dans la classe supérieure des *isotèles*. Entre lui et le citoyen, l'unique différence est qu'il ne jouissait d'aucun droit politique.

Le monde hellénique n'était pas l'unique théâtre de ces phénomènes moraux et sociaux. Les cités et les sociétés qui se formaient dans l'Italie centrale obéissaient aux mêmes tendances quoique leur développement fût plus tardif. L'assimilation graduelle de l'Etranger au citoyen se fit à Rome comme en Hellade et fut poussée plus loin qu'à Athènes même. Il nous semble inutile d'insister sur des faits aussi connus. Contentons-nous de rappeler que les institutions romaines distinguèrent d'abord le *peregrinus*, l'étranger avec qui l'on pouvait avoir des rapports pacifiques de l'*hostis* et du *barbarus* (les barbares étant les peuples réfractaires aux devoirs de l'hospitalité). Un magistrat spécial fut chargé de faire droit à cette classe d'étrangers, le *prœtor pere-*

------

(1) CLERC. Les métèques athéniens. Thorin et fils, éditeurs.

grinus, celui-là même qui devait plus tard présider à la transformation du droit romain et incorporer le *jus gentium* au *jus civile*, la morale internationale au droit positif de la Cité. Rome admit ensuite l'Etranger privilégié à jouir du *jus commercii*, du droit de contracter en certaines matières avec ses citoyens et d'acquérir des créances sur eux. Ces privilégiés ne furent d'abord que des voisins immédiats, les Latins (1) ; la latinitas devint ensuite une condition civile indépendante de la nationalité et de la naissance. Les latins de toute origine furent à Rome ce que les *Isotèles* étaient à Athènes ; ils jouissaient de la plupart des garanties civiles des citoyens sans leurs droits politiques. Ainsi se prépara la fusion de toute la population libre du monde civilisé, qui fut l'œuvre de la législation impériale. A dater de ce moment l'hospitalité publique et les proxénies n'avaient plus aucune raison d'être. La condition de l'étranger, de l'*aubain* put rétrograder au moyen âge pendant les siècles les plus durs de la féodalité, mais il était impossible que l'on revînt désormais au point de départ de l'évolution puisque la religion était devenue universelle (2).

L'étude de l'hospitalité nous fait comprendre la correspondance entre les transformations sociales

---

(1) Sur le rôle joué par les Latins dans la structure de la Société civile de Rome, notamment de la plèbe, voir BINDER (Julius). Die Plebs. Studien zur römischer Rechtsgeschichte. S. 357-373 (Leipzig, 319, Deichert, 1909).

(2) Voir DESPAGNET et Ch. DE BOECK. Précis de droit international privé. Livre I, chap. I, § 25 à 33. (Larose et Tenin).

et les variations des mœurs autant qu'elle nous éclaire sur le passage des sociétés simples aux sociétés composées. Aussi loin que l'histoire peut remonter, nous trouvons les communautés domestiques agglomérées en villages et en peuplades, mais non encore en Cités et en Etats. Le droit ne s'y distingue pas des mœurs et de la religion ; la communauté de droit y dépend de la participation aux mêmes sacrifices. En principe, il n'y a pas de droit pour l'Etranger. L'hospitalité se présente alors comme l'unique moyen d'élargir le cercle social. D'abord purement privée, elle consiste dans l'incorporation temporaire de l'Etranger au culte de la famille. Elle a pour appui l'idée que les dieux la recommandent, qu'eux-mêmes peuvent en réclamer les avantages, et aussi la croyance aux conséquences redoutables de la malédiction de l'hôte éconduit. Les peuples qui ne fondent pas la cité, au sens gréco-romain du mot, ne dépassent jamais ce stade qui caractérise les mœurs orientales et plus encore celles des peuples incivilisés. Mais à mesure qu'en Occident, surtout sur le littoral méditerranéen, la cité se forme et se développe, l'hospitalité privée devient l'hospitalité publique. Des groupes d'Etrangers de plus en plus nombreux sont admis au foyer de la Cité. Il en résulte que peu à peu les liens de droit s'assouplissent et s'élargissent et qu'un temps vient où le droit politique reste le seul privilège national, toutes les garanties juridiques, sauf celle-là, étant reconnues à l'Etranger comme à l'indigène. Cet état social est encore le nôtre. On sait de quel progrès il est susceptible et aussi de quelle régression le menacent chez nous les admirateurs aveugles du moyen âge.

On peut distinguer dans les mobiles de l'hospitalité deux éléments dont la destinée a été opposée au cours de son évolution, un élément moral et un élément magique pour ne pas dire religieux. L'élément moral est certainement cette *Caritas*, primitivement réservée aux proches, comme dans le banquet des Caristies, et qui s'étend peu à peu à tous les humains. L'autre est la crainte de la puissance magique dont l'hôte peut éventuellement disposer. Si le premier a progressé, l'autre s'est constamment affaibli.

Nous avons une preuve de plus de l'analogie primitive entre les croyances magiques ou démonologiques et ce respect du Sacré, ce souci de l'impureté que l'esprit de système leur oppose. L'Etranger est réputé impur et on ne l'admet pas au banquet familial sans une purification préalable. Celle-ci n'est souvent rien qu'une ablution (τὸ χερνίπτειν). Mais il est aisé de voir que tant que la distinction du pur et de l'impur conservait toute sa force, l'hospitalité restait une faveur exceptionnelle, refusée aux peuples très éloignés ou de mœurs très différentes. Tel était le sort des Grecs dans l'Egypte ancienne « Ce qui faisait la terreur de l'Egypte ancienne et ce qui met encore en défiance l'Egypte moderne, écrit un égyptologue français connu, c'étaient et ce sont les gens du Nord. Pour ceux-là l'antique Egypte ne sentait que de la répulsion... Les Grecs, c'était le nom que l'on donnait à toutes les nations vivant au nord de l'Egypte, étaient en horreur à tous les Egyptiens. « A cause de cela, dit Hérodote, pas un homme, pas une femme d'Egypte ne voudrait baiser un Grec sur la bouche, ni faire usage de son couteau, de ses haches, de sa marmite, ni manger la chair d'un bœuf découpée par un Grec ». (Hérodote, II, 41.) Ainsi les lois rituelles sur tout ce qui était regardé comme pur et impur venaient ajouter leurs défenses à l'antipathie haineuse qui séparait l'Egypte des populations répandues dans les îles de la mer et sur certaines côtes du continent asiatique ou européen (1) ». C'est donc en dernière analyse par l'affaiblissement, l'abolition de la croyance au sacré que s'expliquent les transformations de l'hospitalité comme les progrès moraux et sociaux qui les ont accompagnées.

----

(1) E. Amelineau. Essai sur l'évolution historique et philosophique des idées morales dans l'Egypte ancienne. Chap. vi, p. 212. note 1, Ern. Leroux, éditeur.

LES LIMITES DE LA VARIATION DES MŒURS

CHAPITRE X

L'ADOUCISSEMENT DES MŒURS. — LES FÊTES

Les mœurs régissent à l'origine les relations des groupes domestiques, aussi bien que celles des personnes à l'intérieur des groupes. Les rapports des groupes dérivent de l'hostilité autant que de la sociabilité et donnent lieu à la vengeance du sang plus facilement encore qu'à l'hospitalité. Mais dès les premières civilisations, la loi, religieuse ou civile, réagit sur ces rapports. La vengeance recule devant le droit pénal ; l'hospitalité privée s'élargit en hospitalité publique, puis en droit des gens. Dès lors la transformation des mœurs obéit à une loi d'adoucissement, d'affinement, qui se fait sentir dans la conduite des adultes comme dans l'éducation des enfants.

Nous devons étudier sommairement ce processus,

en décrire les principales manifestations, en chercher le rapport avec les plaisirs collectifs et l'expression des croyances. Rappelons une fois de plus que si l'histoire des mœurs est pour nous autre chose qu'une recherche de pure érudition, elle doit nous permettre de poser et même de résoudre le problème des variations des mœurs et de leur valeur comparée à l'idéal de la morale universelle.

La tendance des mœurs à varier dans le sens de l'affinement est l'une des premières lois qui aient été aperçues et formulées à l'âge moderne : on la trouve sous diverses formes, chez MONTESQUIEU (1), chez FERGUSSON et chez David HUME (2). Les deux philosophes écossais l'ont exposée dans des œuvres à peu près contemporaines mais en l'appréciant très diversement. Dans son *Histoire des sociétés civiles*, FERGUSSON oppose les deux types moraux des nations rudes et des nations policées. Il cherche le spécimen des premières chez les Peaux-Rouges, qu'il connaît par les missionnaires français LAFITAU et CHARLEVOIX, et il leur compare d'emblée les anciens Germains et même les ancêtres des Grecs et des Romains. Ce sont des nations guerrières, incultes, mais où l'individu est pleinement dévoué aux intérêts de la communauté. Les nations policées sont caractérisées par l'importance qu'y prend le commerce. Elles sont adoucies et affinées, mais les individus y sont égoïstes et le lien social s'y affaiblit.

---

(1) Esprit des lois, livres XIX, XX, XXI.

(2) FERGUSSON. An Essay on the history of civil societies. David HUME. Essais de morale. IIe partie. Tome I, p. 301, sq.

Dans ses *Essais de morale et de politique*, D. Hume reconnaît l'exactitude de ces faits, mais pour en donner une interprétation opposée. Les nations policées sont aussi bien caractérisées par le goût des arts, des industries et des sciences que par l'activité commerciale. De là une éducation dont la conséquence est un affinement de la nature humaine *(refinement)* : il est éminemment favorable au développement de la sympathie et, indirectement, à celui de la justice. L'austérité, la pureté des mœurs domestiques peut en pâtir, mais le dommage est plus que compensé.

Si nous rappelons cette discussion, c'est qu'elle nous aide à définir et à analyser les données de notre problème. Hume et Fergusson s'accordent à reconnaître que l'adoucissement des mœurs se prouve par la place que les exigences de la politesse tiennent dans les relations humaines. Hume y joint l'influence des plaisirs dont la culture intellectuelle ou esthétique est la source. Mais ce sont là des points fort différents. La plus générale des deux données est sans aucun doute la seconde, car la nature des mœurs et leur valeur dépendent certainement de la façon dont les hommes prennent leurs plaisirs. Quant à la politesse c'est l'un des phénomènes sociaux et moraux les plus complexes et c'est une question de savoir si elle est inconnue à l'état dit sauvage et étrangère à ces nations dont Fergusson célèbre la rudesse. Si, comme l'a fait Spencer dans ses *Principes de Sociologie*, on rattache la politesse au cérémonial, on se convainc que celui-ci soutient d'étroites relations avec les rites, notamment avec les rites de la sépulture (1). Les plaisirs collectifs d'un côté, les rites funéraires de l'autre, voilà des questions bien différentes et qui dilatent singulièrement notre sujet ! Ne les jugeons pas incompatibles ! Elles se ramènent à une notion commune, celle des fêtes et rien n'exprime mieux l'état des mœurs que la part que les hommes font aux fêtes dans leur vie et la façon dont ils les célèbrent.

Les jeux et les sports ont pris une grande place dans les sociétés contemporaines, plus grande encore dans la civilisation des Anglo-Saxons que dans celle des Latins. Cependant cette place est minime si on la compare à celle qu'ils tenaient dans des sociétés plus anciennes au moyen âge, sous l'empire romain, dans le monde hellénique et même dans la société égyptienne, si nous en croyons MASPÉRO. Il y a là une loi empirique des transformations sociales. Le jeu doit être, plus que le travail, l'activité propre à l'enfance des sociétés et l'indice de leur parenté avec les sociétés animales. Le jeu est certainement l'une des raisons d'être de la vie en société, puisque c'est une activité désintéressée, sans but apparent en ce qu'elle se prend elle-même pour but. Bien plus que le travail, il fait le lien des associations enfantines et le stimulant de la sympathie qui s'y éveille. La même conclusion se tirerait de l'observation des animaux, surtout des oiseaux dont

____

(1) H. SPENCER. Principes de sociologie, trad. fr. Tome I.

les rassemblements n'ont bien souvent que la communauté de jeu pour objet. Si dans les sociétés humaines le travail, se faisant une part toujours plus large, a relégué le jeu à l'arrière-plan, à l'origine il ne pouvait en être ainsi, les avantages du travail ne pouvant être appréciés qu'à la suite d'une longue expérience tandis que l'aptitude du jeu à provoquer, entretenir ou restaurer la sympathie était immédiatement perçue dans les sociétés qu'une vieille illusion nous fait qualifier d'anciennes et qui en réalité étaient adolescentes.

Il peut sembler étrange de citer les courses de chevaux et l'importance qu'elles ont prise dans la vie populaire des modernes comme une donnée de la science des mœurs. Le paradoxe tombe devant quelques constatations historiques assez faciles à rassembler. Les Français, comme les autres peuples du continent, ont emprunté ce divertissement aux Anglais. Ceux-ci, le tenaient visiblement des Irlandais, dont les Anglo-Saxons reçurent, aux premiers siècles du moyen âge presque toute leur civilisation. Mais dans l'ancienne Irlande, que Saint-Jérôme nous montre encore si semblable à l'Hibernie sous son vêtement chrétien, les courses de chevaux avaient un tout autre sens qu'à l'époque contemporaine ; elles accompagnaient des fêtes religieuses célébrées en l'honneur des morts. L'éminent historien de la société irlandaise, d'Arbois de Jubainville, nous apprend que sous le nom d'*œnach*, il s'y tenait des assemblées qui réunissaient le quadruple caractère, judiciaire, religieux, festival et commercial. A l'œnach de Carman, dans le Leinster, on célébrait sept courses de chevaux pendant sept jours consécutifs. Or Carman était une nécropole royale, un ancien cimetière et les courses y avaient été instituées en l'honneur des morts (1).

La coutume irlandaise nous fait aussitôt penser à l'Iliade et nous ramène à la Grèce des âges héroïques. Le vingt-troisième chant de l'Iliade nous montre Achille faisant célébrer des courses de chevaux à l'issue des funérailles de Patrocle qu'un sacrifice humain a précédées. Ce n'était pas là la fiction d'un poète : les découvertes archéologiques ont confirmé la fidélité et l'exactitude des descriptions que les épopées homériques donnent des usages grecs.

Cette filiation des courses hippiques suffit à mettre en lumière une certaine continuité dans les plaisirs collectifs. Elle nous permet aussi de chercher si les transformations qu'ils ont éprouvées ont correspondu à un adoucissement et à un affinement des mœurs.

Les plaisirs collectifs sont des jeux ; ces jeux accompagnent des cérémonies et primitivement des cérémonies funèbres suivies de luttes et même de combats. Les premiers plaisirs de l'homme sont violents et même cruels mais peu à peu, il apprend à associer les jeux de l'imagination et de l'intelligence aux jeux musculaires, puis à les y substituer. Le plaisir esthétique pénètre le plaisir collectif et relègue au second plan la violence et la cruauté sans toutefois

---

(1) D'Arbois de Jubainville. Cours de littérature celtique. Tome VIIᵉ. Etudes sur le droit celtique, IIᵉ partie. Chap. I, § 4. Thorin, éditeur.

réussir à les faire disparaître. Le problème posé à l'histoire des mœurs est donc de découvrir la loi qui régit la substitution de ces deux formes du plaisir collectif associées aux divers types de jeux publics. Nous sommes ici au centre de l'histoire littéraire et celle des peuples de culture classique peut nous suffire.

Toute l'histoire littéraire et artistique, si nous la considérons non abstraitement et en purs esthéticiens, mais en sociologues et dans son rapport avec l'histoire des mœurs, témoigne d'une association spontanée et permanente entre le jeu et la cruauté. La destinée de la littérature et de l'art chez un peuple dépend de plusieurs conditions, mais l'une d'elles est primordiale et dominante : c'est la valeur que ce peuple, dans son ensemble, accorde au plaisir esthéthique. Si les arts plastiques, la musique, la poésie, le drame ne sont des sources de plaisir que pour une petite élite clairsemée, si la foule, si les cercles aristocratiques ou ploutocratiques qui lui donnent le ton n'estiment que les plaisirs tirés des jeux violents ou cruels, les genres littéraires et artistiques sont condamnés à végéter ou à disparaître les uns après les autres.

Il y aurait beaucoup à dire sur l'inégalité des peuples modernes à cet égard. La comparaison des peuples anglo-saxons aux autres peuples de souche germanique et aux Latins serait des plus instructives. Contentons-nous cependant de retenir et d'interpréter la comparaison de la culture grecque et de la civilisation romaine. C'est surtout l'histoire du lyrisme et du théâtre qui l'éclaire.

Le recul des plaisirs cruels devant des plaisirs esthétiques que la multitude elle-même savait goûter est une induction légitimement tirée de toute l'histoire littéraire de la Grèce. Les Grecs de l'âge héroïque ne le cédaient en violence à aucune autre race. Leurs héros s'y accablaient des plus grossières injures ; ils pratiquaient le sacrifice humain sur les tombes de leurs morts et conservaient le souvenir d'un temps où l'anthropophagie ne leur était pas inconnue. A l'âge de la civilisation dorienne et de la formation des premières colonies, la violence subit une première transformation. Pour l'aristocrate qui gouverne les cités, le personnage idéal est le lutteur, l'ἀγωνιστής, celui qui remporte la victoire dans les jeux solennels célébrés en l'honneur des dieux ou des morts. A la phase postérieure, celle de la civilisation athénienne, l'agonisme recule sans disparaître. Une réputation vraiment grande et durable est le prix de la victoire dans les concours dramatiques, puis dans les joutes oratoires. Le goût du théâtre et de l'éloquence persiste dès lors dans le monde hellénique, à travers tous les changements politiques jusqu'au triomphe du christianisme byzantin (1).

Il n'en fut pas de même des Romains. Les jeux sanguinaires eurent toujours plus d'attraits pour eux que les plaisirs esthétiques et là fut pour le développement de leur littérature la cause de l'arrêt. Les divertissements littéraires n'y eurent jamais de prix que pour une élite clairsemée, formée par la culture

----

(1) Burckhard (Jakob). Griechische Kulturgeschichte, Tome IV, kap. ii à vi.

hellénique, composant ces cercles où l'on écoutait les *lectiones publicæ*, sortes de conférences où les auteurs lisaient leurs œuvres et où les critiques les appréciaient. Le *Satyricon* de PÉTRONE nous en fait le tableau très chargé. De tels cercles peuvent suffire à entretenir le goût de genres artificiels, tels que la poésie didactique et élégiaque, mais non celui du théâtre. L'histoire du théâtre à Rome est trop connue pour que nous ayons besoin de la rappeler. La tragédie n'y réussit jamais ; la comédie elle-même y fut de bonne heure éclipsée. Le succès alla à des exhibitions scéniques plus émouvantes, des combats d'animaux, des combats de gladiateurs, des exécutions capitales opérées en masse. Dès le second siècle avant l'ère chrétienne, le public quittait la représentation de l'Hécyre de Térence pour une scène de cirque. Sous l'empire malgré l'affinement des mœurs et la diffusion apparente de la culture littéraire, la situation ne s'améliora pas. Le théâtre notamment s'abîma dans le réalisme le plus brutal et le moins littéraire.

Le divertissement vraiment populaire à Rome, celui que l'on peut comparer et surtout opposer aux jeux solennels des Grecs, c'était le combat de gladiateurs. L'origine en était aussi une cérémonie en l'honneur des morts. Un incident de la vie de César nous en fournit la preuve. A la mort de sa fille, il donna en son souvenir un grand combat de gladiateurs. Ses biographes notent ce fait comme une nouveauté, mais pour cette raison seulement que jusqu'alors de tels jeux n'avaient été célébrés qu'en mémoire de personnages de l'autre sexe. Il faut donc voir dans ces combats une transformation et un adoucissement des sacrifices humains, tels que celui des douze Troyens sur le bûcher de Patrocle ou de Polyxène sur le tombeau d'Achille. C'était un adoucissement en ce que la victime, au lieu de subir passivement l'immolation était autorisée à combattre, le vainqueur pouvant avoir la vie sauve. Néanmoins le gladiateur se savait sacrifié d'avance : il devait mourir sans protestation, tendre la gorge avec complaisance et finir avec grâce ; voilà ce qui lui valait l'admiration et l'applaudissement populaires. D'ailleurs les gladiateurs se recrutaient primitivement parmi les captifs destinés à être immolés aux mânes des soldats romains morts à la guerre. Plus tard les propriétaires d'esclaves firent dresser les plus courageux et les plus habiles d'entre eux en vue des jeux qu'ils donnaient au peuple. Enfin la carrière de gladiateur devint un métier choisi en raison de la notoriété qui s'y attachait. En effet, l'habileté d'un gladiateur était le sujet de toutes les conversations. Son nom était dans toutes les bouches, comme celui d'un boxeur chez les Parisiens du xxᵉ siècle. Au témoignage de TACITE, les écoliers en négligeaient leurs leçons. Ils excitaient les mêmes passions féminines qu'un *torero* en Espagne ou un ténor en Italie et faisaient des victimes parmi les impératrices comme ceux-ci parmi les reines.

On a expliqué la popularité persistante des combats de gladiateurs chez les Romains par leur caractère guerrier : en accoutumant les hommes à la vue d'une mort facilement donnée et acceptée, ils auraient servi à faire l'éducation de l'insensibilité. Cependant la passion pour ces spectacles ne prit toute son ampleur que pendant les derniers siècles de l'empire, en un temps où la société romaine était devenue pacifique, où le service militaire était tombé en désuétude et où les frontières étaient défendues par des étrangers. Les Grecs avaient été eux aussi un peuple guerrier, expansif, conquérant et toutefois, même à l'âge de la décadence, quand ils avaient oublié le nom d'Hellènes pour celui de Romains, ils persistèrent à faire mauvais accueil aux luttes sanglantes et aux jeux cruels.

La loi d'adoucissement des mœurs, formulée par David Hume et présentée comme la principale loi du progrès moral, est-elle ici en défaut ? La civilisation romaine était un prolongement de la civilisation grecque. Les traditions helléniques ne disposaient pas moins au goût des combats de gladiateurs que celles des Romains. Cependant la Grèce ne les inventa pas et, même conquise, ne laissa pas les Romains les acclimater chez elle. Le zèle populaire pour les plaisirs d'ordre esthétique en tint lieu. Par contre la réception des formes les plus affinées de l'art et de la littérature de l'Attique et d'Alexandrie ne préserva pas Rome et les provinces occidentales du goût pour les jeux sanglants et le spectacle de la mort. Loin de s'y affaiblir, il prit un immense développement. La loi d'adoucissement paraît donc démentie.

La réponse est que les lois sociales ne sont que des tendances qui ne peuvent se manifester qu'au cours des siècles (1). Tel est précisément le cas de la subs-

---

(1) Voir sur ce point notre *Sociologie générale*. Introduction et III⁰ partie.

titution des jouissances esthétiques aux formes les plus violentes du jeu. C'est une tendance inséparable de la pacification des rapports sociaux. Elle peut donc être souvent arrêtée, réprimée, affectée de régression. Mais on la voit ensuite reprendre son cours. Les Romains ont eu pour descendants les Italiens de la Renaissance et l'art, sous toutes formes eut dans leurs divertissements une place aussi grande que dans ceux des Grecs. L'observation comparée des Gaulois, des Francs, des Français du moyen âge et des Français modernes conduit aux mêmes conclusions.

La place prise par la politesse dans les relations humaines est une autre donnée de l'histoire des mœurs. Est-elle comparable à la précédente ? Le problème est ici de définir le rapport entre la politesse et le cérémonial comme entre le cérémonial et la lutte violente, l'état de guerre entre les groupes ; c'est aussi de chercher le rapport entre le cérémonial et le ritualisme. Si nous pouvons prouver que la politesse courante est une transformation du cérémonial et que le cérémonial est un cas particulier du rituel qui lui-même trouve son expression la plus définie dans les relations des générations vivantes avec les générations mortes, notre conclusion précédente en sera très fortifiée.

Il est reconnu que la politesse joue dans la vie sociale un rôle dont la valeur n'est pas inférieure à celui de beaucoup de dispositions philanthropiques, aujourd'hui plus estimées. C'est elle qui permet aux hommes de traiter entre eux. Elle, est la compagne de la discussion qu'elle seule rend possible. Elle est donc l'antithèse de la violence. Nous savons que la violence rencontre aujourd'hui, dans les milieux les plus divers, des admirateurs inattendus qui y voient je ne sais quelle manifestation de l'énergie créatrice. Le sociologue en juge autrement. Elle, est à ses yeux l'obstacle permanent à la coopération humaine. En dehors de la famille, les efforts ne se combinent que là où il est possible de discuter, d'opposer des arguments, de peser des raisons. Mais les hommes ne discutent que s'ils savent s'écouter et ils ne se laissent parler que s'ils savent se témoigner un certain degré de respect, au moins dans les formes. Or c'est là toute la politesse. A cet égard, elle a quelque affinité avec le cérémonial car elle a en commun avec lui le souci des formes.

Aujourd'hui, dans toutes les sociétés de type moderne et de tendance démocratique, nous sommes accoutumés à l'idée que la politesse est et doit être égalitaire, qu'elle ne doit pas se régler trop visiblement sur le rang social ou la fortune de ceux qui en font l'objet. Bref, elle traduit dans les formes le respect dû par la société à la valeur de la personne humaine en général, avec cette idée que nulle part il ne doit être plus marqué qu'envers la faiblesse. Mais remontons de quelques siècles dans le passé, et nous constatons qu'il n'en est plus ainsi. La politesse est alors un hommage de l'inférieur au supérieur. Elle ne se montre entre égaux que dans les limites du même cercle social ou, comme on disait alors, dans le même ordre. Au xviie siècle, la noblesse de cour se jugeait tenue d'observer la politesse la plus raffinée dans les relations réciproques de ses membres, mais, comme les comédies en témoignent, elle usait non seulement envers ses serviteurs et ses anciens serfs, mais envers une bourgeoisie aussi aisée et cultivée qu'elle, du langage le plus offensant. A plus forte raison, en était-il ainsi dans les mœurs des Romains. On sait de quel ton injurieux le maître parle toujours à ses esclaves dans les comédies de PLAUTE alors que dans ses relations avec ses égaux, ses manières sont graves et cérémonieuses. Les affranchis n'obtiennent guère plus d'égards que les esclaves. Les Grecs ne différaient pas des Romains si ce n'est qu'ils avaient moins d'égards qu'eux pour les femmes de condition libre. Dans l'Orient moderne, jusqu'à une date récente, la distinction des rangs affecte toutes les relations de politesse. Être poli, c'est observer une foule de règles minutieuses sans en omettre la plus petite (1).

Nous pouvons donc ratifier une conclusion longuement motivée par les *Principes de sociologie* de SPENCER : c'est que la politesse des modernes est une simplification et une égalisation d'un cérémonial beaucoup plus ancien dont elle ne donne qu'une faible idée.

Nous sommes ainsi conduit à chercher s'il y a

____

(1) BAGEHOT. Physic's and politics. Traduction française, p. 166-168.

quelque rapport entre l'importance, l'ampleur du cérémonial et la violence des mœurs. La réponse est que le cérémonial est un remède empirique à une violence fondamentale manifestée par la vengeance du sang, puis par toutes les guerres qui en sont le développement. L'ancien cérémonial nous a laissé deux survivances propres à en bien faire comprendre la nature, le formalisme judiciaire et le protocole diplomatique. L'un éclaire l'autre. Dans la procédure primitive, du moins dans l'ancienne procédure romaine, le plaideur, s'il veut défendre son droit, engager un procès, *à fortiori* le gagner, doit faire certains gestes, prononcer certaines formules invariables. Au nombre de ces gestes, figure dans l'*actio sacramenti* le simulacre d'une rixe initiale que le préteur arrête. Le procès est donc la transformation du combat par une intervention arbitrale. Le cérémonial exprime l'autorité du magistrat sur les parties en litige, plus encore celle de l'autorité sociale qui investit le magistrat. C'est à cette condition que la violence peut disparaître des relations interfamiliales. A mesure qu'elles se pacifient, le formalisme judiciaire peut s'alléger, se simplifier, tout en restant assez rigide. Mais le droit international en est toujours au même point que l'ancien droit civil, au temps où prévalait la vengeance du sang. Aussi le cérémonial y a-t-il conservé toute son ampleur et le formalisme toute sa rigidité. La diplomatie reste, même dans les relations des états démocratiques, une carrière spéciale, un arcane réservé aux initiés. C'est que la moindre erreur dans les formes peut y produire des conséquences tragiques. La correspondance entre le cérémonial et la violence est donc incontestable.

Il en résulte aussitôt que l'abréviation du cérémonial exprime le déclin de la violence des mœurs. L'histoire de la politesse confirme ainsi celle des fêtes et des plaisirs collectifs. Entre la politesse et le cérémonial formaliste le rapport est le même qu'entre les fêtes caractérisées par les jeux esthétiques et celles que caractérisent les jeux cruels. Or à l'origine de ceux-ci, notamment des combats de gladiateurs, nous avons trouvé des rites sanglants en l'honneur des morts, de véritables sacrifices humains. Y aurait-il quelque rapport entre le cérémonial et le ritualisme ? H. SPENCER l'a soutenu, en dérivant le cérémonial et le rite d'une même source, l'acte de propitiation tendant à fléchir un vainqueur, en s'abandonnant à lui avec l'espoir d'éveiller sa pitié. La prosternation et la génuflexion en seraient les manifestations les plus simples et les plus connues. On honorerait ensuite les morts de la même façon que les puissants ; puis le culte des esprits se transformerait en culte des dieux et les cérémonies religieuses seraient partiellement reproduites dans les rapports avec les supérieurs sociaux. Quoi que vaille le système animiste d'où SPENCER a déduit cette explication, nous croyons que le fond de son induction est valable, de nature à éclairer les données de notre problème et à fortifier nos conclusions. Nos mœurs françaises actuelles nous montrent les règles de la politesse beaucoup plus strictes et plus complexes dans nos relations avec la famille qui a perdu l'un des siens que dans le cours ordinaire de la vie. L'assistance exacte aux obsèques, les correspondances, les visites, les salutations, l'obéissance aux règles du deuil, tout cela prend le caractère de devoirs, même aux yeux de ceux qui ailleurs se déchargent aisément des obligations de la politesse. L'opinion est sans indulgence pour les infractions ou pour le sans-gêne. La représentation de la mort reste un principe de respect. Cependant notre culte des morts n'est plus qu'une ombre de celui que pratiquaient les anciennes sociétés, patriarcales ou gentilices. Nous n'y voyons plus l'acquittement d'une dette dont l'oubli aurait pour sanction la maladie ou tout autre fléau. Si aujourd'hui la politesse envers les morts et leurs proches oblige plus étroitement que la politesse courante envers les vivants, si toute politesse est l'abréviation d'un cérémonial qui était à la fois juridique, politique et religieux, nous sommes conduits à penser que le cérémonial est sorti du culte des morts, des ancêtres et qu'il est devenu un signe général de la crainte et du respect, un symbolisme mis en usage dans toutes les circonstances où l'on sent le besoin de ménager une puissance, y compris celle de l'opinion.

En résumé, l'adoucissement des mœurs est exactement corrélatif à cette transformation des rapports d'hospitalité entre les groupes domestiques que nous avons précédemment décrite et caractérisée. Les mœurs s'adoucissent, le plaisir collectif cesse d'être la satisfaction de la cruauté et du ressentiment à mesure que la vengeance du sang disparaît et que la pénalité perd le caractère d'un sacrifice. Elles s'adoucissent aussi à mesure que dans la famille la protection de l'être faible, de la femme, de l'enfant, du malade n'a plus pour contre-partie une autorité absolue ou un droit de propriété arbitraire. Elles s'adoucissent enfin à mesure que la religion cesse d'être une démonologie associée à des croyances magiques.

CHAPITRE XI

MORALITÉ INDIVIDUELLE ET MORALITÉ COLLECTIVE : LE SENTIMENT DE LA DIGNITÉ PERSONNELLE

La loi d'adoucissement des mœurs résume et explique les variations de la morale domestique et même celles de la morale civique, mais elle laisse sans explication une variation plus profonde encore, celle de la morale dite individuelle, l'ensemble des devoirs que l'homme moderne déduit de l'idée de sa dignité d'être raisonnable. Cette notion d'une dignité personnelle obligatoire, indépendamment des prescriptions de l'utilité sociale, est-elle universelle ? Etait-elle en germe dans les mœurs primitives ? N'est-elle apparue que tardivement en restant étrangère à la majorité des sociétés ?

C'est sur ce point que, jusqu'à une date récente, le scepticisme moral a pu invoquer avec un succès apparent les témoignages de l'histoire et de l'ethnographie contre la notion d'une morale universelle. On a montré complaisamment des peuples, des races entières où les deux sexes seraient étrangers à tout sentiment de pudeur, où l'appétit le plus bestial se donnerait satisfaction sans aucune retenue. Chez d'autres peuples, la tempérance serait suspecte, déshonorante même et les croyances religieuses recommanderaient l'ivrognerie. La littérature épique des peuples classiques idéaliserait le mensonge. Bref tandis que les exigences de la cohésion sociale contiendraient en de certaines limites les variations des mœurs, en matière de conduite personnelle la diversité serait absolue.

De là cette conclusion, tirée notamment par DURKHEIM, qu'il faut cesser de parler de devoirs de l'individu envers lui-même (1). Selon les types sociaux et les conditions de l'existence collective, l'opinion et les mœurs interdisent ou recommandent la tempérance ou l'ivrognerie, la véracité ou le mensonge, la chasteté ou la luxure, le courage ou la poltronnerie. Là serait la partie la plus mobile de la morale sociale parce qu'elle serait la moins importante. Jamais elle ne procéderait d'une réflexion de l'individu sur sa valeur propre : l'individu comme tel ne se prescrirait rien, ne pourrait rien se prescrire à lui-même.

Ce qui est en cause ici, c'est évidemment la valeur de la conscience morale. Notre conscience est subjective et par suite, individuelle. Il se peut que son contenu soit tout entier d'origine sociale, mais en est-il ainsi de sa forme, de cette forme à laquelle DARWIN lui-même attachait un si grand prix ? C'est par cette forme, cette conscience réfléchie de l'approbation et de la désapprobation, inhérente au sentiment de la responsabilité, que la conscience

____

(1) Division du travail social. Introduction p. 28 et sq.

morale se distingue du goût et de la pensée logique.
Or la conscience morale, telle que l'homme moderne
et ses précurseurs immédiats la trouvent en eux-
mêmes met les devoirs envers soi-même au même
rang que les devoirs sociaux. Peut-être même les
met-elle à un rang supérieur vu que la véracité
semble la condition de la justice, la tempérance celle
du patriotisme, etc. Si la conscience morale est
convaincue d'illusion par la science des mœurs,
quelles applications pratiques pouvons-nous attendre
de cette science ?

Les données de ce problème semblent d'ailleurs
cacher une antinomie que nous révèle l'opposition
des théories exposées au milieu du siècle dernier par
Emile LITTRÉ et par Charles DARWIN. Tous deux
cependant invoquaient le témoignage de la sociologie mais l'interprétaient différemment. DARWIN,
dans le chapitre célèbre de la *Descendance de
l'Homme*, rappelé au début de cet ouvrage, est
amené à chercher dans la socialité le lien entre
la moralité qui caractérise l'homme et celle dont les
espèces animales sont capables. La moralité creuse-
rait entre l'homme et les plus élevés des animaux
un abîme infranchissable si l'on ne tenait compte
que de la moralité réfléchie, telle qu'elle s'exprime
dans les devoirs de l'homme envers lui-même. Mais
là n'est pas le point de départ. L'homme n'a pas
commencé par la moralité individuelle, mais par la
moralité collective. Si l'on induit sa condition primitive de l'observation des quelques races vraiment
sauvages qui ont pu survivre jusqu'à nous, on est
conduit à penser qu'il constituait des sociétés peu

différentes de celles que forment les animaux supérieurs ou même les insectes. La moralité ne s'y distinguait pas de l'instinct social et des sacrifices qu'il exige de l'individu. La conscience morale ne s'y distinguait pas de la conscience collective. Il en résulte que les vertus personnelles telles que la tempérance, la pudicité, la véracité n'y avaient pas plus de valeur que chez les sauvages actuels. « Aux époques barbares, aucun homme ne pouvait être utile ou fidèle à sa tribu s'il n'avait pas de courage Aussi cette qualité a-t-elle été universellement placée au rang le plus élevé. Les autres vertus individuelles qui n'affectent pas d'une manière apparente, bien qu'elles affectent très réellement peut-être le bien-être de la tribu, n'ont jamais été appréciées par les sauvages quoiqu'elles le soient actuellement et à juste titre par les nations civilisées. Chez les sauvages la plus grande intempérance n'est pas un sujet de honte. Leur licence extrême, pour ne pas parler des crimes contre nature, est quelque chose d'effrayant. Aussitôt cependant que le mariage, polygame ou monogame, vient à se répandre, la jalousie détermine le développement de certaines vertus chez la femme et la chasteté, passant dans les mœurs, tend à s'étendre aux femmes non mariées. L'horreur de l'indécence, qui nous paraît si naturelle que nous sommes portés à la croire innée et qui constitue un aide essentiel à la chasteté, est une vertu essentiellement moderne, qui appartient exclusivement à la vie civilisée. Les sauvages, et il en a été probablement de même pour les hommes primitifs, ne regardent les actions comme bonnes ou mauvaises qu'autant qu'elles affectent d'une *manière appa-rente* le bien-être de la tribu, non celui de l'espèce ni celui de l'homme considéré comme membre indi-viduel de la tribu (1) ».

Dans un article de la *Philosophie positive* publié peu d'années après la *Descendance de l'Homme*, Littré, qui se donnait ici seulement comme un interprète de la sociologie d'Auguste Comte expo-sait un rapport de filiation ou d'antécédence tout autre entre la morale individuelle et la morale so-ciale. Dans cette étude, l'histoire de la morale est distribuée abréviativement entre trois phases, celle de l'antiquité, celle du moyen âge catholique, celle de la période moderne qui date de la révolution fran-çaise. Or la première est celle de la morale indivi-duelle, la seconde celle de la morale domestique, la troisième celle de la morale sociale. Les sociétés les plus anciennement constituées ne savent conce-voir et apprécier que les vertus individuelles, le cou-rage, la véracité, la tempérance, le respect de soi-même. La littérature et l'histoire gréco-romaines en donnent d'ailleurs les plus admirables modèles. Mais la morale de la famille reste inférieure, vu la condi-tion faite à la femme. Quant à la morale sociale, la Cité antique n'en a pas la notion, comme suffit à le prouver le traitement des esclaves. Cette société sacrifie l'individu à ses fins sans avoir la moindre idée d'un devoir envers ses membres, surtout envers les plus humbles. Sous la direction de l'Eglise chré-

---

(1) Descendance de l'homme, Iᵉ partie, chap. iv, traduc-tion Vogt, p. 127.

tienne, la Société féodale du moyen âge consacre la morale domestique, définit les obligations du mariage monogame et au prix d'une lutte séculaire en impose le respect même aux princes, mais le traitement qu'elle inflige aux hérétiques atteste que le niveau de la morale sociale n'y est pas plus élevé que dans la Cité antique. La société moderne, à dater de la révolution française, commence à concevoir l'obligation de respecter tous ses membres et même de les assister en travaillant à leur culture. Ainsi la moralité commence par l'individu, pour s'élargir et s'irradier, d'abord à la famille, puis à la société civile qui doit comprendre toute l'humanité (1).

Pour choisir entre deux hypothèses si radicalement opposées, quoique toutes deux positives, c'est-à-dire induites des faits, la critique doit sans doute soumettre à un nouvel examen les sources auxquelles ont puisé Littré et Darwin. Mais il convient avant tout de rappeler la distinction capitale que nous avons faite au début de ce livre. La description des mœurs d'un peuple est exposée à confondre deux classes de faits, les devoirs que l'opinion publique y impose à la généralité des individus sous peine d'encourir le mépris et l'antipathie communs, et les passions dont ce peuple tolère ou même approuve la satisfaction, en la permettant tout au moins à ses privilégiés. Autre chose l'indulgence à l'ivrognerie ou à la luxure, autre chose un devoir d'intempérance ou d'impudicité. Nous nous proposons de traiter

____

(1) La philosophie positive, 2e série. Tome XXVII, p. 261.

plus tard cette question des indulgences sociales. En la signalant nous dégageons déjà le problème de l'obscurité dont une étude sommaire des peuples sauvages l'a enveloppé chez DARWIN.

L'opposition des deux hypothèses a cependant l'avantage de nous libérer de traditions philosophiques qui tracent une ligne de démarcation trop nette entre les devoirs qui ont pour fin la société et ceux dont le perfectionnement de la personnalité est l'objet. Si légitime que soit la distinction dans une analyse de la conscience morale, il n'en résulte aucunement que la morale dite personnelle ne concerne que l'individu à l'état abstrait, indépendamment des liens sociaux et qu'elle soit sans conséquence pour la société. Est-il besoin de montrer la portée sociale de transgressions telles que le mensonge, l'ivrognerie, le suicide, la débauche ? La morale personnelle est plutôt la partie la plus réfléchie de la morale sociale, celle qui intéresse les relations de la société avec l'espèce, rationnellement conçue en même temps que sa mise en pratique relève immédiatement de la volonté de l'individu. Mais selon le niveau de la culture sociale, il se peut que cette partie de la conduite soit étroitement subordonnée à l'autorité de la société ou de l'opinion ou qu'elle relève davantage du verdict de la conscience individuelle. Dans le premier cas, on verra la société interdire l'ivrognerie, le mensonge, le suicide dans la mesure où elle le juge favorable à sa conservation ou à sa prospérité, mais elle se réservera la faculté d'en dispenser ses membres dans le cas où elle y trouvera son avantage. L'individu acceptera que l'opinion commune le dispense du respect de lui-même dans un intérêt public réel ou présumé, comme la victoire ou l'allégresse commune. Dans le second cas, il ne reconnaîtra pas l'autorité sociale dans ce domaine. Par exemple, il se refusera à admettre que l'autorité puisse, au nom de l'intérêt commun, lui prescrire le mensonge ou l'hypocrisie et le dégager du devoir de véracité. Il y aurait à cet égard, une grande part de vérité dans la théorie de DARWIN. Mais ce serait à la condition de considérer l'émancipation de la conscience comme le point de départ d'une transformation des mœurs qui pourrait s'effectuer dans le sens indiqué par LITTRÉ.

Ce n'est encore là qu'une hypothèse. Nous devons la contrôler et pour ne pas nous perdre dans l'infinité des détails, nous nous bornerons à l'étude de deux cas : ceux de la tempérance et de la véracité et leur rapport avec le sentiment de la dignité personnelle.

La gloutonnerie, la voracité est un des traits par lesquels les sociétés inférieures se distinguent le plus des sociétés affinées. Sans parler des sauvages contemporains, la lecture des poèmes homériques suffit à nous montrer quelle quantité d'aliments et de boissons un homme inculte peut absorber en certaines occasions. Il en était encore ainsi des Germains au début du moyen âge. En elle-même la voracité est chose entièrement innocente et l'homme primitif peut, à cet égard comme à bien d'autres, être assimilé à l'enfant qui reste longtemps avant de comprendre qu'il doit contrôler ses appétits. On a souvent rapproché cette gloutonnerie des conditions d'existence, les peuples qui vivent de chasse et de pêche ne pouvant être tempérants comme ceux que l'agriculture fait bénéficier d'une alimentation régulière. Condamnés à vivre de privations pendant des saisons entières, ils mangent et boivent sans compter quand ils en trouvent l'occasion.

Il n'en résulte pas que les sociétés dites incultes soient intempérantes par principe et que rien n'y invite l'individu à contrôler ses appétits. Presque tous les peuples sauvages pratiquent le jeûne rituel ; il n'en est guère qui ignore la distinction des aliments purs et impurs, si incommode qu'elle doive être à des hommes pour qui il est si difficile de se procurer les moyens de subsistance. On sait que certaines boissons sont permises aux hommes et interdites aux femmes, certains aliments permis aux vieillards et interdits aux jeunes gens. Ainsi chez les Australiens, la liste des aliments *ulpmerka,* c'est-à-dire prohibés aux adolescents non encore initiés est interminable, si dénuées de ressources alimentaires que soient ces tribus déshéritées (1). Cependant tous les témoignages s'accordent à nous montrer ces restrictions scrupuleusement respectées.

DARWIN a donc défini à tort la tempérance comme une vertu exclusivement propre aux peuples civilisés.

----

(1) SPENCER et GILLEN. Native tribes of Central Australia, chap. XII, p. 471.

G. RICHARD. — L'Évolution des Mœurs.   14

L'histoire concorde avec l'ethnographie pour contredire une telle assertion. La frugalité des anciens Romains est aussi célèbre que la gloutonnerie de leurs descendants de la période impériale. L'affinement doit être distingué de la tempérance comme l'intempérance de la simple voracité. La civilisation urbaine a pour conséquence un raffinement général des habitudes et des besoins fort compatible avec une extrême sensualité : la rudesse des mœurs peut au contraire faire coexister la gloutonnerie occasionnelle ou la grossière ivrognerie avec l'aptitude à supporter sans plainte les plus dures privations. Le barbare et le civilisé ne sont comme tels ni tempérants ni intempérants en raison de la seule pression des conditions d'existence. C'est la réflexion qui a fait apprécier la valeur de la tempérance, qui a été sociale avant d'être individuelle, car la tempérance a d'abord été appréciée en raison de la supériorité qu'elle conférait en temps de guerre aux peuples civilisés qui savaient se préserver du sybaritisme. L'essor de la culture intellectuelle a fait mieux. La tempérance a été considérée, même en Grèce, comme la condition de l'activité mentale, le signe d'une raison affranchie, le prix dont se paient les jouissances de l'esprit. La diffusion de l'hygiène, si tardive d'ailleurs, a fait le reste. Cependant la propension des civilisés à emprunter aux sauvages les usages les moins hygiéniques, tel que celui du tabac, montre assez combien le progrès moral en ce domaine a été lent et partiel et quelle revanche la sensualité sait prendre sur la discipline de la volonté raisonnable.

**

Le problème que nous présente le rapport entre la véracité et l'autorité de la coutume est plus complexe encore et d'un intérêt plus général. C'est au fond celui de la valeur attachée à la liberté de conscience. Là en effet où l'individu s'interdit le mensonge et la simulation dans ses rapports avec ses semblables et le fait avec l'appui de l'opinion, l'intolérance est mise en échec car elle consiste à donner les prescriptions du conformisme comme mesure de la sincérité personnelle, et selon que le conformisme, l'intolérance, est ou non le principe de la législation et de la politique, les mœurs et les institutions diffèrent profondément. Là n'est pas la conséquence unique ou même principale de l'estime accordée par le milieu social à la véracité. Elle est liée à la valeur de la moyenne des témoignages et par suite à l'administration de la justice. Selon le cas que l'autorité législative peut faire de la parole humaine, la procédure civile et surtout criminelle varie : tantôt l'autorité judiciaire est exercée par l'assemblée populaire ou déléguée par elle, tantôt elle est confiée à des corporations privilégiées et armées d'un pouvoir coercitif étendu et arbitraire. De là dépend l'esprit même des institutions politiques. Allons plus loin. Selon que la véracité sera plus ou moins répandue, les hommes seront plus ou moins portés à la confiance mutuelle. La véracité favorise donc la division du travail et la coopération puisqu'elle garantit la probité dans les transactions de toute nature,

Elle affecte ainsi les institutions économiques tout comme les institutions religieuses et politiques. S'il était possible de définir les conditions sociales de l'apparition et du progrès de la véracité dans les sociétés humaines, on tiendrait une loi fondamentale du processus de la moralité.

Dans son *Histoire des mœurs européennes*, LECKY a cru pouvoir formuler cette loi (1). La véracité serait le résultat le plus décisif que le progrès des mœurs devrait à la pacification de la société. Dans les sociétés guerrières, la seule sincérité à laquelle l'homme se croirait tenu serait la sincérité envers les dieux. Il respecterait scrupuleusement ses vœux, mais dans ses rapports avec les hommes, il jugerait la duplicité permise ou indifférente. La pacification des mœurs et la tendance à l'industrialisme s'accompagnerait d'un premier progrès, la véracité commerciale, indispensable à la multiplication des transactions ainsi qu'à leur sûreté. L'homme apprend alors qu'il est de son intérêt même d'être sincère avec son semblable, quand il traite avec lui, et de se croire lié même par un engagement verbal. Une forme supérieure à celle-là, la véracité politique, apparaîtrait avec la liberté, car si les libertés publiques ont la publicité pour condition, celle-ci est inséparable de la véracité. Herbert SPENCER, dans sa *Morale des différents peuples* (2),

____

(1) LECKY. History of european morals, from Augustus to Charlemagne, chap. I (4e édit., 2 vol. Londres. Longmans, Green and Cᵒ).

(2) H. SPENCER. Morale des différents peuples. Chap. IX.

n'a fait autre chose que reprendre la théorie de LECKY en la généralisant. Il est inutile de montrer l'excès d'optimisme qui affecte de telles idées. La véracité serait toujours en progrès dans l'humanité civilisée, à mesure qu'elle s'industrialise, la tolérance et la justice avec elle. La civilisation ignorerait totalement ce qu'on a nommé les mensonges conventionnels. Chacun sait trop combien la réalité est différente.

Un état social a-t-il jamais imposé la duplicité aux hommes tandis qu'un autre état leur aurait fait une obligation d'être sincères ? La question posée ainsi est insoluble. Contentons-nous de réunir et de peser les témoignages sur les rapports de la véracité et du caractère national. La difficulté reste encore assez grande. Les données historiques semblent se contredire non seulement d'une race à une autre et d'un temps à un autre, mais d'un rameau ethnique à un autre, à une même phase de la vie morale et religieuse. Ainsi les épopées de la Germanie comme de la Grèce paraissent donner raison à LECKY et à SPENCER. Les héros de l'Iliade et de l'Odyssée comme ceux des Nibelungen sont très souvent des menteurs qui se glorifient de léur habileté à tromper. D'après l'Odyssée « Autolycus, le noble père de la mère d'Ulysse, l'emportait sur tous les hommes pour le vol et le parjure. C'était un don qu'il tenait du dieu Hermès ». Dans les Nibelungen et les poèmes qui les annoncent, les héros germains ne diffèrent pas d'Autolycus. Tel Rother, *der listige Mann*, qui excelle à tromper l'ennemi ; tel le Hagen des Nibelungen, le représentant de la duplicité clairvoyante (1). La ruse de guerre devient une habitude d'esprit qui suscite plutôt l'admiration que le blâme. Le cas est-il sans exception ? Un peuple indo-européen, éminemment guerrier et conquérant, les Perses, mettaient dans leur livre sacré, l'Avesta, la sincérité au-dessus de tous les devoirs et passaient pour le réaliser dans leurs mœurs comme ils le professaient dans leurs croyances. On a fait aux Hindous modernes la réputation d'être un peuple fourbe mais dans le Rig-Véda, leurs lointains ancêtres idéalisaient la sincérité au point d'en faire la vertu commune des dieux et des hommes : c'est le devoir par lequel se maintient l'ordre du monde, le Rita ; c'est aussi la condition du succès du sacrifice offert aux dieux. Les Chinois donnent lieu aux mêmes observations. Si les Occidentaux, à tort ou à raison, leur reprochent la fourberie de leurs diplomates et de leurs lettrés (sans étendre trop le même grief à leurs négociants) leurs livres classiques mettent la véracité à côté de la piété filiale, comme la condition de l'ordre du monde et de la société.

Les voyageurs et les missionnaires, unanimes à se plaindre de la fausseté de certaines races vantent aussi la véracité de quelques autres. Point à remarquer, ce sont toujours les sauvages les plus incultes et les plus grossiers sinon les plus féroces qui ont à cet égard la meilleure réputation. La franchise est méprisée des tribus noires de l'Afrique qui passent pour y voir une preuve de simplicité, mais les Peaux-

______

(1) LICHTENBERGER (Henri). Le poème et la légende des Nibelungen, 2ᵉ partie, chap. XII à XVI (Hachette 1891).

Rouges, les Mélanésiens, les Ainu du Japon sont réputés véridiques. Si l'on accuse les Hindous d'être enclins au mensonge, les clans sauvages qui vivent dans les forêts du Bengale ou dans les montagnes de l'Inde centrale ne peuvent comprendre que la parole humaine puisse être mise en doute.

Les témoignages ethnographiques sont donc aussi peu concordants que les témoignages historiques : ils ne peuvent d'ailleurs nous faire connaître autre chose que les impressions des Européens qui partout donnent aux indigènes de si fortes raisons de se défier d'eux que la ruse et le mensonge peuvent passer pour de légitimes moyens de défense. D'ailleurs la question est pour nous de savoir si, à une phase très reculée de l'histoire, la véracité n'est estimée et pratiquée que dans les relations de l'homme et de la divinité. La meilleure méthode nous semble être d'étudier quelque monument très ancien des croyances morales d'une grande race. Tel est le *Rig-Véda*. La critique lui attribue aujourd'hui une antiquité moindre qu'il y a un siècle. Cependant il exprime cette forme mythique de la pensée commune qui est partout contemporaine de la phase guerrière et héroïque.

Au premier abord, la morale du Rig-Véda paraît confirmer les inductions que LECKY a tirées de l'analyse de l'histoire européenne. La véracité y est une vertu fondamentale, mais c'est avant tout la sincérité dans les rapports entre l'homme et le dieu ou l'esprit auquel il offre le sacrifice. La divinité voit tout ; elle a pour symboles la lumière solaire et le foyer incandescent ; on ne peut rien lui céler. Le péché le plus odieux est l'acte du trompeur qui apporte des dispositions impies dans la célébration du sacrifice. En opposition aux dieux, des esprits mauvais (rakshas, druh) représentent la puissance des ténèbres qui travaille à introduire l'obscurité dans le monde et avec elle le désordre. Le mensonge et la duplicité leur plaisent. Ils ont pour ennemi l'homme sincère et pour serviteur le magicien qui met la puissance des formules au service d'intentions perverses.

La véracité ne serait-elle donc qu'une disposition rituelle sans application sociale ? Telle n'est pas la conclusion qu'Abel BERGAIGNE a dégagée des textes dans un livre réputé. « Le rôle moral du dieu se dessine avec une netteté parfaite lorsqu'il prend en main non plus seulement sa propre cause, mais celle des semblables du suppliant offensé par lui. Ce qui souvent relève encore la conception du culte et donne une portée morale à l'aveu de la faute commise envers les dieux, c'est l'idée que ceux-ci tiennent compte, non seulement du fait matériel du sacrifice, mais de l'intention dans laquelle il est offert et qu'à défaut de sincérité de la part du sacrifiant, les offrandes ne peuvent leur plaire. Cette vertu de la sincérité est en somme la vertu par excellence, ou, pour parler plus exactement, au milieu des allusions la plupart du temps assez vagues, que les chantres védiques peuvent faire au bien ou au mal moral, nous avons constaté qu'ils en ramènent le plus souvent la distinction à celle du vrai et du faux (1) ».

----

(1) Abel BERGAIGNE. Les dieux souverains de la religion védique. Conclusion p. 274. — Cf. LEIST. Alt arisches Jus gentium (kap. III § 7) et Alt. arisches jus civile § 71 et 72.

On voit la portée de cette induction : si les dieux des Aryas n'agréent le sacrifice que s'il est offert dans un esprit de sincérité et par des hommes véridiques, s'ils détestent avant tout le mensonge, n'est-ce pas parce que ce culte dont le Rig-Veda et l'Avesta nous présentent les formules a été ébauché dans un état social où les hommes étaient déjà exigeants en matière de vérité et où ils appréciaient les inconvénients du mensonge ? Or il n'y a pas de raison de croire les traditions de la race aryenne infiniment plus récentes que celle des autres races. Il faut donc admettre que, même dans les sociétés les plus rudes, le devoir de véracité a été une affirmation primitive de la conscience morale commune (1).

Plus une population est sauvage, fruste, primitive, plus on la trouve véridique. Plus une race inférieure se rapproche de la civilisation, plus la disposition au mensonge paraît s'y introduire. Il y a là un paradoxe apparent, qui s'explique cependant aux yeux du sociologue, pour qui la communauté primitive s'identifie toujours à un cercle social très étroit où le mensonge altèrerait profondément les conditions de la confiance réciproque mais où aussi les occasions de tromper sont rares. Il est facile de n'altérer jamais la vérité là où les transactions sont pour ainsi dire absentes. La morale des anciens Iraniens les détournait du commerce pour cette

---

(1) Sur la place de la véracité dans les mœurs des Indo-européens primitifs voir LEIST. Alt arisches jus gentium. § 372-376.

raison que le débiteur est tenté de mentir. En effet le développement des relations commerciales même pacifiques devait mettre en péril la véracité primitive par cela même qu'il la mettait à l'épreuve. A plus forte raison en a-t-il été ainsi des relations guerrières. Là où l'étranger est ou peut devenir l'ennemi, on ne se croit pas tenu de lui dire la vérité. Il y a encore conflit entre le devoir de véracité et le devoir supérieur de ne pas trahir ses proches. WESTERMARCK, à propos de la duplicité reprochée aux Hindous de notre temps remarque que les témoignages d'ordre judiciaire et autres s'accordent à nous montrer les villageois de l'Inde très véridiques dans leurs relations de voisinage. S'ils sont fourbes, c'est dans leurs rapports avec les magistrats anglais ou même indigènes. On s'expliquera assez aisément cette altération des dispositions primitives si l'on se souvient que depuis huit siècles, l'Inde a été gouvernée par des conquérants, presque toujours oppresseurs (1). Le cas peut être généralisé. La disposition primitive à la véracité n'a pu être prépondérante que dans les limites d'un petit groupe où la confiance mutuelle est la condition absolue de la vie commune.

Le mensonge procède de la ruse. C'est donc un moyen de défense de la communauté.

____

(1) Vincent A. Smith Early history of India from 600 BC to the muhammadan conquest — (3ᵉ édition. Oxford, clarendan press. 1914).— Voir sur cette œuvre capitale l'étude que nous avons publiée dans la *Revue internationale de Sociologie*. Décembre 1920.

Là donc où, comme chez les Grecs de la période dorienne, la société se morcelle en une multitude de cités entre lesquelles l'état de guerre persiste tout en s'adoucissant, l'hostilité et la crainte de l'étranger affectent les dispositions morales aux dépens de la véracité. L'esclavage fait sentir aussi son influence. Quoique incorporé à la famille, l'esclave est cependant un élément étranger qui ne peut ressentir les mêmes dispositions que le proche, inspirer la même confiance, se croire tenu au même devoir. Entre les maîtres et les esclaves, la ruse et la duplicité étaient bien difficiles à éviter. Ainsi nous expliquons-nous les contradictions si frappantes que nous présentent les témoignages historiques et ethnographiques.

La véracité n'est donc pas une disposition ignorée de la nature humaine aux premières périodes de son existence et que la civilisation l'aurait peu à peu contrainte d'acquérir. Sous une forme ou sous une autre, le devoir de véracité a toujours été la condition de la confiance mutuelle et du véritable lien social. Mais dans la période d'intégration violente ou même pacifique des sociétés, l'obscurcissement de la conscience commune de ce devoir n'a pu être évité qu'exceptionnellement. Cette éclipse devait cesser à mesure que les groupes élargis devenaient plus homogènes et que leurs membres ressentaient davantage le besoin de se fier les uns aux autres et de s'estimer réciproquement, à mesure aussi que l'esclavage disparaissait et que s'abaissait la hiérarchie sociale issue de la conquête.

***

Les devoirs qualifiés de personnels (dont la tempérance et la véracité sont les plus représentatives) sont éminemment sociaux. Ils signifient au fond que l'individu ne s'appartient pas à lui-même, ne peut pas dégrader en lui ce caractère humain que la vie en société suppose et que normalement elle développe.

Cependant, si sociaux qu'ils soient, ces devoirs présentent ce caractère d'échapper bien plus que les autres à la contrainte de l'autorité et de l'opinion ; ils supposent de la part de l'individu une conscience de l'obligation plus forte et plus réfléchie. Nulle part le pouvoir propre de l'individu sur la formation de son caractère n'est mis davantage en jeu. L'étude de la morale dite personnelle est donc celle du rapport immédiat qui s'établit entre la conscience morale et l'autorité des mœurs : elle indique le moment où l'autorité des mœurs ancestrales commence à être limitée par le jugement de l'agent moral.

A ce moment historique correspond l'affirmation de la notion de la dignité humaine, c'est-à-dire de la valeur morale elle-même, de la valeur que l'individu s'attribue comme à ses semblables et dont il exige le respect. Elle devient le criterium de l'obéissance que l'homme pense devoir à l'autorité des mœurs, le principe du choix qu'il fait entre leurs prescriptions. Elle est ainsi le principe de la réforme que les sociétés civilisées, en voie de développement, font constamment subir à leurs mœurs, à leur éducation morale, à l'esprit de leurs institutions.

L'objection attendue est que cette notion est des plus instables et variables, que la plupart des races humaines y sont étrangères, qu'elle ne s'est réalisée qu'à une date récente et dans une élite clairsemée : témoin, l'indifférence de couches populaires profondes à une dérogation telle que l'ivrognerie. La réponse ne peut être induite que de l'étude sociologique d'un sentiment et d'une notion qui, dans l'histoire littéraire comme dans l'histoire politique ont joué un rôle capital : le sentiment et la notion de l'honneur.

Sans rappeler la théorie bien connue de MONTESQUIEU qui a plutôt observé les conséquences politiques du sentiment de l'honneur que sa nature, les psychologues qui, à une date plus récente ont renouvelé la même étude, notamment LAZARUS (1) et FANCIULLI (2) tombent d'accord sur deux points : 1º l'honneur a pour condition la conscience qu'a l'individu de dépendre de l'opinion d'un groupe plus ou moins étendu ; 2º l'honneur est variable. FANCIULLI insiste sur la distinction de l'honneur masculin et de l'honneur féminin qui n'imposent ni n'interdisent exactement les mêmes actes. LAZARUS met plutôt en lumière les différences que présente le sentiment de l'honneur chez l'homme moyen et chez quelques groupes sociaux occupant une position définie dans la hiérarchie sociale, militaires, nobles, étudiants. Le rapprochement de ces obser-

______

(1) LAZARUS. Das Leben der Seele, 2ᵉ édition 1883.

(2) FANCIULLI. L'individuo nei suoi rapporti sociali, Turin 1905.

vations, qui se confirment, est déjà une introduction à la psychologie sociale de l'honneur.

Si nous négligeons certains détails, nous constatons que le sentiment de l'honneur peut varier : 1º de la femme à l'homme ; 2º de la masse du peuple à la classe privilégiée. Il varie donc avec les rapports de subordination et cette variation obéit à une loi. Les exigences de l'honneur tendent à croître avec le pouvoir et l'influence.

Au premier abord cette loi ne s'applique pas aux rapports des sexes. Le code de l'honneur interdit à la femme ce qu'il n'interdit pas à l'homme. Mais il n'y a là qu'une apparence. L'honneur de la femme est l'honneur de sa famille, représentée par ses éléments masculins ; c'est ensuite l'honneur de son mari. Son honneur exige d'elle la soumission absolue à ceux dont elle est la propriété. Mais ce point établi, on voit que l'honneur exige beaucoup moins de la femme que de l'homme car l'honneur est au fond un mobile essentiellement guerrier, militant qui s'exprime par le risque de mort, de blessure, sinon par le sacrifice de la vie. Or il est permis à la femme d'obéir à l'instinct de conservation.

Ce que l'honneur masculin est à l'honneur féminin, l'honneur du privilégié l'est à l'honneur de l'homme moyen. Pour le premier, l'honneur ajoute à la valeur de l'existence ; pour le second, il est l'étalon, la mesure même de cette valeur. On le voit quand l'honneur entre en lutte avec d'autres mobiles naturels ou moraux. Chez l'homme moyen, la religion, les sentiments de famille, le simple souci de la conservation personnelle peuvent faire contrepoids aux exigences traditionnelles de l'honneur comme le duel ou le suicide. Il en va autrement pour le privilégié. L'honneur dissout alors tous les liens dont il paraissait être la consécration. Il ne peut donc se développer que dans les sociétés hiérarchisées et différenciées, les sentiments et les jugements de valeur qui le constituent gagnant en intensité avec la conscience de l'autorité exercée, du rang tenu parmi les autres.

L'autre loi psychologique de l'honneur est qu'il dépend étroitement de l'opinion et ne peut être conçu sans elle. Ses exigences ne croissent pas en raison de l'idée que l'individu se fait de sa personne, mais de celle qu'il se fait de sa famille, de sa corporation, de sa caste : c'est un groupe que l'individu estime et honore en sa propre personne · c'est au nom de ce groupe qu'il se montre intraitable dans ses rapports avec les autres hommes. L'idée qu'il a de lui-même peut être extrêmement altière, mais c'est une idée suggérée, une association entre la représentation de son moi et celle de sa famille ou de sa classe. Il exige pour lui ce qu'il sait ou croit dû à son sang et à son rang.

Aussi l'honneur peut-il, comme l'enseignait MONTESQUIEU, avoir certains des effets sociaux d'une morale : il est une source d'obligations autant que de privilèges, de sacrifices autant que d'avantages personnels, car le privilégié sait qu'il doit être prêt à sacrifier sans hésitation sa fortune et sa vie à ce qu'exige l'honneur du groupe. Ce code de l'honneur se montre partout semblable, chez les anciens Samuraï du Japon comme dans la Pologne avant les partages, comme dans les familles féodales du moyen âge, comme dans la féodalité irlandaise, comme chez les Radjpoutes de l'Inde centrale.

Manifestation de l'esprit de privilège et de la soumission de l'individu à un état d'esprit collectif, l'honneur a les mêmes destinées que l'esprit de corps. Son intensité est en rapport avec l'unité du groupe, la force du lien qui en unit les membres. L'esprit militaire peut nous servir d'exemple, bien qu'il ne soit plus qu'un vestige de celui qui animait les castes militaires du passé. On sait que s'il y a un honneur commun à toute l'armée et dont le corps des officiers est le dépositaire, chaque arme a son honneur propre estimé supérieur à l'honneur des autres armes et chaque régiment un honneur distinct de l'honneur de l'arme. L'honneur militaire crée par suggestion chez l'individu une personnalité artificielle qui s'empare de l'organisme naturel et en fait un automate au service du groupe.

Ce qui est vrai de l'honneur militaire l'est encore de l'honneur nobiliaire. C'est la même suggestion, le même esprit de groupe avec cette différence que l'existence du groupe s'étend dans la durée autant et plus que dans l'espace. Les titres de noblesse, (parfois relatifs à une ancienne domesticité), le souci de conserver les châteaux des ancêtres, autant que possible avec leur caractère archaïque, les portraits de famille, les préséances là où existe encore une cour, autant de symboles de la perpétuité d'un esprit de famille dont le gentilhomme authentique se considère comme le représentant.

Remarquons d'ailleurs l'énergie primitive de ce

terme de gentilhomme, littéralement l'homme d'une *gens* : il contient sinon une révélation, au moins une induction historique, une filiation de traditions. En effet, l'esprit que nous analysons était beaucoup plus fort chez le patricien romain, de souche gentilice, que chez le noble de la féodalité. Il mettait son orgueil à recevoir ses mœurs, ses règles morales avec son sang. *Mi natura dedit leges à sanguine ductas* dit un personnage de PROPERCE qui d'ailleurs est une femme, une *Cornelia* (1). L'histoire de la noblesse est à bien des égards celle de la famille patriarcale et de ses transformations. On trouve encore des populations (chez les Basques de Biscaye et dans certains cantons de la Basse-Bretagne) où toutes les familles, même les plus pauvres et les plus humbles disent être de souche nobiliaire. Ce sont toujours des populations très traditionnalistes où la valeur de la personnalité s'efface devant celle de l'autorité domestique.

Le sentiment de l'honneur a pu revêtir une forme plus simple et plus primitive que celle que peuvent nous présenter le patriciat romain, la noblesse féodale, leurs analogues et leurs dérivés. Une société féodale est partout une pyramide, une société hiérarchisée, stratifiée, distribuée en couches inégales. En faut-il conclure que le sentiment de l'honneur ne soit ressenti que dans les couches supérieures, au sommet de la pyramide ? Ce serait une grave erreur

---

(1) Dans le plus beau poème peut-être que l'esprit de famille ait inspiré à la littérature latine. A Paulus. Livre IV. Eleg. XI.

sociologique ! La société du moyen âge, même dans les nations que la féodalité a le plus marquées de son empreinte, comprenait des communautés rurales où le régime gentilice s'était conservé sans de très grandes modifications. C'est de semblables communautés qu'est sortie la Suisse alpestre, puis la Confédération helvétique, le plus démocratique des Etats européens. Les provinces basques ont longtemps présenté de curieuses analogies sociales et politiques avec la Suisse alpestre. Ces petites communautés ont aussi leur honneur, plus rigoureusement collectif que celui de la classe nobiliaire.

Leur existence n'a rien d'accidentel et n'est pas propre à l'Europe. L'ethnographie nous apporte ici son témoignage et il confirme l'induction que nous venons d'ébaucher. L'observation des petites démocraties nord-africaines est en effet pleine d'enseignements. L'un des savants qui y avait le plus heureusement voué ses efforts, Emile MASQUERAY, nous a présenté un tableau très vivant des exigences de l'honneur dans les *tiddar* (communautés villageoises) de la Kabylie. Quiconque attente à la liberté et à la sécurité des membres du village (taddert) encourt la colère de la petite république. Un même terme (horma) exprime ce souci d'être respecté, ressenti par la commune et par la famille, et par suite son sentiment de l'honneur. La horma, l'honneur du village, se superpose à la horma des familles qui le composent. La condition, le ressort de la horma est l'harmonie intérieure, l'unité morale. « Un village n'aura pas plus de *horma* qu'un autre parce qu'il renfermera un plus grand nombre d'individus puissants, jaloux de leurs droits, gardiens scrupuleux de leur honneur et de leur considération personnelle, mais uniquement parce qu'il sera mieux ordonné. On peut même observer que les individus ont d'autant plus d'honneur personnel que la cité à laquelle ils appartiennent jouit d'une paix plus profonde et plus sûre (1) ». Le grand historien arabe de l'Afrique du nord, le Thucydide de l'Islam, IBN KHALDOUN donnait déjà ce criterium de la vraie noblesse. « On n'est pas noble parce qu'on descend directement d'ancêtres qui se sont illustrés par leur vaillance ou ont occupé de hauts emplois, mais parce qu'on fait partie d'une tribu dont tous les membres sont demeurés intimement unis depuis une haute antiquiquité (2).

Cet honneur berbère, cette exigence collective du respect implique les garanties que tous doivent à chacun, on si l'on préfère, ce principe d'assistance mutuelle dont nous avons précédemment parlé en traitant de l'hospitalité. Les notions d'anaïa et de *horma* sont inséparables. Les modalités en sont d'ordinaire violentes. De même que la famille doit pratiquer la *reqba* en vengeant le sang versé, le village doit pratiquer l'*outsiga*, en vengeant par la guerre toute violation de l'*anaïa* d'un de ses membres. Ce sont des manifestations à peine différentes d'un même esprit de solidarité.

Cette comparaison entre l'honneur féodal et la solidarité gentilice ou démocratique ne doit pas être

____

(1) Emile MASQUERAY. Formation des cités, etc., p. 33.

(2) *Apud* MASQUERAY, chap. I.

taxée d'arbitraire. En voici une preuve : il est bien connu que la tradition du duel, si malaisée à extirper, quoiqu'elle se soit affaiblie depuis un siècle, est issue de la conception féodale de l'honneur. LAZARUS, qui l'étudie longuement d'après des témoignages fournis par les écrivains de la noblesse allemande, conclut que la croyance à l'obligation du duel est en rapport avec l'intensité et la constance des motifs qui soumettent le privilégié au code de l'honneur. Or les inductions de la sociologie comparée nous autorisent à rattacher le duel à l'ancien devoir gentilice ou familial de la vengeance. Le duel délictueux des temps modernes n'est qu'une survivance de cet ancien duel judiciaire, en usage devant les cours féodales et qui officiellement a persisté dans la *common law* des Anglais jusqu'à 1819. Mais le duel judiciaire, tout comme la *compositio homicidii*, ne faisait autre chose que régulariser le *mos* plus ancien de la vengeance du sang.

Est-il difficile de découvrir les organes de la croyance à la dignité humaine si on la rattache aux transformations sociales de l'honneur ? TAINE (1) a tenté cette filiation dans quelques pages très fines des *Origines de la France contemporaine*. Mais il avait été devancé par LAZARUS que l'analyse psychologique suffit à conduire de l'honneur étroit tel que le sent et le conçoit un petit cercle de privilégiés au sentiment de la dignité humaine qui est l'honneur indéfiniment élargi. L'intermédiaire est

----

(1) TAINE. Origines de la France contemporaine. La Révolution. Tome III.

pour lui le sentiment de la nationalité où il voit avec raison un fruit de la culture plutôt que de la nature. En s'élargissant, le sentiment de l'honneur se transforme. Sous sa forme ancienne, inférieure, il est à la fois individuel et collectif, subjectif et objectif, mais la tendance de l'individu le porte plutôt à ramener la vie du groupe à la sienne qu'à vivre pour le groupe. A mesure que le cercle s'élargit, cette subjectivité égoïste est éliminée. La valeur du tout tend de plus en plus à surpasser celle de l'élément jusque dans l'idée que l'individu se fait de lui-même. Déjà, dans la nationalité, l'honneur de l'individu est de pouvoir se considérer comme un défenseur de la nation et un agent de sa culture. Dans l'humanité, il peut s'élever plus encore, la conscience personnelle se jugeant apte à représenter l'espèce entière et non pas seulement une de ses fractions. L'honneur a dès lors fait place au sentiment et à la notion de la dignité.

Cette analyse peut être jugée trop abstraite, trop purement psychologique et cependant elle s'accorde avec une induction tirée de l'histoire. Pour faire place au sentiment et à l'idée de dignité, il faut que l'honneur soit dissocié de l'idée de privilège. C'est ce qui se produit quand la société féodale, hiérarchisée, toujours issue de la conquête, s'intègre, quand les groupes ethniques qui la composent se fondent les uns dans les autres. L'honneur propre à chaque groupe perd alors son particularisme. On voit apparaître d'abord le patriotisme national qui accorde au descendant des inférieurs sociaux le même respect qu'au descendant des supérieurs et qui l'exige tout au moins des institutions et des magistrats, comme des étrangers : plus l'humanité en vient à être conçue comme une nation élargie dont l'honneur total intéresse celui de chacun de ses membres. C'est ainsi que la solidarité morale des hommes se substitue peu à peu à celle des petits groupes, domestiques, corporatifs, ethniques. A la limite, la qualité d'homme suffit à imposer le respect et à l'obtenir. Il faut bien reconnaître d'ailleurs que la dignité humaine n'est encore qu'un idéal que les nations les plus avancées reconnaissent seules et qui est sujet aux plus tristes éclipses.

Il nous est néanmoins possible de résoudre le problème que nous posions au début de ce chapitre : quel rapport la conscience de la dignité, la morale personnelle, soutient-elle avec la morale sociale ? Nous avons trouvé dans le sentiment de l'honneur l'intermédiaire explicatif. La notion d'une dignité humaine, inhérente à toute personne est celle de l'honneur à la fois individualisé et universalité. Ces deux notions ont en commun celle du respect de soi-même, mais en assignant à ce respect des conditions différentes. L'homme qui s'interdit une passion ou s'impose une obligation par respect de soi-même respecte en soi la dignité qu'il attribue à sa nature raisonnable, dignité qui, à ses yeux est l'attribut de toute une société au moins possible, où tout le genre humain peut trouver place. Celui qui agit sous l'impulsion du sentiment de l'honneur respecte en sa personne un rang, une situation sociale, un privilège, par suite une classe, une société restreinte qui en dernière analyse se ramène à une famille. Cependant, il est aisé de voir que la notion rationnelle dérive de celle que l'on a souvent considérée comme un préjugé social. L'honneur attaché au rang, à la classe, au cercle, à la famille privilégiée est un préjugé en tant qu'il paraît nier la valeur morale des hommes qui sont étrangers à ce cercle, mais de même que la notion de la société du genre humain exprime la limite idéale vers laquelle tend l'élargissement des cercles sociaux, de même la notion rationnelle d'une dignité identique en tous les hommes ne pouvait sortir que d'une extension et d'une épuration de la notion de l'honneur. Celle-ci apparaît dans une société féodale, c'est-à-dire fortement hiérarchisée. Mais cette hiérarchie, qui d'ordinaire résulte de la conquête est précédée d'un état social plus simple dans lequel les cités, les villages, les clans sont juxtaposés et où cependant chacun possède à un haut degré la conscience de la valeur de ses membres et de leur inviolabilité.

Une fois formée, la notion de dignité devient le principal ressort de la morale dite personnelle, le motif de l'obéissance aux devoirs de véracité et de tempérance. Ces devoirs, nous les avons vu varier comme la composition même des sociétés et il serait aisé de montrer que cette variation correspond à celle de l'honneur. Il est bien connu que le sentiment de l'honneur interdit le mensonge et l'intempérance, mais diversement selon les sexes : il n'interdit le mensonge qu'aux hommes et l'intempérance qu'aux

femmes. A mesure que la notion rationnelle de la
dignité humaine remplace la notion empirique de
l'honneur, les sexes deviennent égaux devant la
morale : l'homme sent sa dignité compromise par
l'intempérance comme la femme la sienne par la
duplicité : preuve nouvelle d'une identité profonde
entre la morale personnelle et la morale sociale,
prouve aussi que, contrairement à l'induction de
Littré, la morale personnelle est plutôt l'épanouissement de la morale sociale qu'elle n'en est le point
de départ.

Cette conclusion, rapprochée de celle que nous a
donnée l'étude de la véracité, nous permet de dégager
une loi des rapports entre les mœurs et la conscience
morale, tout au moins une loi historique ou empirique. Le plus typique des devoirs personnels, le
devoir de véracité, n'existe dans sa plénitude que
pour la conscience réfléchie, individualisée. Il apparaît cependant, au moins sous forme religieuse, dès
les origines de l'humanité, car il est la condition
même de la confiance que les membres de la *gens*
peuvent avoir les uns dans les autres. Or l'honneur
et la véracité sont liés. A mesure que la véracité se
définit, s'élargit, se généralise, l'honneur se transforme en dignité humaine. Ceci confirme l'idée que
la conscience morale est collective, avant d'être personnelle, idée que Shaftesbury et Adam Smith
avaient entrevue bien avant les sociologues contemporains. Avant de se juger lui-même, l'individu se
sent et se sait jugé par autrui. Mais cette antécédence
de la forme collective sur la forme individuelle n'exprime pas le fond de la conscience morale qui ne se

dégage vraiment, ne mérite son nom que dans la mesure où elle se personnifie. La conscience collective est la forme la plus spontanée, mais aussi la plus basse, la plus aveugle de la conscience, et c'est ce qu'exprime la relation historique entre l'honneur et la dignité, entre l'honneur du groupe et l'honneur de la personne.

CHAPITRE XII

ROLE DES PASSIONS DANS LES VARIATIONS DES MŒURS

Il résulte de l'étude précédente que la loi générale de l'adoucissement des mœurs correspond assez exactement à la genèse de la morale individuelle, au processus de l'honneur et de sa transformation en conscience de la dignité. Cette double évolution n'en fait qu'une. Elle répond visiblement à une évolution de la vie affective chez l'homme moyen. Par là même elle nous pose un problème dont l'importance a, selon nous, échappé à un trop grand nombre de sociologues : nous voulons parler du rapport des passions avec les mœurs.

Il paraît évident que les passions influent sur le sentiment et la notion de l'honneur, par suite sur la genèse de la notion de dignité humaine. La grande difficulté que la conscience doit résoudre, la pierre d'achoppement au progrès moral, est, nous l'avons dit, la dissociation de l'honneur et du privilège social. Mais elle correspond presque exactement à la dissociation du sentiment de la justice et du sentiment de la vengeance. Dans les relations des peuples, c'est le grand obstacle qui s'oppose à la constitution du droit international. Or les rapports des peuples sont aujourd'hui ce qu'ont été autrefois les rapports des groupes domestiques, corporatifs, religieux, civiques.

Parmi les passions qui influent le plus sur le sentiment de l'honneur pour l'associer aux dispositions hostiles et vindicatives, il en est une dont DARWIN a noté l'importance : c'est la jalousie. Il a rappelé en quelques mots le lien qui la rattache à la genèse et au développement de la chasteté et de la pudeur dans chacun des sexes. Mais personne n'ignore que l'inégale manifestation de la pudeur, non seulement selon les sexes, mais selon les races, les peuples, les sociétés religieuses, que l'inégale appréciation de la moralité sexuelle en général a toujours été le grand argument des sceptiques contre l'existence et la possibilité même d'une loi morale universelle. Or l'étude de la jalousie ne peut être isolée du rapport général des mœurs et des passions.

Si donc jusqu'ici les mœurs se sont présentées à nous dans l'histoire comme des devoirs que viennent fortifier l'habitude collective et les exemples ininterrompus des générations qui les ont pratiqués, nous devons maintenant les considérer sous un autre aspect. Les mœurs sont tout autant des *licences* que s'accorde la conscience commune d'un temps ou d'un peuple, des *indulgences* pour une ou plusieurs passions qui s'harmonisent particulièrement bien avec un caractère national, qui le pénètrent parfois si profondément qu'elles finissent par ne plus s'en distinguer. Cette cause de variation oppose beaucoup plus une nation à une autre et dans la vie d'une nation une génération à une autre que toutes celles que nous avons précédemment définies.

Répétons-le : c'est de cette constatation que le scepticisme moral triomphe. Dans le tableau que les sceptiques anciens et modernes ont fait des variations morales des peuples, les licences du caractère national ou d'une des classes qui l'expriment, les indulgences que s'accorde la conscience moyenne sont constamment confondues avec les formes variables et progressives que prend la conscience du devoir. L'effet de cet artifice est presque irrésistible. Aussi a-t-il été mis en usage dans de récentes polémiques contre la possibilité de la loi morale.

Mais il ne suffit pas de le dénoncer pour en avoir raison. Il faut encore faire de cette tendance à l'*indulgence spécifiée* une étude propre, chercher si elle n'a pas quelque loi. Nous sommes ainsi ramené au rapport entre l'évolution de la civilisation et celle des passions.

Le terme dont nous venons de faire usage doit être bien défini, vu la diversité des interprétations qu'il a reçues dans l'histoire de la littérature et de la psychologie. Les Cartésiens, Spinoza compris, faisaient de la passion l'équivalent de toute la vie affective. Plus tard, on a distingué entre les passions et les sentiments, en désignant par passion tout sentiment affecté d'une intensité supérieure. Cependant Kant dans son *Anthropologie pragmatique* opposait nettement l'émotion et la passion, comparant l'émotion, état temporaire, au torrent qui déborde et la passion, état durable, au fleuve qui creuse lentement son lit. Mais cette observation, faite en passant, était restée stérile.

Théodule RIBOT, dans l'une de ses dernières œuvres, s'est vu ramené à ce problème classique par la nécessité d'approfondir le double rapport entre la vie affective et l'intelligence, entre la vie affective normale et les états psychopathiques. De son bref, mais substantiel *Essai sur les passions* (1907) nous retiendrons quatre idées qui le résument : 1º la passion doit être bien distinguée de l'émotion impulsive, l'impulsif n'étant pour ainsi dire jamais un passionné véritable ; 2º une passion est une construction à laquelle l'activité intellectuelle participe toujours plus ou moins ; 3º la genèse et l'évolution des passions sont soumises à une loi, en raison même du concours de l'intelligence, de l'idée fixe à leur développement : elles se font des passions ardentes de la jeunesse (dont l'amour est le type) aux passions froides de l'âge mur et de la vieillesse (vanité, ambition, avarice) ; 4º la passion est un équivalent psychopathique, par là même qu'elle suppose l'idée fixe. On peut la considérer comme un état parasitaire, un gaspillage d'énergie : elle a pour terme la mort de celui qu'elle possède, à moins qu'elle ne se transforme. La passion par excellence, la plus typique de toutes, n'est donc pas, comme l'ont pensé tant d'écrivains, une passion ardente et juvénile, l'amour, mais une passion froide, formelle, sénile, l'avarice ou pour mieux dire, la cupidité. C'est en effet la plus intellectuelle de toutes. Elle ne tend pas à une satisfaction définie, mais à la possibilité illimitée de contenter les désirs en accumulant les moyens d'échange.

Cette thèse, en somme très classique (car c'est une version nouvelle de celle de SPINOZA) peut nous conduire à la solution de notre problème, qui est de découvrir les causes de cette indulgence que chaque société est portée à s'accorder. Les licences sont des indulgences qu'une classe sociale, surtout si elle est dominante, concède à une passion que vient justifier un sophisme communément accepté. C'est là ce qui au premier regard oppose vraiment les mœurs les unes aux autres, ce qui en fait la diversité, bien plus que les variations des jugements sur le droit et le devoir. Selon que la passion favorisée est ou l'ivrognerie, ou l'amour ou le fanatisme ou la vanité ou la cupidité, on a des physionomies morales différentes, en dépit d'un accord sur les principes de l'obligation.

Un peuple où la passion commune est l'amour sera très choqué d'en voir un autre dominé par la cupidité mais risquera de passer aux yeux de ce dernier pour corrompu et impudique et tous deux s'accorderont à en juger sévèrement un troisième où prévaudra l'ivrognerie.

Notre recherche porte donc sur la possibilité d'un rapport entre les transformations de ces indulgences collectives et cette évolution purement psychologique que RIBOT a heureusement dégagée de l'étude comparative des individus. Nous devons, en sériant les questions des plus simples aux plus complexes considérer tour à tour : 1º la succession des civilisations ; 2º les rapports des classes ; 3º les caractères nationaux. Ce programme semble être d'une ampleur excessive, mais nous nous contenterons de classer et de résumer des observations dont la portée est incontestable.

Si les passions se transforment avec l'âge et les variations de l'organisme, si la jeunesse est l'âge des passions ardentes comme l'âge mûr celui des passions froides, on peut en déduire une correspondance entre la succession des types de civilisation et l'indulgence des milieux sociaux pour les passions les plus caractéristiques. Le mot de BACON est toujours vrai : ce que nous nommons antiquité est la jeunesse du monde ; ce sont les temps dits modernes qui en constituent l'âge mûr. Les jeunes civilisations sont caractérisées par l'essor de l'imagination, la vieillesse par la réflexion et le calcul. Un fait notoire confirme cette déduction. La passion de la vieillesse, nous dit RIBOT, est l'avarice ; l'équivalent social de l'avarice est la cupidité. Nous n'avons pas en vue seulement la cupidité individuelle, mais encore cette cupidité sociale qui fait très bon ménage avec les tendances démocratiques. Les peuples modernes mettent leur gloire dans leurs milliards, s'enorgueillissent de leurs exportations sans en tirer d'ailleurs aucun profit appréciable pour le bien-être ou la culture de leurs membres. C'est la passion qui tend à remplacer toutes les autres. Les Carthaginois annonçaient déjà cette disposition mais ils étaient venus trop tôt dans un monde trop jeune.

Comment l'avarice collective a-t-elle pu procéder de passions plus simples, plus ardentes et les remplacer ? C'est l'histoire de l'économie sociale qui peut ici nous renseigner, à la condition cependant que nous ne la demandions pas aux purs économistes, encore moins aux théoriciens du matérialisme historique car leur erreur est de chercher toujours dans les anciennes sociétés les mêmes mobiles que dans la nôtre. Si nous remontons du présent à un passé qui ne soit pas trop éloigné, la féodalité, l'empire romain, la cité hellénique, nous y constatons sans doute l'essor de la cupidité et la diffusion de l'avarice. Aucune classe moderne ne semble plus cupide que la noblesse romaine ou que l'aristocratie spartiate. Mais cette cupidité n'était qu'une forme de l'ambition. Le noble romain était dans toute la force du terme un *patronus* : il ne comptait dans la société que s'il pouvait entretenir une nombreuse clientèle d'affranchis, d'amis, de protégés. Il lui fallait donc disposer d'un revenu considérable que seuls lui procuraient la propriété foncière et le travail des esclaves: de là l'appétit des *latifundia*, des terres dans la noblesse romaine, dans l'aristocratie dorienne avant elle, dans la classe féodale après elle. Bref la passion du pouvoir s'est transformée en passion de la possession territoriale qui assurait l'efficacité du pouvoir. L'évolution économique, le progrès de la richesse mobilière est venu ensuite faire de l'argent le substitut idéal de la terre comme la terre avait été le symbole du pouvoir social.

Comment la passion du pouvoir s'est-elle substituée elle-même aux passions plus spontanées, plus voisines des tendances instinctives, dont l'amour est la plus notoire ? C'est dans les conditions de formation de la société patriarcale que nous trouvons l'explication. Le *paterfamilias*, dans toutes les races, tous les milieux historiques où nous pouvons l'observer exerce le plus souvent une autorité absolue : il est juge, chef militaire, prêtre autant que maître de maison : pouvoir immense et très propre à faire surgir les dispositions *égo-centriques*, si compensé qu'il soit par des devoirs. Le chef de la famille patriarcale absorbe dans sa volonté celle d'un grand nombre d'êtres humains, dont beaucoup sont des hommes adultes : il représente pour eux l'autorité d'une longue série d'ancêtres qui, à la limite, ne se distinguent pas des démons, des demi-dieux ou même des dieux ; il représente aussi l'indépendance et l'honneur de la famille. En lui se concentrent donc les deux passions de l'indépendance et du pouvoir, les deux plus puissants ressorts de la volonté. Mais à mesure que décroît l'autonomie de la société domestique, les chefs des grandes familles ne peuvent manquer de chercher des équivalents à cette indépendance souveraine dont ils se voient dépouillés et ils les trouvent dans le pouvoir politique et économique que leur assure la possession de la terre et des esclaves.

C'est ainsi que la succession des civilisations peut, jusqu'à un certain point, reproduire l'évolution des passions que la psychologie constate dans la vie de l'individu.

La diversité des *indulgences collectives* ne serait pas suffisamment expliquée par là. Pour serrer de plus près la réalité historique, nous devons encore considérer les rapports des passions avec les couches sociales et avec les caractères nationaux.

La distribution des passions selon les couches sociales peut être contestée par ceux qui confondent les couches avec les classes économiques. Aussi devons-nous justifier la distinction. Les couches sociales que nous avons en vue sont composées héréditairement de familles, tandis qu'à l'âge contemporain, on tend de plus en plus à entendre par classes des groupes professionnels de formation en quelque sorte viagère. Les classes sociales d'aujourd'hui se mêlent et se pénètrent et il n'y a entre elles aucune discontinuité. Mais si nous remontons de dix siècles au plus dans le passé, nous découvrons un état social très différent. La société féodale, à dater du XIe siècle se montre à nous distribuée en trois couches, la noblesse, classe dominante, possédant seule des droits vraiment reconnus par le pouvoir ; une classe *bourgeoise*, au sens étymologique du mot, formée d'habitants des *bourgs*, ayant des garanties limitées d'abord à une localité définie et composée d'artisans ou de marchands groupés en corporations ; au-dessous de l'une et de l'autre, la couche des serfs beaucoup plus dense que toutes deux. Au début du XIXe siècle, ce classement social se retrouvait encore chez les Slaves de l'Europe orientale, chez les Roumains, les Magyars, en Prusse et sous d'autres formes, chez beaucoup de peuples asiatiques. Dans l'Afrique du Sud, à la fin du XIXe siècle, les Boers formaient réellement une caste esclavagiste s'asservissant la population noire, réduite à l'hilotisme, mais dans leurs rares villes ou *Kraal*, on trouvait des marchands d'origine européenne jouissant de quelques garanties précaires.

Dans les sociétés ainsi hiérarchisées, les passions favorites et l'indulgence qu'elles rencontrent doivent varier avec chaque couche. La passion du pouvoir et la vanité formeront le lot de la classe aristocratique ; encore varieront-elles selon les sexes, les hommes s'attachant aux privilèges de la puissance, les femmes à l'éclat extérieur du rang et à la parure qui en est primitivement le signe. La passion de la classe moyenne aura pour objet l'enrichissement qui seul lui permet de rivaliser avec la couche supérieure et de s'introduire lentement dans ses rangs. Quant à la couche inférieure, ses passions, si elle peut s'en permettre, resteront juvéniles sinon infantiles : elles seront d'autant plus grossières qu'elle-même sera plus inculte. Ce sera parfois, comme en Espagne, le fanatisme religieux ; mais le plus souvent ce sera la sensualité et surtout l'ivrognerie. La classe inférieure s'y jettera d'autant plus qu'elle éprouvera plus de privations et que l'oppression courante l'aura rendue plus étrangère au sentiment de la dignité humaine. Tel était le cas du moujik russe ou même celui de l'arteltchik, ainsi que nous les ont peints les Tolstoï et les Gorki : il suffit à nous faire comprendre la physionomie morale des révolutions de ce peuple.

Cependant les différences entre les couches sociales vont rarement jusqu'aux contrastes volontaires. Sans doute les classes aristocratiques ont souvent exagéré les traits de mœurs, les manières, les modes, le genre de vie qui peuvent les distinguer des couches populaires, mais ce n'a pas été d'ordinaire au profit d'une licence. Le danger a été plutôt que leurs vices ne soient copiés par les classes dépendant d'elles et portées à les prendre pour modèles. Par contre, le contraste volontaire a été bien souvent la règle des relations morales entre les nations. C'est là une cause très remarquable et trop négligée de la diversité morale, cause toujours agissante, faisant obstacle à l'harmonie internationale, d'autant plus qu'elle affecte surtout les rapports des nations voi-sines.

Quand deux nations ont été souvent en guerre et que chacune a beaucoup souffert de la part de l'autre — cas de la plupart des nations limitrophes — le caractère de l'une est en défaveur auprès de l'autre, et cette défaveur atteint les traits les plus élevés de ce caractère. Les Allemands reprochent aux Français leur légèreté, entendant par là leur sponta-néité, leur aversion de la dissimulation. Les Français leur reprochent moins leur duplicité et leur cruauté que leur lourdeur, c'est-à-dire un caractère réfléchi, une volonté tenace, une certaine simplicité qui les rend plus indifférents à l'élégance que nous ne le sommes communément. Ces injustices dans les jugements réciproques ne sont que la minime partie des contrastes moraux entre les peuples. Chaque nation tend à ériger en vertu les traits distinctifs de son caractère, jusqu'aux plus défavorables, surtout quand elle les rencontre chez ses héros nationaux. On connaît notre vieux chant populaire sur Henri IV qui eut le triple talent de boire, de battre et d'être vert-galant !

Nietzsche a écrit dans un chapitre de son *Zara-*

thustra (1) que chaque peuple se crée sa table des valeurs morales et la forme dans un esprit d'opposition aux autres peuples. La formule est pédantesque pour exprimer un fait assez simple, mais dont les conséquences morales sont profondes et étendues. Les peuples, en raison de leurs antagonismes historiques sont les uns pour les autres des censeurs très sévères. Chacun d'eux se montre extrêmement sensible aux imperfections qu'il croit voir en relief dans le caractère de ses rivaux. Il y aurait là la condition d'une émulation dans le progrès moral si chacun jugeait les autres d'après un type idéal de l'humanité. Mais il n'en est pas ainsi. En raison du climat, des occupations, du mode de formation de la civilisation, des révolutions religieuses, chaque peuple a pu développer certains traits élevés du caractère humain, mais il s'est aussi octroyé la licence de quelque passion. Sa tendance est de transformer son propre type en étalon moral de l'humanité. Elle est extrêmement frappante chez les Anglais (2) ; elle l'était au même degré dans l'antiquité chez les Grecs et plus encore chez les Juifs. Mais les Romains et les Français n'y sont pas restés étrangers. On la retrouverait chez tous les peuples. Il y a là un nationalisme moral dont l'histoire des mœurs doit tout au moins noter la portée.

————————

(1) Von tausend und einem Ziele. (Also sprach Zarathustra, chap. ɪ ter, Teil XV).

(2) Lᴇᴄᴋʏ, historien pénétrant et écrivain d'ordinaire sérieux énonce gravement cet aphorisme : que l'Anglaise est la seule femme au monde qui puisse apporter de sérieuses garanties de fidélité à son mari.

Quand la prétention d'une nation à se poser en exemplaire de l'humanité est favorisée soit par sa puissance politique, soit par le prestige de sa littérature, soit par l'expansion de son droit civil ou public, soit par le mouvement général de la civilisation ou par les révolutions religieuses, il en résulte une orientation durable des opinions morales, mais elle peut faire place à une orientation différente si le peuple exemplaire tombe en décadence.

C'est surtout en matière de pudeur que ces différences nationales prennent le plus de relief. Les peuples se renvoient couramment la balle, l'accusation, soit d'impudicité, soit d'hypocrisie. Il s'agit cependant d'un même penchant organique et affectif, à peine modifié par la race et le climat et partout associé à la vie continue de l'espèce. Mais c'est sur ce point que se porte le plus complaisamment la curiosité vulgaire. Nous le laisserions de côté, si la corrélation affirmée par Darwin entre la pudeur et la jalousie ne nous contraignait d'étudier l'un des aspects les plus intéressants du rapport entre les passions et les mœurs.

On sait que Darwin a expliqué l'origine de la chasteté par l'action de la jalousie qui elle-même aurait eu le mariage pour condition. L'explication est peu satisfaisante en ce qu'elle enferme un cercle vicieux, et aussi en ce qu'elle est unilatérale. Si la jalousie avait été totalement étrangère à l'homme primitif, on s'expliquerait mal que le mariage, même polygame et instable, ait pu apparaître. Mais si elle est aussi ancienne que notre espèce, pourquoi n'aurait-elle pas eu toujours la pudeur pour accompagnement ? La jalousie n'expliquerait d'ailleurs que la pudeur féminine, mais n'y a-t-il pas aussi une pudeur masculine ? Si on le nie, en raison de la faiblesse relative de cette disposition chez le sexe mâle, comment comprendre que dans les sociétés civilisées, les lois aient sanctionné l'impudeur de l'homme comme celle de la femme ? L'histoire littéraire de l'amour est d'ailleurs ici un témoin irrécusable. Des poètes orientaux aux élégiaques romains, PROPERCE notamment, des poètes latins à PÉTRARQUE et aux autres poètes du moyen âge, aux classiques du XVIIe siècle, aux romantiques du XIXe, elle nous montre l'amour perdant toujours plus le caractère de l'appétit brutal qui en vient à s'associer à l'idée d'une prostitution légalement surveillée et contenue. Si d'ailleurs la pudeur était l'attribut d'un seul sexe, comment se perpétuerait-elle dans ce sexe même ? Tout en reconnaissant la puissance supérieure de la pudeur féminine et son caractère plus instinctif, il faut tout au moins admettre que le même sentiment a pu surgir et se développer chez l'homme et que la femme a pu faire l'éducation de la pudeur masculine.

Le problème des origines et des variations de la pudeur doit donc être décomposé. Il convient de traiter sommairement d'abord des variations de la pudeur féminine sous l'influence de la jalousie et des coutumes qui la sanctionnent, puis de la pudeur commune aux deux sexes et de ses degrés selon les temps et les peuples.

Ramenée à la racine latine qui l'exprime, la pudeur est identique à la honte et la honte est un sentiment social. C'est en vain que l'on tenterait d'en donner une explication purement physiologique. La honte est elle-même la crainte du mépris et suppose un certain souci de l'estime et de la considération. C'est donc la vie sociale qui fait la pudeur en attachant une déconsidération à l'accomplissement public de certaines fonctions et à cet égard l'organisme féminin tombait plus facilement que l'organisme masculin sous le contrôle collectif. Des fonctions, la pudeur s'étend à leurs organes, puis aux organes voisins ou analogues. La protection de ces fonctions et de ces organes intéressant l'avenir de l'espèce ou de la race, on conçoit que la pudeur soit devenue une sorte d'instinct secondaire utile aux races où il s'était le plus tôt et le plus solidement constitué et susceptible de s'intégrer dans l'éducation morale de l'humanité.

Telle serait la pudeur normale et elle ne varierait guère qu'avec les individus, non avec les peuples ou avec les temps. Elle se relâcherait quelque peu dans les climats chauds ainsi que dans les couches sociales où la misère a pour résultat la promiscuité, mais elle ne pourrait tomber au-dessous d'un certain minimum sans que la vitalité de la race, ou même sa continuité fût compromise.

Ce n'est pas cette pudeur normale qu'affectent les variations notées avec tant de complaisance par les voyageurs et les historiens : c'est une pudeur *adventice* en quelque sorte, qui attache de la honte aux fonctions et aux organes les plus étrangers à la génération, puis à tous les termes qui peuvent désigner ou rappeler ces organes ou ces fonctions. Les mœurs anglaises ont propagé dans le monde cette pudeur : au moins la font-elles peser indistinctement sur le langage et la tenue des deux sexes. Mais le plus souvent les excroissances de la pudeur n'ont exercé leur contrainte que sur les femmes, alors que par contraste les hommes, surtout en groupe, pouvaient se juger d'autant plus dégagés de la pudeur normale.

Il y a ici un phénomène social particulièrement complexe et il est possible de faire intervenir la jalousie dans l'intelligence de son mécanisme, mais c'est à la condition de voir dans la jalousie une passion sociale autant que personnelle, une passion qui a sans doute ses racines dans les dispositions de l'individu mais ne prend toute son ampleur que si les jugements de la société la justifient et si ses institutions la favorisent.

Abréviativement, l'on peut dire que la pudeur exigée de la femme a d'autant plus d'ampleur que la femme est plus assimilée par l'autre sexe à une propriété actuelle ou possible. Le voile des musulmanes et des autres femmes de l'Orient est un symbole trop connu pour qu'il soit besoin de le rappeler. La jalousie n'est alors chez l'homme qu'un sentiment de propriétaire, un *animus domini* qui tend à se confondre avec le point d'honneur et qui a les mêmes exigences et les mêmes destinées.

On voit aussitôt qu'il en résulte un processus d'une extrême complexité, car plusieurs facteurs différents combinent ici leur action. Les familles aristocratiques, polygames ou même monogames, qui tiennent le plus à leur réputation de pureté et d'intégrité se montreront les plus disposées à faire de la jalousie un point d'honneur et leur exemple fera école. La classe de femmes qui partout échappe aux règles du mariage et dont les plus sévères moralistes, saint AUGUSTIN entre autres, ont jugé l'existence indispensable à la tranquillité de la société, exprime un type dont les femmes mariées et leurs filles doivent s'écarter systématiquement dans leur tenue et leurs propos. Par contre, lorsque progresse l'émancipation des femmes, lorsque le mariage perd le caractère patriarcal et prend celui d'une garantie mutuelle de droits égaux et d'obligations réciproques, il peut se produire une réaction violente, encouragée par les hommes de faible moralité. La courtisane devient alors le modèle dont la femme honnête rapproche, non sans doute sa conduite, mais sa toilette et parfois son langage. Cette forme vicieuse de l'émancipation féminine est celle qui frappe le plus facilement les regards des observateurs vulgaires. Mais les peuples se montreront à cet égard très différents les uns des autres. Chez les uns, la femme, légalement et intellectuellement émancipée, associée à toutes les formes de l'activité économique, investie de tous les droits politiques, mettra son honneur à conserver la pudeur rigoureuse de ses aïeules. Chez les autres la réaction contre les signes extérieurs de l'ancien assujettissement sera portée à l'extrême, dans le vêtement surtout.

L'évolution de la pudeur se soldera-t-elle donc par un déficit, à la suite d'un mouvement fatal d'un maximum vers un minimum ? Nous n'avons considéré que la pudeur féminine et nous n'avons noté autre chose qu'un affaiblissement de cette pudeur adventice et amplifiée où tous les ethnographes s'accordent à voir un écho de la jalousie masculine. Si la tendance du sexe mâle est d'idéaliser cette pudeur, de l'associer à la pureté de la femme, d'y voir une promesse de fidélité, il ne faut pas oublier de quel prix elle a été payée, de quelles douleurs elle a été féconde et quels flots de sang innocent elle a fait verser.

L'évolution rétrograde de la pudeur adventice des femmes a d'ailleurs pour contre-partie un progrès incontestable de la pudeur masculine. Que l'on ne voie pas là un paradoxe ! L'homme (en dehors peut-être des sacerdoces) n'a jamais connu et sans doute ne connaîtra jamais la pudeur que nous nommons *adventice*. Mais l'intérêt de l'espèce et le sentiment de la dignité humaine le soumettent, tout comme la femme, à la pudeur normale, à la pudeur des fonctions et des organes. Il s'y soumet plus ou moins facilement selon l'éducation qu'il reçoit et la qualité de cette éducation dépend de la part qu'y prennent les femmes. Plus les femmes sont asservies, confinées dans le gynécée, moins elles comptent dans la société et moins leur influence peut se faire sentir sur la tenue et les propos des hommes. En dehors de la famille, ils n'ont un commerce un peu libre qu'avec les courtisanes et il ne peut que les confirmer dans la tendance à professer pour la femme un dédain qui, chez les plus vulgaires d'entre eux, s'étend même à ses vertus.

De là ce résultat, paradoxal pour un psychologue

étroit ou un pur physiologiste, mais non pour un sociologue. Moins la jalousie masculine et les institutions qui la soutiennent astreignent la femme aux exagérations de la pudeur factice et plus l'homme se soumet volontiers aux exigences de la pudeur normale. C'est que dans un cas la pudeur cesse d'être la résignation passive à l'autorité de la coutume tandis que dans l'autre, elle exprime le respect de la dignité humaine sans distinction de sexe. La pudeur de l'homme est faite du respect de la femme comme la pudeur de la femme est moins le respect de sa personnalité que celui de la noble fonction maternelle qui fait d'elle la continuatrice de l'espèce et l'agent de la sélection des familles et des races.

La variabilité de la pudeur est le thème préféré des sceptiques (1). Bien considérée, elle est cependant peu favorable à leur thèse ; elle ne l'est pas plus que toute autre variation, car on n'y peut voir autre chose qu'un nouvel aspect des variations de la morale domestique, où interviennent tant de facteurs. Son intérêt est de nous faire toucher du doigt la complexité des effets de cet adoucissement des

---

(1) Un spirituel journaliste parisien, l'un de ceux dont les *Propos* quotidiens plaisent le plus au public, exprimait naguère franchement ce thème à la suite du récit d'un incident survenu dans la famille du bey de Tunis « Elle serait Française, tout le monde l'approuverait au nom de la morale, mais elle est Tunisienne et tout le monde la blâme toujours au nom de la morale... Avouez que cette histoire orientale est bien faite pour désorienter les moralistes. Mais n'est-il pas banal de dire que la morale est une question d'indicateurs de chemin de fer et de guides de la navigation » ? (Clément VAUTEL).

mœurs qui résulte de la pacification des relations entre les familles ; c'est de nous en montrer plus clairement le rapport avec la genèse de la morale personnelle. C'est enfin de confirmer la dépendance réciproque des passions et des mœurs. La jalousie masculine est l'intermédiaire obligé entre la structure de la société domestique et l'amplification de la pudeur féminine. Mais la jalousie est aussi une passion individuelle. Le concours que selon les temps et les peuples ou, pour mieux dire, selon les stades sociaux, elle apporte ou non à l'autorité des mœurs domestiques est bien la preuve que l'intensité et la généralité des passions sont, beaucoup plus encore que la conscience morale, sous l'influence des milieux sociaux.

CHAPITRE XIII

LES LOIS SOCIOLOGIQUES DES VARIATIONS DES MŒURS.
CONCLUSION DE LA PREMIÈRE PARTIE

L'étude historique et comparative des variations des mœurs nous a permis de dégager quatre lois empiriques dont chacune exprime des rapports de succession entre des faits bien établis.

La première énonce la disparition graduelle de l'hostilité réciproque dans les rapports des clans, des familles et des petites communautés politiques. Les relations avec les étrangers sont de plus en plus des liens d'hospitalité, au moins dans les limites d'un territoire étendu et les liens d'hospitalité se transforment, à l'intérieur des nations tout au moins, en liens de coopération.

Une seconde loi est celle de l'adoucissement des mœurs. Elle est attestée par l'histoire du cérémonial et de la politesse et plus encore par celle des plaisirs collectifs et des jeux. Les fêtes expriment les mœurs en solennisant certaines relations, surtout entre les générations ; elles sont les occasions de plaisirs collectifs, même si la commémoration des morts en est l'origine. Mais dans ces plaisirs la sympathie et l'antipathie peuvent tenir des places très inégales. La vue de la souffrance infligée à des ennemis peut être un élément des fêtes et par suite une source des plaisirs qu'elles procurent. Mais cet élément tend certainement à décroître, si du moins l'on compare entre elles de longues périodes historiques.

Une troisième loi, moins visible peut-être, mais dont nous pensons avoir apporté les preuves, est celle de l'importance croissante de la moralité individuelle et d'un respect de la dignité humaine dont le sentiment de l'honneur collectif des familles et des classes n'avait été que l'antécédent historique.

Enfin une quatrième loi est celle du parallélisme entre les transformations des passions communes et la succession des âges de la civilisation. Chaque stade de culture, chaque type social et chacun des peuples qui représentent l'un ou l'autre ont leur passion qu'ils traitent avec indulgence et qu'ils incorporent aux mœurs régnantes. Les diverses couches de la société peuvent d'ailleurs, selon le degré de leur culture, conserver les passions des précédents stades de culture. Cependant l'évolution se fait visiblement des passions ardentes de l'adolescence et de la jeunesse aux passions froides de l'âge mûr et de la vieillesse.

Ces lois ne peuvent sans doute être comparées à celles que formulent les astronomes et les physiciens. Elles n'expriment pas un mécanisme rigide et ne font pas violence à la liberté de la volonté individuelle. Ce sont des moyennes et des tendances. Néanmoins la marche de l'histoire serait inintelligible à ceux qui les nieraient. Elles répondent à un dynamisme sur lequel la volonté générale peut influer après qu'il a été compris mais qu'elle ne pourrait tenter impunément ni d'arrêter ni de refouler.

Le problème est de chercher quel rapport elles soutiennent avec des lois sociologiques plus générales et quelle conclusion on peut en tirer relativement à la formation de la moralité humaine ainsi qu'à sa valeur universelle.

Entre ces quatre lois empiriques, la corrélation est évidente ou du moins, aisément démontrable. Chacune d'elles suppose les autres. L'affaiblissement des passions ardentes, telles que l'amour jaloux, ne se conçoit pas là où le point d'honneur inhérent à la famille, au clan, à la confrérie, à la classe, conserve toute sa force et fait obstacle à la conscience de la dignité personnelle et des devoirs réciproques qu'elle impose. Le progrès de la moralité individuelle (du moins dans les consciences, sinon toujours dans les faits) en raison même de sa liaison avec la transformation de l'honneur, serait incompatible avec la persistance d'une extrême violence des mœurs. Mais l'adoucissement des mœurs ne s'explique que par le déclin de l'hostilité dans les relations des clans, des familles, des villages et des classes sociales, notamment par la disparition de la vengeance du sang.

La conséquence à en tirer est que si la diversité des mœurs est un aspect de leur évolution, cette évolution elle-même ne diffère pas de celle de la société et correspond au passage des sociétés ou communautés simples aux sociétés complexes ou supérieures.

Nous retrouvons dans les lois empiriques des mœurs les deux grandes lois sociogénétiques que nous avons exposées dans un autre volume de cette bibliothèque (1). La première, la moins contestée est la loi d'intégration ou d'extension des cercles sociaux. Elle correspond à la prépondérance de l'hospitalité sur l'hostilité, à l'incorporation constante et universelle à chaque société de certains éléments étrangers, à chaque civilisation de certains exemples étrangers. Toute l'histoire du commerce, de l'industrie, des sciences, des législations, des religions, des philosophies, des littératures confirme cette loi (2). Le plus certain des enseignements que nous donne l'histoire est que la vitalité d'une nation dépend autant de l'intensité et de l'étendue des rapports qu'elle entretient avec les autres que de sa fidélité aux traditions laissées par les ancêtres.

La seconde loi est celle de la *différenciation fonctionnelle* ou de la tendance des petites communautés domestiques à se décomposer autant au profit de l'émancipation personnelle qu'à celui de l'extension des cercles sociaux. La désintégration de la famille patriarcale en est la manifestation la plus connue,

---

(1) La Sociologie générale : Nature des lois sociologiques, II° partie, chap. III et IV.

(2) C'est pourquoi sans doute Durkheim l'a qualifiée de truisme dans le compte rendu qu'il a donné de notre Sociologie générale dans l'année sociologique. Truisme, soit ! Puissent les vérités sociologiques devenir toutes des truismes. Nous craignons qu'elles ne soient longtemps encore des paradoxes, surtout quand elles tendent à la pacification des nations !

mais elle n'est pas la seule. Il y a une désintégration de la confrérie religieuse, une désintégration de la corporation, une désintégration de l'état municipal. Cette désintégration est d'ailleurs tout autre chose qu'une dissolution ; c'est plutôt la transformation d'un lien rigide, traditionnel, involontaire en un lien flexible, contractuel et voulu. La preuve de cette loi est donnée par l'histoire universelle de la coutume, du droit, de l'autorité religieuse autant que par celle des faits d'ordre économique.

Cette différenciation et cette intégration se ramènent à une seule notion ou plutôt à une seule réalité sociale, la coopération. La coopération affecte des fonctions qui tendent à se détacher de petites communautés harmoniques mais impuissantes pour s'incorporer à des cercles sociaux de plus en plus étendus et dont l'humanité est la seule limite, une limite qu'il est plus facile de concevoir, que d'atteindre.

Mais à quelle condition cette réintégration des fonctions différenciées est-elle possible ? Le terme si populaire de solidarité ne contient pas à lui seul une réponse suffisante. Il peut y avoir solidarité là où la personnalité consciente et responsable n'est pas encore dégagée, dans le clan, la famille patriarcale, la petite confrérie, la corporation locale, le petit état municipal. Mais dans le grand cercle social que constituent la nation moderne et plus encore la coopération des peuples civilisés, la solidarité au sens strict, l'absorption de la conscience individuelle par la conscience collective, se conserve malaisément. L'appréciation même de l'utilité de cette coopération ne saurait suffire, car l'utilité, c'est le résultat de la combinaison des fonctions et il est mesuré surtout par le bien-être qu'il apporte à l'individu. La notion de l'intérêt général ne contient pas plus que celle de la solidarité l'ébauche d'une solution à ce que l'on nomme couramment la question sociale, au problème de la répartition des charges et des avantages de la civilisation.

La seule notion valable est encore celle de la justice, c'est-à-dire du devoir strict, exigible, propre à accorder la morale sociale et la morale personnelle, les exigences d'une répartition respectueuse des titres de l'individu et celles d'une coopération tendant à devenir universelle. Dans l'agencement de la coopération (ce que les premiers sociologues nommèrent l'organisme social), l'activité de l'individu n'est et ne peut être qu'un moyen. Cependant la personnalité consciente se sent et s'attribue la valeur d'une fin.

L'unique solution de cette antinomie apparente est donc que les fonctions deviennent des devoirs, non pas seulement pour la conscience individuelle, mais encore pour la conscience universelle. Mais les fonctions ne peuvent être considérées comme des devoirs si elles ne sont pas soumises à la règle de la réciprocité ou du respect mutuel de la dignité. Si l'évolution des mœurs reproduit celle de la société, c'est-à-dire de la coopération, ne serait-ce pas que l'évolution de la société s'oriente elle-même, quoique peut-être confusément vers la reconnaissance de la loi morale et que, en apportant aux races humaines l'occasion de former une expérience morale toujours plus réfléchie, en raison même des épreuves et des crises douloureuses qu'elle résume, elle confirme dans notre espèce le caractère qui, selon DARWIN, la distingue mieux que tout autre des espèces animales, même les plus voisines ?

Les lois empiriques qui limitent les variations des mœurs autant qu'elles les expliquent sont-elles les manifestations historiques d'une loi morale plus profonde ? Telle est la question qu'il nous reste à traiter très brièvement.

DEUXIÈME PARTIE

LA DIVERSITÉ DES MŒURS
ET L'UNITÉ DE LA LOI MORALE

––––––

CHAPITRE XIV

LA LOI MORALE
DISTINGUÉE DU CONSENTEMENT UNIVERSEL

L'idée même d'une loi morale est-elle, comme on l'a souvent soutenue, incompatible avec la notion d'une sociologie, c'est-à-dire d'une science qui cherche dans les faits sociaux des lois analogues à celles que formulent les sciences de la nature ? La constitution, même approchée, d'une sociologie comparée et d'une science des mœurs met-elle fin définitivement à tous les problèmes que le rationalisme critique avait posés, relativement à la morale formelle et à ses rapports avec la réalité psychologique et historique ? Cette question ne se distingue pas au fond de celle que s'était proposée DARWIN en définissant les caractères distinctifs de l'homme et de l'animal et à laquelle il n'avait pu apporter qu'une réponse ambiguë.

Nous sommes en présence de la vieille antithèse du scepticisme moral et du formalisme pur et absolu : notre tâche est de la dépasser et d'arriver à une synthèse qui ne soit pas, comme tant d'autres, toute dialectique.

Ce qui est en jeu, c'est l'ancienne notion du consentement universel sur les principes moraux et leur applicabilité à tous les détails de la conduite. Le scepticisme le conçoit comme la condition même de la réalité d'une loi morale : il y oppose les données de l'histoire et de la psychologie des peuples pour conclure que la loi morale est irréelle et même inconcevable. Le formalisme nie radicalement la condition. Il réduit la loi morale à une simple forme, à une règle des intentions sans contenu adéquat et juge cette règle susceptible de se réaliser sous les modes les plus différents. C'est là un débat séculaire, où le ton seul des avocats varie, et où, selon l'usage, a toujours raison celui qui parle le dernier. Il y a sans doute de chaque côté une vérité partielle qu'il s'agit de dégager et de compléter.

L'hypothèse du scepticisme moral est que s'il est une loi morale, inhérente à la raison humaine, elle a dû se révéler à toutes les consciences, se manifester par un consentement universel des peuples et des générations. La loi morale a donc dû donner des principes communs à toutes sociétés et se refléter partout dans l'ordre social, non sans doute dans la conduite d'individus présumés libres, mais tout au moins dans les mœurs et dans les principes généraux des législations. Elle n'a dû comporter que des différences secondaires dues soit à l'influence des milieux physiques et des conditions matérielles d'existence, soit au développement inégal des connaissances. Mais s'il y a identité entre l'existence *à priori* de la loi morale et sa manifestation *à posteriori* dans le consentement universel, l'existence et la valeur de la loi morale se ramènent à une question de fait, car une loi ne doit pas comporter autant et plus d'exceptions que de cas conformes. L'histoire et l'ethnographie doivent donc être appelées à témoigner sur la réalité de ce consentement universel. Or leur témoignage est aussi décisif que négatif.

Depuis LEIBNIZ, les partisans de la loi morale ont tenté d'affaiblir l'objection soit en montrant, comme Paul JANET, que les faits peuvent s'accorder avec l'hypothèse du consentement universel, si l'on tient compte de toutes les données, soit comme LEIBNIZ en niant la correspondance nécessaire entre la loi morale et le consentement universel. L'école formaliste a été seule à dénoncer un sophisme d'ignorance dans l'argument des sceptiques. La loi morale, dit KANT (1), ne prescrit pas des actes, mais des maximes, des intentions. Or l'intention ne tombe pas sous l'observation extérieure ; elle échappe ainsi à la connaissance de l'histoire et de l'ethnographie. L'unique question est donc de savoir si en tout temps et en toute nation les hommes ont pu vouloir agir et se juger d'après des intentions morales, non de

______

(1) Fondements de la métaphysique des mœurs : traduction DELBOS. Section I, p. 99 (Delagrave, éditeur).

savoir si ces intentions leur ont suggéré les mêmes actes. On n'est pas en droit de répondre négativement pour eux en se contentant d'interpréter leurs actes. C'est ce que fait pourtant le sceptique en arguant du consentement universel. Il attribue par hypothèse un contenu uniforme à la loi morale pour conclure de la diversité avérée du contenu à l'inexistence de la loi et enfin à son impossibilité. L'unique réponse à y faire n'est pas de plaider coupable pour la conduite humaine en atténuant ses divergences : une telle attitude n'appartiendrait qu'aux utilitaires et elle est l'écueil de leur doctrine. La réponse des partisans de la loi morale est d'en restaurer le caractère formel et d'en conclure que la morale de l'intention s'accorde avec toutes les divergences possibles de la société et de la civilisation. Le seul fait dont elle exige la constatation, c'est que partout où l'on observe les hommes, en quelque temps et en quelque race que ce soit, on les trouve en possession de coutumes ou de mœurs, soumettant leur conduite à des maximes et jugeant de la valeur de ces maximes. Dans un article sur la psychologie de l'homme primitif, RENOUVIER a formulé cette conclusion dans le langage le plus clair : « Une des grandes aptitudes caractéristiques de l'homme a été le penchant éminemment rationnel à *maximer* en tout sa conduite, à se former, de ce qu'il avait une fois fait, lui ou son père, une règle. Le crime, c'est-à-dire la violation d'un premier instinct a pu ainsi devenir *habitude et loi*. N'est-ce pas là un phénomène que nous observons chez les individus parmi nous et que nous voyons, en dépit du milieu général et de toutes les contraintes légales prendre un caractère de généralité et de durée dans des milieux particuliers, dans certaines familles, dans certaines classes sociales, dans les prisons ? L'exemple, l'éducation, la coutume et tous les genres de solidarité érigent un premier fait en source d'une multitude de faits. Il dépend de la force de solidarité d'un milieu social de changer radicalement les principales idées qu'un homme peut se faire sur son intérêt propre ou sur l'intérêt commun de son groupe et de sa nation (1) ».

Si la thèse du formalisme était vraie, si la moralité résidait dans une intention, une forme capable de recevoir les contenus les plus opposés, l'argument sceptique serait sans portée puisque il repose sur l'idée que la loi morale ne peut exister sans se manifester par un accord constant des consciences.

Mais l'idée d'une loi morale est-elle vraiment compatible avec cette morale de l'intention qui s'exprimerait en fait par les prescriptions les plus divergentes et qui pourrait être inconciliable avec toute espèce de lien social et de coopération humaine? Qu'est-ce donc que l'intention si ce n'est pas la volonté de réaliser une certaine fin et d'empêcher la réalisation d'une fin opposée ? On peut sans doute, comme les stoïciens, placer l'intention dans le jugement, mais c'est à la condition que le jugement prescrive une action ou une abstention et ne reste pas purement intellectuel, bref qu'il soit ce que KANT, comme DESCARTES avant lui, nomme une

______

(1) *Critique philosophique*, 24 décembre 1874.

maxime. La morale formelle doit être pratique sous peine de n'être qu'une vue de l'esprit philosophique. Or le moins qu'on puisse lui demander, c'est : 1º de travailler en chaque homme à former un caractère vraiment humain, à achever la personnalité ; 2º de mettre chaque conscience morale d'accord avec elle-même en l'affranchissant de toute contradiction interne ; 3º de faire cesser les conflits de conscience entre les hommes et de fonder ainsi une morale sociale au moins négative (nous parlons des conflits de conscience, non des conflits d'intérêts ou d'ordre spéculatif). Si la morale de l'intention s'en montre incapable, elle est incompatible avec l'idée de loi.

En fait, les représentants du formalisme moral ont toujours cherché, non seulement à atteindre ce résultat, mais à le dépasser en fondant une morale sociale aussi positive que négative, capable d'unir les hommes et non pas seulement de faire cesser entre eux les plus graves conflits de conscience. L'effort des stoïciens, surtout pendant la période romaine, était de découvrir et d'enseigner une solidarité profonde entre l'homme et l'univers, en sorte que le gouvernement des sociétés humaines exprimât la même harmonie que celui de la Cité de Jupiter. La morale de l'intention les conduisait donc par un détour à la doctrine de la volonté universelle. Les criticistes, dont la doctrine de David Hume sur la causalité est le point de départ avaient encore moins de raison que les stoïciens de se cantonner dans le pur formalisme et de réduire l'action morale à une intention inefficace. Aussi se sont-ils préoccupés expressément de donner un contenu à la loi et l'ont-ils placé non pas seulement dans une moralité strictement individuelle, ou dans une justice toute négative, mais dans l'idée d'une législation universelle, d'une forme de la vie sociale (1). La morale criticiste s'est incorporé l'essentiel de la doctrine de ROUSSEAU sur la volonté générale. Elle n'a pas été seulement une théorie du caractère personnel mais encore une théorie du droit public universel. Chez les successeurs de KANT, les néocriticistes français et les néokantiens allemands, elle est devenue une théorie de la coopération humaine tendant à apaiser les conflits d'intérêts autant que les conflits de conscience et de croyance (2). Est-ce au prix d'une contradiction ?

Le contenu adéquat que KANT donne à la loi morale, c'est d'abord et avant tout le respect de l'agent moral pour lui-même. Si elle ne produit pas ce respect, si elle n'incline pas les passions de l'homme sensible devant la valeur supérieure de l'homme intelligible ou rationnel, elle est inefficace et illusoire ; elle ne fonde pas une législation universelle. Mais le respect de l'agent moral pour lui-même doit prendre la forme réciproque dès qu'il entre en société avec d'autres agents moraux. Le respect général de la personnalité est donc le contenu adéquat de la loi : point de contradiction en cela. Le sens est que

------

(1) KANT (Fondements), traduction DELBOS, II⁰ section p. 156.

(2) Nous renvoyons sur ce point à notre livre sur la *Question sociale et le mouvement philosophique*, 2⁰ partie, chap. v (Armand Colin, 1914).

la loi morale doit s'insérer dans la vie même de la sensibilité pour fonder une conscience puisque chaque conscience doit reconnaître sa valeur et sa dignité dans les autres. La loi morale doit devenir une contrainte, non pas pour la volonté réfléchie, dont elle est l'émancipatrice, mais pour la volonté sensible et passionnée (Willkühr). Elle introduit dans le caractère individuel un principe de réforme : elle fait plus : elle soumet *à priori* les relations des hommes au droit, en entendant par là le respect mutuel du caractère de l'agent moral. Ces deux exigences de la loi morale vont de pair et sont inséparables. L'homme ne peut pas vouloir réformer sa nature sensible sans se reconnaître des devoirs de justice envers ses semblables et sans vouloir qu'il y ait entre eux et lui des rapports de droit.

Quels sont ces rapports et de quel développement sont-ils susceptibles ? Là est le problème de la philosophie de l'histoire et KANT y a consacré une de ses œuvres, l'*Idée d'une histoire universelle*, mais sans la confondre avec la morale (1). L'intermédiaire entre l'une et l'autre est d'ailleurs l'*Anthropologie pragmatique*, la théorie du caractère que l'espèce peut et doit se donner, en se disciplinant, en se civilisant et en se cultivant pour se moraliser.

Là n'est pas le point litigieux de la morale criticiste, mais bien dans l'effort de KANT pour la faire reposer sur la distinction toute métaphysique des phénomènes et des noumènes. Mais la théorie rationnelle

______

(1) Sur leur rapport, voir DELBOS, Philosophie pratique de Kant (1905, Paris, Alcan).

de la loi morale n'est nullement liée au sort de la philosophie kantienne qui elle-même n'a pas été la dernière formule de la philosophie critique. Le néocriticisme français et le néokantisme allemand ont professé l'un et l'autre le phénoménisme, écartant tous deux cette doctrine kantienne (sinon platonicienne) qui cherche l'origine dernière de la loi morale dans un noumène humain, un sujet intelligible de la raison pure qui serait distinct de l'homme réel, même tel que le saisit la conscience intime, tout en lui étant mystérieusement uni. Plus nettement que KANT, ces écoles ont affirmé l'harmonie réelle de la forme de la loi et du contenu qu'y apporte l'expérience sociale : savoir, la justice et la réciprocité des devoirs ou des services sociaux.

L'idée de la loi morale n'implique pas le pur formalisme, ce formalisme radical qui se contredit lui-même en détruisant sa propre condition, la conscience morale. Il ne peut en effet vider la conscience morale de tout contenu et la laisser subsister comme telle. Le seul formalisme conséquent est celui qui subordonne l'accomplissement de tous les devoirs spécifiques, et plus encore des fonctions sociales qui y sont liées au devoir supérieur de consulter la conscience, de la fortifier, de l'éclairer, de la porter au plus haut degré de puissance. Voilà ce que l'on peut définir comme l'intention morale sans tomber dans les équivoques que, depuis PASCAL, ce terme fait inévitablement surgir.

Conclure ainsi n'est nullement revenir par un détour à la théorie du consentement universel.

Cependant une critique du scepticisme moral doit faire suite à celle du formalisme.

Le scepticisme moral a toujours présupposé l'empirisme ; il n'en résulte pas qu'ils doivent être pris l'un pour l'autre. L'un est une conclusion sur la validité de la loi morale, l'autre, une méthode pour s'assurer de cette validité. La vraie question est de savoir si le sceptique, en contestant la validité de la loi morale, interprète bien les données que l'expérience lui apporte ; c'est une question de méthode qui domine tous les rapports de [la sociologie et de l'éthique.

La diversité des mœurs selon les types sociaux, par suite selon les différents degrés du développement de la société, telle est la constatation de l'empirisme. La question des analogies entre ces mœurs (l'objet même de la sociologie comparée) n'est nullement tranchée par là. L'empirisme historique, en raison de sa tendance à l'objectivité, peut négliger le rapport entre les mœurs et les tendances de la conscience morale. Mais le scepticisme ne fait-il pas porter tout son effort sur la valeur de la conscience morale et de ses témoignages ?

Là est croyons-nous le sophisme du sceptique et il est peut-être plus subtil que ceux qui ont été dénoncés soit par les purs formalistes, soit par Leibniz et Paul Janet. L'existence d'un contenu universel de la loi morale est une chose, l'uniformité des mœurs et des institutions en est une autre. Le sophisme est de nier l'une parce que l'on ne constate pas l'autre. C'est une *ignoratio elenchi*, aisée d'ailleurs à commettre, surtout si l'on se sert comme

Montaigne du terme stoïcien de loi naturelle pour désigner la loi morale. Ce que la loi morale exige, c'est que là où il y a une conscience, elle tende à s'accorder avec elle-même, à harmoniser les intentions ; c'est encore que là où deux ou plusieurs agents conscients sont en rapport, ils tendent à s'accorder, d'abord sur le devoir, puis sur le droit. L'uniformité de fait, la conformité historique de la conduite n'est nullement impliquée dans cette double tendance : elle supposerait en effet l'uniformité des tempéraments, des passions, des habitudes, des situations, des expériences, c'est-à-dire le contraire de ce que l'observation nous présente.

Montaigne, dans un passage célèbre de l'*Apologie*, note la diversité d'attitudes des consciences nationales envers un seul et même problème moral. « Une nation regarde un sujet par un visage et s'arrête à celui-là, l'autre par un autre ». Ce sont ces contrastes nationaux qui font la trame de l'histoire et qui, issus de la guerre, perpétuent l'esprit de guerre. Mais loin de les opposer à la valeur universelle de la morale et du droit, il faut plutôt reconnaître qu'ils font surgir le besoin d'une morale internationale par une inévitable réaction de la conscience de l'élite. Ce que Montaigne dit des peuples, on peut le dire aussi des sexes et des âges. Chacun d'eux regarde d'un œil différent des devoirs comme la fidélité, l'obéissance, le dévouement filial, la reconnaissance et les passions qui y font obstacle. C'est précisément pour cette raison qu'il y a une morale domestique. Elle a aussi ses épreuves et ses cas de conscience, comme le prouvent les éternelles discussions dont la morale conjugale a fait l'objet dans toutes les littératures. Mais la vie morale n'est pas possible sans épreuves, car c'est à cette condition qu'elle se distingue de l'automatisme fonctionnel auquel les écoles naturalistes tentent toujours de la ramener. Rappelons que pour DARWIN lui-même, ce qui distingue l'homme des autres espèces sociales, ce n'est pas seulement qu'il fait un choix entre ses impulsions, mais qu'il a conscience de le faire.

Concluons que la loi morale, c'est la loi de l'accord de la conscience morale avec elle-même et de l'accord des consciences entre elles. Cet accord, elle l'exige non comme un fait, une donnée immédiate manifestée nécessairement et automatiquement par l'habitude d'agir (ce qui implique contradiction) mais comme une tendance destinée à se heurter à des résistances qui sont inégalement surmontées, mais qui ne sont jamais vaincues totalement dans aucun des domaines de la vie morale.

Ainsi entendue la loi morale n'est encore, pour la science des mœurs, rien de plus qu'une hypothèse qui appelle la vérification. Celle-ci est possible si l'on admet : 1º que la loi morale doit manifester sa réalité par quelque modification profonde de la nature humaine et de la société ; 2º que l'histoire doit recueillir les preuves de ces modifications. Les manifestations de la loi morale peuvent être d'ordre positif et d'ordre négatif, d'ordre positif dans le domaine des croyances, notamment de la croyance au sacré, d'ordre négatif dans l'ordre des institutions et des mœurs, en provoquant un soulèvement périodique de la conscience contre certaines formes de la coutume et de l'autorité des ancêtres.

Si ces deux séries de manifestations ont laissé des traces visibles dans l'histoire des croyances et des institutions, si elles se sont correspondues, si elles ont affecté profondément l'éducation de la conscience et du caractère humain, si elles ont contribué à émanciper définitivement notre espèce de la concurrence vitale, de la sélection naturelle et sexuelle, bref de l'adaptation passive, l'hypothèse de la loi morale sera suffisamment vérifiée.

Or il y a dans l'histoire de l'hellénisme et de la culture romaine, dans celle du monothéisme juif et chrétien, dans celle du bouddhisme et des doctrines éthico-religieuses de la Chine un certain nombre de preuves de la croyance à la loi morale qu'il n'est pas possible de séparer de l'histoire des mœurs. Ces preuves, ou du moins ces témoignages, nous devons les soumettre à un très bref examen.

L'esprit même de la science des mœurs et de la sociologie comparée nous oblige à étudier en premier lieu les témoignages que l'histoire intellectuelle de l'Extrême-Orient nous apporte sur l'existence d'une croyance à la loi morale chez des peuples réputés soumis à des traditions et des coutumes invariables. Une conclusion favorable à l'hypothèse de la loi morale, mais tirée uniquement de l'histoire des Sociétés occidentales serait insuffisante si celle des Sociétés orientales venait la contredire radicalement.

L'Orient (et nous comprenons sous ce terme l'Egypte, l'ensemble des sociétés asiatiques et l'archipel malais qui les complète) a toujours compris la majeure partie de l'humanité civilisée. Les civilisations orientales ont une histoire beaucoup plus longue que la nôtre puisqu'elle embrasse soixante siècles. La grande donnée que cette histoire apporte à la science critique des mœurs, c'est celle de la puissance de la tradition, de l'action persistante du passé sur le présent. On peut dire que jusqu'aux récentes révolutions qui ont marqué la fin du XIXe siècle au Japon, le début du XXe siècle en Chine, en Perse, en Turquie, les sociétés orientales avaient été gouvernées comme l'étaient l'Égypte sous l'ancien Empire et la Babylonie au temps de Hammourabi, par un despotisme souvent éclairé mais étroitement limité par la coutume religieuse, morale et juridique et avant tout par l'autonomie de la famille. Ce n'est pas qu'elles aient été immobiles. Elles ont connu comme l'Europe de grandes crises ethniques qui ont mêlé les nomades des steppes à la vie des civilisés. Les révolutions y ont pris surtout la forme religieuse. Les peuples orientaux ont visiblement passé des cultes locaux à des religions universalistes, d'un culte des ancêtres et du foyer mêlé de croyances animistes et d'idées magiques à des croyances fondées sur des principes moraux réfléchis. Ce sont ces mutations religieuses qui ont le plus souvent fixé les résultats des crises ethniques et qui donnent à l'histoire de l'Orient un sens et un objet. Les trois grands systèmes moraux et religieux qui ont ainsi émergé sont, en allant de l'est à l'ouest : 1° les deux religions philosophiques de la Chine, le taoïsme et le confucianisme ; 2° le bouddhisme ; 3° le monothéisme judéo-chrétien et musulman.

L'étude de la morale réfléchie des Chinois est peut-être la plus malaisée et cependant la faible lumière qu'elle peut projeter est plus que toute autre susceptible d'éclairer les origines de la loi morale et ses rapports avec les mœurs issues de la tradition ancestrale et de l'expérience spontanée. Les Egyptologues ont été frappés des analogies que la Chine historique présente avec l'ancien empire égyptien (1). C'est la même importance du culte des morts, la même prépondérance de la communauté sur l'individu, le même caractère agricole de l'activité économique, la même prédominance de la culture esthétique sur la culture scientifique, en politique le même souci de se défendre contre l'invasion des nomades. La littérature égyptienne témoigne d'une remarquable évolution des idées morales, depuis le *Livre des morts* et les sentences du *Papyrus Prisse*, jusqu'aux préceptes formulés dans le *Papyrus de Boulacq*. Toutefois de l'avis de celui qui l'a étudiée avec le plus de soin, cette évolution reste au seuil de la généralisation philosophique et par suite d'une conscience claire de la loi morale (2). Ce seuil, la pensée chinoise

----

(1) Notamment AMELINEAU. Les coutumes funéraires de l'Egypte ancienne comparées avec celles de la Chine. *Bibliothèque de l'Ecole des hautes études*, sciences religieuses. Tome VII.

(2) *Id.* Essai sur l'Evolution historique et philosophique des idées morales dans l'Egypte ancienne. Conclusion (même bibliothèque. Tome VI).

l'a visiblement franchi. Elle nous permet ainsi de nous représenter ce que serait devenue la pensée égyptienne si le contact avec la civilisation supérieure de la Grèce n'avait arrêté son développement original.

A vrai dire, les plus graves difficultés attendent celui qui apporte dans l'histoire des idées morales en Chine toutes les habitudes de la critique occidentale. Sommes-nous en présence de documents authentiques ? Les livres qui nous sont arrivés sous les noms de Lao-tze, de Khoung-fou-tze, de Meng-tze sont-ils dus aux auteurs que la tradition leur attribue et aussi anciens que cette tradition le prétend ? Ces livres sont le *Tao-te-King* attribué à Lao-tze et pour l'école confucienne les quatre livres classiques dont trois auraient pour auteur Confucius lui-même, la *Grande-Etude* (Ta-hio), l'*Invariabilité dans le Milieu* (Tchoung-Young), les *Entretiens philosophiques* (Lun-Yu) et un quatrième, Mencius. Ils sont accompagnés d'un volumineux commentaire dû à Tchou-Hi et relativement moderne.

De ces œuvres, la plus ancienne est le Tao-te-King qui passe pour avoir été conservé tel quel par la secte dont Lao-tze est l'initiateur, mais il n'a jamais été reconnu comme livre classique par la classe des lettrés. Quant aux livres confuciens, ils ont partagé la destinée tragique de cette classe qui fut proscrite par l'empereur Thsin-Chi-Hoang-ti au moment de l'unification violente des principautés chinoises. La proscription des lettrés atteignit leurs livres classiques qui furent brûlés dans tout l'empire par ordre du maître. Comment donc nous sont-ils arrivés? Une légende accréditée rapporte que de vieux lettrés qui les avaient appris littéralement les auraient reconstitués de mémoire. D'après une autre version, quelques manuscrits auraient été cachés et exhumés sous une dynastie plus clémente, celle des Han. On voit assez quelles altérations, quelles interpolations, quelles fictions un tel événement laisse soupçonner. Il est donc très possible que les classiques de la philosophie chinoise soient moins anciens que ne l'estime la tradition des lettrés et qu'ils ne soient pas sortis de la pensée d'un seul auteur ni même d'un seul âge.

Trois points cependant doivent être considérés comme hors de doute : 1º Les livres classiques, bien avant notre moyen âge, avant les conquêtes tatares, avant même l'introduction du bouddhisme, formaient le fond de l'éducation publique, leur étude étant exigée des candidats aux fonctions publiques ; 2º la langue de ces livres est des plus anciennes ; c'est le chinois classique, aussi différent du chinois moderne que le latin de SALLUSTE, de LUCRÈCE et de PLAUTE peut l'être du français contemporain ; 3º l'état social et politique qui y est décrit est antérieur à l'unité de l'empire bien antérieure elle-même à l'ère chrétienne. Il est peu vraisemblable que CONFUCIUS et MENCIUS ne soient que de simples prête-noms de la classe des lettrés, sorte de sacerdoce qui pratique et enseigne les rites et les principes du confucianisme.

Des travaux dus à un éminent sinologue français feu CHAVANNES permettent d'ajouter quelques précisions à cette conclusion. On doit à CHAVANNES la traduction de la série des *Mémoires* de SSE-MA-TSIEN ; il l'a fait précéder d'une longue introduction qui nous apporte les renseignements les plus précieux sur les origines de la philosophie chinoise et les textes qui la contiennent (1).

Les quatre livres classiques attribués à CONFUCIUS et à MENCIUS sont précédés de deux autres dans les traductions françaises que les P.P. Jésuites en ont données de longue date : ce sont le Chou-King et l'Y-King. Le premier a un caractère composite car c'est à la fois une histoire légendaire des empereurs mythiques de la Chine, un traité d'astrologie et un recueil de sentences morales. L'Y-King est un traité de divination. C'est sur la destinée du *Chou-King* que portent tous les problèmes de la critique. Là est le fondement de la tradition morale et politique de la Chine ou pour mieux dire de l'Extrême-Orient tout entier. L'idée centrale qui l'anime est celle du *mandat du Ciel*, c'est-à-dire d'un rapport entre l'ordre des phénomènes célestes et le gouvernement régulier des choses humaines, rapport révélé par l'astrologie. L'obéissance au mandat du ciel est symbolisée par des chefs d'état légendaires qui ont tiré les anciens Chinois de l'état sauvage, d'un état où le patriarcat n'existait pas encore et où les hommes devaient disputer leur

---

(1) Les Mémoires historiques de SSE-MA-TS'IEN, traduits et annotés par Edouard CHAVANNES, professeur au Collège de France. Tome I. Introduction p. CXIII et sq. Paris. Ern. Leroux, 1895.

subsistance aux animaux. L'autorité de ce livre, consacré par l'enseignement des lettrés, astreignait les empereurs à des rites minutieux et à l'imitation de princes aussi légendaires que le Numa des Romains. Pour cette raison Hoang-ti fit détruire le Chou-King en conservant l'Y-King où il ne voyait qu'un code de divination utile à consulter. Mais ses mesures destructrices ne purent empêcher la conservation ou la restauration de vingt-huit sur les cent livres qui primitivement constituaient le Chou-King. Ces textes n'ont-ils pas été l'objet d'interpolations ou d'altérations ? Peu nous importe au point de vue qui nous occupe car tels qu'ils sont, ils suffisent à nous faire connaître une tradition antérieure à la fois à la philosophie chinoise et à la constitution politique de l'empire.

Rapprochés l'un de l'autre, le Chou-King et l'Y-King nous permettent d'entrevoir la nature de cette tradition. L'un contient un traité d'astrologie, l'autre est un traité de divination. Le premier nous fait penser à la civilisation de l'ancien Orient, l'autre à la plus ancienne civilisation romaine, c'est-à-dire à des formes de la pensée collective qui sont inséparables d'anciennes mœurs, fondées sur le culte des ancêtres et des esprits et le respect religieux de leurs exemples. Nous voyons donc se répéter en Chine, un processus que l'égyptologie nous montre s'accomplissant au cours de longs siècles : la conscience réfléchie se greffant sur une conscience spontanée associée à une pensée confuse et à une tradition en quelque sorte immémoriale.

Cette conscience réfléchie a-t-elle pris en Chine la

forme d'une philosophie digne de ce nom et, si oui, a-t-elle exprimé une loi morale ? La question est des plus obscures. La pensée chinoise a été insuffisamment étudiée en Europe et RENOUVIER a été peut-être le seul à en noter l'intérêt et la valeur, mais comme en passant. Heureusement un travail récent dû à un Japonais, Daisetz Teitaro SUZUKI, a appelé de nouveau l'attention sur elle (1) : les Japonais ont intérêt à étudier la pensée chinoise d'où dérive l'origine de leur propre culture et ils sont aujourd'hui habitués aux méthodes de la critique européenne. Nous trouverons dans l'œuvre de SUZUKI quelques indications qui pourront nous suffire.

L'histoire de la pensée chinoise nous met en présence de deux grandes écoles qui ont persisté pendant des siècles sans grande modification et qui ont pris peu à peu l'aspect de grandes confréries religieuses : l'une est celle de LAO-TZE et des taoïstes, l'autre est celle de CONFUCIUS. Ce ne sont pas à vrai dire les seules écoles qui aient paru, car la Chine a eu des hédonistes et des utilitaires indépendants des deux grands chefs légendaires, mais nous ne pouvons tenir compte que des doctrines qui ont vraiment influé sur l'éducation de la conscience chinoise.

Le dualisme de ces écoles a lui-même un sens, car il correspond à deux attitudes possibles de la conscience réfléchie envers la tradition : l'indifférence

------

(1) A brief history of Early Chinese philosophy, Londres Probstham 1914.

dédaigneuse et le respect. Le taoïsme est un rationalisme mystique, une métaphysique qui se mue en théologie. Le confucianisme est au fond une morale indépendante mais qui s'appuie sur la tradition pour l'épurer et la perfectionner.

Nous devons laisser de côté la doctrine de LAO-TZE en raison de son caractère métaphysique et mystique. C'est une métaphysique dont l'objet est le Tao, littéralement la voie, et par suite la méthode, la raison, l'ordre. En morale il en résulte une doctrine de détachement conseillant à ses adeptes la retraite, la vie solitaire, la fuite du monde, l'aversion de la civilisation et de toutes les complications qu'elle apporte. Ce que le Tao-te-King s'efforce de définir, ce n'est pas le devoir, c'est la Sainteté ou pour mieux dire le saint Homme et l'attitude qu'il doit logiquement tenir envers les autres hommes, les méchants compris. Le détachement conduit au désintéressement et le désintéressement à la charité, mais à une charité inactive. On peut s'en rendre compte par ces lignes que nous empruntons à un sinologue dont les traductions ne jouissent pas à vrai dire d'une très grande réputation de fidélité.

« Le saint homme n'a pas un cœur inexorable. Il fait son cœur selon le cœur de tous les hommes. L'homme vertueux, nous devons le traiter comme un homme vertueux. L'homme vicieux, nous devons également le traiter comme un homme vertueux L'homme sincère et fidèle, nous devons le traiter comme un homme sincère et fidèle. L'homme non sincère et non fidèle, nous devons également le traiter comme un homme sincère et fidèle. Voilà la sagesse et la sincérité. Le saint homme vit tranquille et calme dans le monde. C'est seulement à cause du monde, pour le bonheur des hommes que son cœur éprouve de l'inquiétude (1) ».

« Il fait son cœur selon le cœur de tous les hommes !». Une telle formule atteste peut-être l'intuition d'une loi morale. Mais en passant d'un bond de la moralité à la sainteté, LAO-TZE a sublimé la loi morale plutôt qu'il ne l'a analysée. Sans doute il ne l'a pas méconnue puisqu'il s'est efforcé de soumettre les maximes de la conduite à une raison qui lui révélait un ordre intelligible, mais il n'a pas donné à la loi morale un contenu social vraiment pratique.

A cet égard LAO-TZE et l'école du Tao ne sont pas les représentants authentiques des tendances profondes de l'esprit chinois. Nous devons les chercher dans l'école de CONFUCIUS et de MENCIUS. Ici nous n'avons pas affaire à des penseurs isolés mais à des interprètes de la tradition, à des théoriciens du gou-vernement et de l'éducation dans les limites de la tradition. CONFUCIUS, MENCIUS, CHOU-TZE, etc. sont-ils des philosophes au sens que nous attachons à ce terme aujourd'hui ? Le doute est permis. Le seul penseur grec que l'on puisse en rapprocher est XÉNOPHON ; ce serait aussi SOCRATE si XÉNOPHON a compris SOCRATE et nous en a donné un portrait fidèle.

L'école confucianiste n'en est que plus intéressante pour la sociologie. Son interprétation de la conscience sociale n'appartient qu'à elle. Ce n'est

____

(1) Tao-te-King, 49ᵉ Section. PAUTHIER, La Chine, p. 118.

pas l'interprétation indépendante, mais assez subjective des philosophes occidentaux et cependant elle a fait l'analyse morale, à la réflexion personnelle une part plus grande que les prophètes d'Israël. Elle tend à susciter la conscience morale, mais en vue du gouvernement de la société et de son éducation. Confucius et ses disciples ont un idéal rationnel d'humanité, de justice et de dignité humaine, mais jamais ils ne le présentent comme le fruit de leur propre réflexion. C'est pour eux le retour à une très ancienne tradition que les hommes ont oubliée par leur faute et pour leur malheur. De là leur attachement à de vieux livres comme le Chou-King et leur empressement à le citer. Leur objet est en somme de donner pour point d'appui à la conscience réfléchie, rationalisée, l'autorité de la tradition et le respect des ancêtres. C'est ainsi qu'ils ont pu créer un système d'éducation capable de durer vingt-cinq siècles et de s'étendre, d'abord, à toute la Chine, dont il a préparé l'unité morale, puis à la majeure partie de l'Indo-Chine, enfin à la Corée et au Japon où il a fait reculer la barbarie.

La question est pour nous de savoir si les confuciens se sont élevés à la notion de la loi morale, soit au point de vue de la forme, soit au point de vue du contenu essentiel. Sans doute, quand on lit leurs œuvres dans des traductions françaises déjà anciennes et dont certaines passent pour assez fautives, c'est le souci constant de l'utilité sociale qui frappe le lecteur. Confucius et ses disciples sont très préoccupés de la prospérité de l'Etat. Mais elle est pour eux, ainsi que son contraire, la sanction des mœurs, et la moralité populaire dépend pour beaucoup des exemples donnés par les magistrats, l'empereur et ses officiers. On découvre sans effort dans leurs œuvres une doctrine de l'intention morale et un rapport entre cette forme et un double contenu, la sincérité individuelle et l'humanité dans les rapports sociaux. Ils ont donc tout au moins entrevu les principaux aspects de la loi morale.

C'est dans le quatrième des livres classiques, qui nous est parvenu sous le nom de MENG-TZE (MENCIUS) que nous trouvons formulée sans obscurité la doctrine qui place la valeur de la conduite moins dans les actes que dans les dispositions de la volonté tout en concluant que l'humanité est l'application normale de la bonne volonté : fait d'autant plus remarquable que MENCIUS, d'après l'œuvre qui lui est attribuée, est celui des philosophes chinois qui s'est montré le plus soucieux d'appliquer la morale au gouvernement et au bon ordre de l'État (1).

---

(1) Le roi dit : « En quoi diffèrent les apparences du mauvais gouvernement par *mauvais vouloir* ou par *impuissance* ? MENG TSE dit « Si l'on conseillait à un homme de prendre sous son bras la montagne Taï-chan pour la transporter dans l'Océan septentrional et que cet homme dit : *Je ne le puis*, on le croirait parce qu'il dirait la vérité, mais si on lui ordonnait de rompre un jeune rameau d'arbre et qu'il dit encore : « Je ne le puis » alors il y aurait de sa part mauvais vouloir et non impuissance. De même le roi qui ne gouverne pas comme il le devrait est à comparer à l'espèce d'homme disant ne pouvoir rompre le jeune rameau d'arbre.

Si la piété filiale que j'ai pour un parent et l'amitié fraternelle que j'éprouve pour mes frères inspirent aux autres hommes les mêmes sentiments ; si la tendresse toute pater-

Quoique MENCIUS ait son originalité dans l'école confucienne, nous ne pouvons pas penser qu'il ait eu sur l'intention morale une doctrine radicalement différente de celle du chef de l'école. Il célèbre trop les ancêtres, recommande trop leur culte, cite trop souvent le Chou-King et d'autres livres anciens pour que nous puissions mettre en doute l'intégrité de son traditionalisme. Il est permis de conclure que l'école confucienne s'était élevée à l'idée capitale de la morale formelle, celle de la bonne volonté, de la valeur de l'intention.

Cependant nous n'avons pas devant nous une école strictement formaliste. Les confuciens insistent moins sur la forme de la loi que sur son contenu et ils le font consister dans deux idées exprimées par les termes chinois de *Cheng* et de *Jen* (1). SUZUKI traduit *Cheng* par Sincérité, mais en nous avertissant que la notion morale exprimée ainsi par CONFUCIUS est beaucoup plus générale et plus profonde que la nôtre. C'est l'autorité de la conscience sur la per-

---

nelle avec laquelle je traite mes enfants inspire aux autres hommes le même sentiment, je pourrai verser aussi facilement mes bienfaits dans l'empire que dans mes mains. Le livre des vers dit : « Je me comporte comme je le dois envers ma femme, ensuite envers mes frères aînés et cadets ; afin de gouverner convenablement mon État qui n'est qu'une famille. » Cela veut dire qu'il faut cultiver ces sentiments d'humanité dans son cœur et les appliquer aux personnes désignées et que cela suffit. » (MENG-TSEU. Collection PAUTHIER. Livres Sacrés de l'Orient, pp. 222-223.

(1) Ici je prends pour guide le livre de SUZUKI. Early chinese philosophy, chap. III, *a* et *d*.

sonne. C'est l'obligation pour l'individu de se surveiller lui-même lorsqu'il est à l'abri de tout regard et qu'il n'a personne pour témoin. C'est donc le devoir personnel, mais considéré sous son aspect formel et dans son rapport immédiat avec l'intention. Quant à la notion du *Jen*, elle désigne l'humanité et comprend par suite la morale sociale dans sa totalité. C'est une bienveillance universelle et réciproque, tout au moins si nous en croyons les extraits de Confucius et de Mencius cités par l'historien japonais. Cette bienveillance est spontanée et constitue l'essence originelle du lien social. Elle consiste à retrouver sa propre personnalité en celle d'autrui.

Concluons : si nous ne sommes pas trop égarés par des traductions inexactes, nous sommes en droit d'affirmer que l'ancienne philosophie chinoise s'est élevée à la notion de la loi morale sans rompre cependant avec le respect des traditions sociales.

Les deux philosophies de Lao-tze et de Confucius furent surtout les agents de la transformation des croyances populaires préexistantes. Celle de Lao-tze se combine avec la démonologie et le polythéisme, celle de Confucius avec le culte des morts. Ces deux croyances, assez favorisées par le pouvoir civil eurent à compter avec le bouddhisme qui gagna la Chine par l'Asie centrale à une date que nous ne connaissons pas exactement, mais qui est probablement antérieure à l'ère chrétienne. Le conflit de ces

trois grandes confréries religieuses n'alla jamais
jusqu'à la persécution violente. Notons ce grand
fait social : trois religions, dont l'une au moins est
la tradition rationalisée, vivant sur le pied de paix
au sein d'une communauté orientale du type primitif, bien avant que l'idée de la tolérance civile ait
été admise et surtout réalisée en Europe (1). Quel
démenti infligé par l'histoire à cette sociologie religieuse qui identifie la croyance religieuse à l'esprit persécuteur des groupes et refuse de la distinguer d'une conscience collective repliée sur elle-
même et étroitement fermée aux autres ! L'énigme
disparaît si chacune des confréries peut être considérée comme l'expression différente d'une même loi
morale.

Mais en est-il du bouddhisme comme des écoles
philosophiques de l'ancienne Chine ? Les populations chinoises ne l'ont reçu que sous sa dernière
forme, celle qui est connue sous le nom de *Mahayâna*
et qui divinise le Bouddha en le plaçant au sommet
d'un panthéon. Tel n'a pas été le bouddhisme primitif, celui qui, vers le temps des premiers Achémé-
nides, se répandit dans la moyenne vallée du Gange,
reçut plus tard l'appui des empereurs de la dynastie
des Maurya et fut ensuite porté à Ceylan où il s'est
conservé avec moins d'altérations qu'ailleurs. Cette
forme du bouddhisme est celle qui est connue sous
le nom de *Hinayâna*. Le Bouddha n'y est pas considéré comme un dieu, mais comme un sage, qui n'est

---

(1) Voir sur ce point Alfred LYALL. Asiatic Studies. Traduction française, chap. VI (Thorin).

pas le seul de son espèce, mais qui eut le privilège de parvenir au Nirvana.

Cette doctrine n'est visiblement rien de plus qu'une philosophie morale que des écoles postérieures, celles des *Sarvastivadin* et des *Sthaviravadin* appuyèrent sur une cosmologie phénoméniste et atomistique (1). Il est même permis d'y voir une morale indépendante, tellement la métaphysique dont elle est solidaire se montre antipathique à toute idée d'une cause première et absolue. La seule question qui nous intéresse ici est de savoir si cette morale (soit indépendante, soit métaphysique) contient la notion d'une loi morale.

La discussion des divers aspects de ce problème est ici dominée par l'interprétation d'un fait historique qui a beaucoup préoccupé les indianistes. Nous voulons parler de l'origine et du sens des inscriptions dites de Piyadâsi et que l'on a retrouvées, soit sur des rochers, soit sur des piliers, dans toute l'Inde septentrionale et centrale, de l'Himalaya

---

(1) La question des rapports de la doctrine religieuse et morale du bouddhisme avec sa métaphysique a été complètement renouvelée à une date récente par les travaux de Montgomery Mac Govern, d'Oxford (A Manual of buddhist philosophy. Vol. I. Cosmology. Londres Kegan, Trench, Trubner 1923). La conclusion que l'on en peut tirer est que Si Çakyamouni se désintéressa des problèmes métaphysiques, il n'en fut pas de même de ses successeurs, aussi bien dans la secte Hinayana que dans la secte Mahayana. Des trois écoles métaphysiques dont on possède les monuments, soit en chinois, soit dans les langues de l'Inde, celle des Yogacarin appartient seule au Mahayana. Les Sthâviravadin et les Sarvastivadin se rattachent à l'Hinayana.

à la Nerbuddah. Les caractères d'écriture, employés
par ceux qui les ont gravés permettent d'y voir le
plus ancien des monuments écrits que nous ait laissé
la civilisation indienne. L'une d'elles fait allusion
aux relations de son auteur avec quatre princes
grecs dont aucun n'est inconnu et qui sont un peu
antérieurs au début des guerres puniques. L'opinion
commune est que cet auteur est le grand empereur
Asoka, petit-fils de Sandracottos qui chassa les gar-
nisons macédoniennes de l'Inde et traita avec
Séleucus et fils d'Amitrochadès qui correspondit
avec les Ptolémées. C'est à cette opinion que se rattache dans ses différentes œuvres un historien
anglais dont la compétence est indiscutée, Vincent
A. Smith (1). Cependant le nom d'Asoka ne figure
sur aucune de ses inscriptions et y est partout remplacé par celui de *Piyadâsi* ou *Piyadarsin*, littéralement l'Humain. On a pu faire remarquer aussi que
la doctrine qui y est exprimée n'a laissé aucune
trace dans le droit indien, fait difficile à comprendre
si l'auteur des inscriptions était le chef d'un grand
État (2).

Nous ne pouvons songer à trancher un tel problème historique qui a déjà exercé la sagacité de
beaucoup de savants. Il nous suffira de remarquer

---

(1) Vincent A. Smith. — Asoka, the buddhist emperor
of India (Oxford, Clarendon Press. 1901). — The Early history
of India, fran 600 BC. to the muhammadan conquest, 3e
edition. Oxford Clarendon press. 1914.

(2) Mazzarella. Gli Elementi irreduttibili dei Sistémi
Giuridici, vol I. Cap. I. § 4. Catania. Giannotta.

que, quelle que soit la solution, l'origine bouddhique des inscriptions de Piyadâsi est incontestée. Emanent-elles de l'autorité de l'empereur Asoka, chef d'un Etat dont la capitale était à Pataliputra, sur l'emplacement actuel de Patna et de Bankipore, et qui embrassait les deux vallées de l'Indus et du Gange ? Toutes les légendes du bouddhisme s'accordent à y voir l'un de ses principaux apôtres, le grand chef des missions qui répandirent le bouddhisme à Ceylan, en Indo-Chine, en Asie centrale et jusque dans le monde grec. Faut-il, avec MAZZARELLA, les attribuer à l'Eglise bouddhiste ? Il faudrait y voir alors l'expression des tendances de la communauté primitive, qui professait la doctrine dite Hinayana, à une date où les écoles métaphysiques ne l'avaient pas encore modifiée.

Une seule méthode scientifique se recommande dès lors à la critique : c'est celle qui comparera les idées morales contenues dans les inscriptions avec celles que d'autres monuments attribuent à ÇAKYAMOUNI et à ses premiers disciples. Celui qui la met en pratique ne peut guère douter que le bouddhisme primitif n'ait exprimé, sous une forme propre au milieu indien, la même conscience de la loi morale que l'école confucienne avait exprimée sous une forme propre au milieu chinois.

L'idée commune aux inscriptions de Piyadâsi et aux sutra buddhiques est l'idée du Dhamma ou de la loi. « Le Dhamma ou Dharma, nous dit MAC GOVERN, la loi enseignée par le Bouddha à ses disciples et transmise aux générations suivantes, qui ont graduellement modifié et réinterprété les doctrines plus anciennes fut la base sur laquelle s'éleva plus tard la philosophie proprement nommée bouddhiste. Le bouddhisme primitif était bien plus un code religieux et éthique qu'une tentative métaphysique en vue de résoudre les problèmes de l'univers (1) ».

Or le Dhamma devient l'idée inspiratrice des inscriptions qu'il y a toute raison d'attribuer à ASOKA. Cet empereur a fait la guerre à un Etat voisin, le Kalinga, et il a réussi à le soumettre. Mais sa conscience lui reproche les maux que cette guerre a causés, les familles qu'elle a mises en deuil, les ruines qu'elle a accumulées. Désormais il ne fera plus que des conquêtes morales. Il sera le missionnaire des principes du Dhamma hors de ses Etats. Dans ses Etats, il en sera le législateur.

Ces principes peuvent être ramenés à cinq. Le premier est la sainteté, l'inviolabilité de la vie, même animale. L'animal le plus vil a un droit inconditionné à garder son souffle de vie jusqu'au dernier moment marqué par la nature. Cette doctrine se déduit de la double foi à la palingénésie et au Karma. Dans le cycle des transformations, l'être le plus élevé pourra renaître sous la forme d'un insecte et l'insecte pourra s'élever au même rang que lui. Le mode des renaissances est conditionné par le Karma, la balance du bien et du mal dans la vie de chaque créature au moment où elle se termine. Là est le principe utopique que PIYADASI paraît vouloir

____

(1) Montgomery MAC GOVERN. A manuel of buddhist philosophy. Introduction p. 1 et 2.

imposer à la société humaine. Mais les autres principes sont ceux de la morale sociale la plus correcte et la plus saine. Ce sont : 1º le respect mutuel des supérieurs et des inférieurs, esclaves compris ; 2º la sincérité réciproque ; 3º la tolérance religieuse, non seulement dans les actes, mais dans les paroles, toutes les formes de croyance religieuse pouvant conduire l'homme à la possession de lui-même et à la pureté de l'esprit ; 4º la vraie charité qui consiste moins dans la communication des richesses que dans celle des vérités. Les seules observances qui portent des fruits sont celles qui ont pour objet la morale sociale ; les discussions sur la valeur comparée des rites ne peuvent que diviser les hommes et les détourner de la vraie piété (1).

Si de ces inscriptions nous rapprochons les nombreux textes qu'a groupés Oldenberg dans son livre bien connu sur le *Bouddha, sa vie et sa doctrine* (2), il nous devient possible de caractériser, au point de vue moral, le bouddhisme primitif qui, de l'aveu de Sénart, fut, moins une révolte contre le brahmanisme qu'une « substitution de la notion simple, universellement accessible, de la moralité, à l'idéal d'un ascétisme raffiné (3) ».

Le bouddhisme est originellement une morale indépendante, liée à une solution toute morale du

---

(1) Vincent A. Smith, Asoka, chap. iv. The rock inscriptions et chap. v. The pillar inscriptions.

(2) Oldenberg. Le Bouddha. Sa vie, sa doctrine, sa communauté, traduct. française.

(3) Sénart. Essai sur la légende du Bouddha, p. 447.

problème de l'origine et de la nature du mal. Les livres bouddhiques nous montrent le Fondateur, le Sublime, sollicité par ses disciples de leur donner son avis sur les deux problèmes de l'identité personnelle et de l'infinité du monde et s'y refusant vu que, en raison de leurs données mêmes, ces problèmes sont supérieurs à notre entendement. Par contre, il leur enseigne les quatre vérités fondamentales capables de leur apporter la Délivrance et qui comprennent l'ensemble du problème du mal, tel qu'il devait se poser plus tard à un LEIBNIZ. Le mal physique est placé dans la douleur, qui n'est pas un accident dans la nature, mais le fond même de l'existence. La cause de l'existence et surtout de l'extension de la douleur est le désir, l'appétit, la soif de vivre. La morale apporte seule la solution en opposant au désir le détachement, le désintéressement absolu et comme moyens la pureté de l'intention et l'absence d'inimitié. Laissons parler CAKYAMOUNI en nous fiant à son traducteur.

« O disciples ! Ce que j'ai découvert et ne vous ai pas annoncé est bien supérieur à ce que je vous ai annoncé. Et pourquoi, ô disciples, ne vous l'ai-je pas annoncé ? Parce que cela, ô disciples, ne vous apporte aucun profit, parce que cela ne vous avance pas dans la Sainteté, ne vous conduit pas à l'éloignement des choses terrestres, à l'extinction de tout désir, à la cessation du périssable, à la paix, à la science, à l'illumination, au Nirvâna. Aussi ne vous l'ai-je pas annoncé. Que vous ai-je donc annoncé, ô disciples ! Ce qu'est la douleur, ô disciples, voilà ce que je vous ai annoncé. Ce qu'est l'origine de la douleur, ô disciples, voilà ce que je vous ai annoncé. Ce qu'est l'abolition de la douleur, ô disciples, voilà ce que je vous ai annoncé. Ce qu'est le chemin qui mène à l'abolition de la douleur, ô disciples, voilà ce que je vous ai annoncé (1) ».

« Voici, ô moines, la vérité sainte sur la douleur. La naissance est douleur ; la vieillesse est douleur ; la maladie est douleur ; la mort est douleur ; l'union avec ce que l'on n'aime pas est douleur ; la séparation d'avec ce que l'on aime est douleur. Ne pas obtenir ce que l'on désire est douleur. Pour abréger, le quintuple attachement aux choses terrestres est douleur.

« Voici, ô moines, la vérité sainte sur l'origine de la douleur. C'est la soif de l'existence qui conduit de renaissance en renaissance, accompagnée de la convoitise qui trouve ça et là son plaisir : la soif de plaisir, la soif d'existence, la soif de puissance.

« Voici, ô moines ! la vérité sainte sur la suppression de la douleur ; l'extinction de cette soif par l'anéantissement complet du désir, en bannissant le désir, en y renonçant, en s'en délivrant, en ne lui faisant pas de place.

« Voici, ô moines, la vérité sainte sur le chemin qui mène à la suppression de là douleur : c'est le chemin sacré à huit branches qui s'appelle foi pure, volonté pure, langage pur, action pure, moyens d'existence purs, application pure, attention pure, méditation pure (2) ».

-----

(1) OLDENBERG. Extrait de la Samyuttakanikaya II⁰ partie, chap. ɪ, p. 207.

(2) OLDENBERG, 214. Extrait du sermon de Bénarès.

La morale est « le chemin qui mène à la suppression de la douleur » par le détachement des choses terrestres. Est-ce donc là, demandera-t-on, la loi morale ? N'en est-ce pas plutôt la négation ? Ce problème est analogue à celui que nous a posé le taoïsme et nous ne saurions trop nous garder d'une réponse simpliste. La loi morale est avant tout une forme dont le contenu comporte des variations. Ce qu'elle nous prescrit, selon KANT, c'est l'affranchissement à l'endroit de tout penchant sensible : elle peut même nous conduire à souhaiter l'extinction de toute espèce de sentiment. C'est sous cette forme excessive qu'elle a pu se présenter à une haute conscience individuelle qui est devenue le centre d'une conscience collective. Comme le taoïsme, le bouddhisme a été une forme de l'ultra-morale. Ce qu'il faut en retenir ce sont les deux notions de la pureté de l'intention et de la condamnation de l'inimitié. Ces deux citations, l'une du Dhamma-pada, l'autre du Cariyà Pitaka, autorisent une telle conclusion.

« Tout ce qu'on est est le fruit de l'esprit, a pour essence l'esprit, est fait de l'esprit. Si quelqu'un parle ou agit avec un esprit mauvais, alors la douleur le suit comme la roue suit le pied de la bête attelée... Si quelqu'un parle ou agit avec un esprit pur, la joie le suit comme son ombre et ne le quitte pas (1) ».

« Ceux qui me font de la peine et ceux qui me pré-

____

(1) Extrait du Dhammapada, cité par OLDENBERG (le Bouddha, p. 309).

parent de la joie, envers tous je suis pareil : je ne connais ni inclination, ni haine. Dans la joie et la douleur, je demeure impassible ; dans l'honneur et dans l'absence d'honneur, partout je reste pareil. C'est là l'accomplissement de mon égalité d'âme (1) ».

Une profonde analogie entre le bouddhisme et les doctrines religieuses et philosophiques qui ont donné une expression pure et authentique à la conscience de la loi morale est donc incontestable.

Le bouddhisme s'est éteint dans l'Inde où les invasions musulmanes ont décidément mis fin à son règne de douze siècles, mais il a participé avec le confucianisme, à l'éducation des peuples de la race jaune. Néanmoins l'Asie orientale est restée, jusqu'à une date très récente, le domaine de la coutume. La conscience de la loi morale y a sans doute humanisé et purifié des mœurs qui tiraient leur autorité de la tradition et de l'exemple des ancêtres, mais elle ne les a pas profondément renouvelées.

Il n'en a pas été de même en Occident où, depuis la floraison de la civilisation grecque, l'autorité des mœurs traditionnelles a graduellement cédé à celle d'une morale réfléchie. Cette transformation, que la philologie et l'histoire des idées permettent de suivre pas à pas, a cependant été accompagnée et modifiée par une profonde révolution religieuse. Or le christianisme se rattache par ses origines à la conscience de l'Orient. L'histoire y voit tout au moins

____

(1) Extrait de la Cariya Pitaka. (OLDENBERG, p. 299).

le trait d'union entre l'Europe et cette partie de l'Orient, sémitique et aryen, qui touche à la Méditerranée. Il est impossible d'y voir, avec l'école de la sociologie religieuse, une simple phase de la dissolution des religions primitives fondées sur le ritualisme totémique. Le vrai problème est d'en définir le rapport avec un progrès moral dont l'éthique de l'hellénisme est une autre expression.

Il n'est pas douteux que l'Evangile ne contienne une des formules de la loi morale ou tout au moins qu'il ne soit une des sources les plus authentiques de l'idée de loi morale, telle que nous la trouvons exprimée dans les œuvres des philosophes modernes. Ce terme d'Evangile peut être pris ici dans les deux sens qui y sont attachés, le sens primitif de bonne nouvelle, bon message et le terme dérivé, mais plus usité qui désigne les livres canoniques où sont résumés la vie et l'enseignement de Jésus. Pris dans le premier sens, l'Evangile annonce la réalisation prochaine d'un idéal moral et social, l'avènement du royaume de Dieu. Pris dans le deuxième sens, il formule (surtout chez le plus grand des disciples de Jésus) la substitution de la Nouvelle Alliance à l'ancienne, d'une loi spirituelle, « écrite dans les cœurs », à une loi rituelle qui se matérialise sous forme de pratiques et d'observances (1). Ces deux

––––––––––

(1) L'idée de la nouvelle alliance ou d'une loi écrite dans les cœurs n'est explicitement formulée que dans l'épître aux Hébreux (chap. VIII. § 6 à 13). Mais la même idée se retrouve dans l'épître aux Romains que nul ne conteste à saint PAUL et elle fait le thème du sermon sur la Montagne. (MATTHIEU, chap. V à VIII).

idées n'en font qu'une et ont été identifiées par la morale dite Kantienne. Le royaume de Dieu, dont Leibniz a fait le règne de la Grâce, devient chez Kant le royaume des fins. C'est d'ailleurs dans le Nouveau Testament que la valeur de la conscience morale, sinon son existence, est le plus expressément reconnue et affirmée (1).

Si donc l'éthique chrétienne, distinguée de la dogmatique qui historiquement l'a accompagnée depuis le iiie siècle, peut être rattachée à l'éthique juive exprimée sous la forme primitive du décalogue dans le livre de l'Exode et distinguée par les prophètes des prescriptions rituelles, l'affirmation continue de la loi morale dans une série d'états de société et de mœurs fort différents les uns des autres sera des plus frappantes.

Ici à vrai dire surgissent les difficultés. Entre la constitution du judaïsme et les débuts du christianisme, l'influence hellénique ne s'est-elle pas fait profondément sentir ? Quelles que soient les convictions religieuses de l'historien, il doit reconnaître la réalité de trois grands faits que nous résumerons en trois mots : l'hellénisme juif, la diaspora, le johannisme. — On sait que les deux dynasties qui après Alexandre se disputaient la Palestine, les Séleucides et les Lagides, travaillèrent avec succès à répandre la culture grecque parmi les Juifs. La réaction rurale exprimée par l'insurrection des Machabées et l'avènement d'une nouvelle dynastie nationale

---

(1) Notamment dans la première épître attribuée à l'apôtre Pierre III, 21.

n'eut pas complètement raison de cette influence. Elle continua à s'exercer sur les Juifs dispersés autour de la Méditerranée orientale, la Diaspora. Ces Juifs semblent avoir abandonné jusqu'à l'usage des langues sémitiques, hébreu et araméen. Les Juifs d'Alexandrie, sur lesquels nous sommes particulièrement renseignés, et pour qui fut faite la traduction grecque de la Bible, dite des Septante, constituèrent un foyer de culture où l'hellénisme et le judaïsme traditionnel se distinguaient malaisément et que le grand nom de PHILON symbolise. C'est visiblement dans cette *Diaspora* que l'Eglise chrétienne primitive a rencontré les conditions favorables à son expansion. Elle ne se composait pas exclusivement de Juifs d'origine, mais comprenait beaucoup de prosélytes dont le grand nombre repoussaient les rites juifs pour n'observer que les préceptes moraux dits *noachiques*. Les monuments du christianisme primitif se sont donc élaborés dans un milieu profondément hellénisé (1).

Ce caractère hellénique du christianisme le plus ancien pourrait sans doute être considéré comme accidentel et extérieur si l'histoire pouvait faire abstraction des caractères propres de l'Evangile selon JEAN, où se trouve exprimée la doctrine sur le Fils unique de Dieu (distingué du Messie et du Médiateur de la nouvelle alliance). C'est là aussi que culmine l'idéal religieux du christianisme qui se résume dans l'idée de la vie éternelle, c'est-à-dire

---

(1) CAUSSE. Israël et la vision de l'humanité, chap. IV et VI. Istra, Strasbourg, Paris 1924.

de la vie pure de l'esprit et son union avec un Dieu immanent qui lui est toujours présent. Le quatrième évangile est le développement des lignes célèbres qui en forment le préambule et nous présentent la venue de Jésus dans le monde comme la manifestation du *logos* ou de la lumière divine qui éclaire la conscience des hommes et qui manifeste aussi l'amour de Dieu pour les hommes. Les analogies entre cette christologie et les doctrines platoniciennes professées par l'école de Philon sont difficilement contestables.

Cependant il serait tout à fait superficiel de présenter le christianisme comme un produit de la pensée grecque ainsi que l'a fait Ernest HAVET dans un livre qui eut son heure de célébrité (1). L'origine profonde du christianisme réside avant tout dans l'influence mystérieuse de la personnalité de Jésus qui surpasse toute explication historique. Or tout l'enseignement de Jésus, d'après les trois premiers évangiles se ramène à une transformation, une idéalisation de l'idée juive du royaume de Dieu. Cependant il n'est pas douteux que cet enseignement n'aurait pas en trois siècles conquis l'adhésion de l'Occident civilisé sans l'influence profonde que la culture grecque exerçait sur le monde juif depuis Alexandre. Là où la prédication chrétienne ne rencontre pas l'appui de cette culture, mais tout au contraire la résistance de religions orientales fortement constituées, le succès en fut beaucoup plus lent ou précaire.

----

(1) Ernest HAVET. Le Christianisme et ses origines. Paris, Michel Lévy, 1872.

Notre conclusion est donc que si l'Evangile contient une représentation de la loi morale compatible avec celle à laquelle s'éleva spontanément la conscience gréco-romaine, il nous est impossible de n'y voir que l'expression de la conscience morale de quelques peuples orientaux. S'il a été d'abord annoncé à l'extrême frontière du monde oriental, il a trouvé son point d'appui dans l'expérience morale des peuples de l'Occident, dans leur tendance à sanctionner la responsabilité morale de l'individu. C'est aussi dans le milieu occidental qu'il a porté ses fruits.

Il reste vrai cependant que l'Evangile a eu dans le judaïsme un antécédent dont l'importance est aussi grande pour l'histoire des mœurs et des idées morales qu'elle l'a toujours été pour la théologie : nous voulons parler du prophétisme. Dans son enseignement, JÉSUS cite constamment les prophètes, notamment OSÉE, ISAÏE et JÉRÉMIE. C'est à ISAÏE qu'il emprunte la notion de la Bonne nouvelle (1) ; c'est à JÉRÉMIE qu'il emprunte celle de la Nouvelle Alliance dont il est le médiateur et qui consiste dans l'affirmation d'une loi de la conscience, d'une loi écrite dans les cœurs (2). Cependant, veut-il résumer la doctrine morale de la loi de Moïse dans l'amour de Dieu et des hommes ? C'est au Lévitique qu'il la demande, au livre peut-être le plus oriental du Pentateuque, sinon le plus archaïque (3). Si donc

______

(1) Luc. IV. 17-20.

(2) MATTHIEU XXVI. 28. Cf. Paul. Hébreux.VIII, 6. Cf. Jérémie XXXI, 31-34.

(3) MATTHIEU XXII. 34-40.

une histoire des manifestations de la loi morale fait nécessairement la plus grande place à l'origine et à l'expansion des idées évangéliques, elle ne peut négliger le prophétisme juif et ses rapports avec l'ensemble du judaïsme. Ici nous nous retrouvons en plein Orient.

Le prophète, le Nabi (dans lequel il convient de voir un inspiré plutôt qu'un voyant et surtout qu'un devin) est en face de la royauté et même du sacerdoce le libre interprète de l'opinion publique, d'une conscience populaire de la justice et des aspirations nationales. Par son langage, toujours imagé, il a quelque chose du poète, disons même du grand lyrique. Mais le *nabi* est aussi un tribun et un orateur populaire : tantôt il parle librement aux rois et leur fait entendre le mécontentement du peuple ; dans les grandes crises nationales, il aspire, comme JÉRÉMIE, à diriger les événements ; après la défaite et dans la captivité, il se fait le consolateur des vaincus et restaure, comme EZÉCHIEL, l'énergie nationale. Mais il le fait toujours au nom d'une espérance ou d'une appréhension fondée sur une doctrine morale.

Cette doctrine énonce-t-elle, au moins sous une forme mystique, la croyance à la loi morale ? Des historiens ou de grands critiques juifs, tels que SALVADOR et James DARMESTETER, n'ont pas hésité à l'affirmer. Les prophètes ont énoncé la loi morale sous la forme d'une identité de la justice et de la volonté divine. « Dans tout prophète, écrit DARMESTETER, il y a une politique et une morale indissolublement liées et dont pas un axiome ne chan-

gera, du premier au dernier. La seule chose qui
change, parce qu'elle tient à des circonstances extérieures qui changent, c'est la conception que chacun
d'eux se fait de l'avenir ou plutôt de la façon dont
l'inévitable avenir sera réalisé.

> « Ce qui n'est point fondé sur la justice doit périr ;
> « Jehovah a révélé la justice à Israël ;
> « Israël doit réaliser la justice. »
> « La justice sera réalisée un jour. »

Tels sont les quatre axiomes du prophétisme,
les quatre certitudes invincibles qui ont fait sa puissance surnaturelle et dont la dernière, en l'armant
d'espérance pour l'éternité, l'a soustrait à tous les
écrasements de la réalité (1) ».

Ce que nous devons maintenant définir, c'est le
rapport que soutient la doctrine morale et religieuse
des prophètes avec la loi juive dite de Moïse, la loi
contenue dans le Pentateuque, notamment dans
l'Exode, le Lévitique et le Deutéronome et résumée
dans le Décalogue. C'est le problème qui a préoccupé
la critique biblique depuis trois siècles et dont les
études de la philologie sémitique compliquées par
les découvertes de l'assyriologie ont récemment
modifié quelques données.

Nous ne pouvons songer à résumer, même à grands
traits, toutes les discussions auxquelles les origines
du Pentateuque ont donné lieu. Contentons-nous
de rappeler les thèses les plus notables de la philo

---

(1) James DARMESTETER. Les prophètes d'Israël, chap. I,
p. 48.

logie sémitique et de l'assyriologie. WELLHAUSEN sera pour nous le représentant de la première et SAYCE celui de la seconde (1).

Selon WELLHAUSEN, l'évolution du judaïsme consiste dans la transformation d'un peuple oriental de langue et de culture sémitique, le peuple d'Israël, en une communauté toute religieuse, la communauté juive. Les prophètes sont les agents de la vie morale du peuple d'Israël à une époque où le sacerdoce n'est pas vraiment hiérarchisé. Les grands prophètes, AMOS, OSÉE, ISAÏE, JÉRÉMIE, EZÉCHIEL, sont antérieurs à la rédaction de la loi et à la constitution définitive du Pentateuque, telle que nous le possédons. Toutefois dans cette rédaction, il y a plusieurs moments à distinguer, comme d'ailleurs dans la série des prophètes. On distingue trois formules successives de la loi, la première dans l'Exode, qui contient le texte du décalogue devenu universel, la seconde dans le Deutéronome, la troisième dans le Lévitique. La première est la plus ancienne et la moins développée. Elle a été insérée dans un récit purement historique, celui du séjour des Israélites au désert sous la conduite de Moïse. La seconde date du règne de Josias, c'est-à-dire de la fin du royaume de Juda : on y retrouve la trace de l'enseignement moral des premiers prophètes, notamment AMOS,

____

(1) WELLHAUSEN. Israelitische und judische Geschichte. Kap. VI. § 82-108. Kap. XIII. S. 177-187. Kap. XV. § 208-213. Id. Prolegomena zur Geschichte Israels. Kap. I, II, III, IX, X-XI. — SAYCE (A. H). Professor of Assyriolgy (Oxford). Lectures on the origin and growth of Religion as illustrated by the religion of the ancient Babylonians.

Osée et Isaïe. La troisième, celle du Lévitique est postérieure au retour de la captivité, comme l'attestent les livres d'Esdras et de Néhémie. Le prophétisme se tait ensuite pendant toute la durée de l'Empire des Perses. Sous leurs grands prêtres, les Juifs forment, autour de Jérusalem et en Galilée, une communauté beaucoup plus religieuse que politique, rigoureusement séparée des autres peuples, mais persuadée que sa fidélité au seul vrai Dieu, doit lui mériter quelque jour une restauration éclatante sous un Messie, fils de David. Les persécutions d'Antiochus Épiphane réveillent l'esprit prophétique qui trouve son expression surtout en Daniel, puis en divers écrivains réputés apocryphes. De là datent le messianisme et une lutte de quatre siècles entre la communauté juive et les Séleucides puis l'empire romain : elle aboutit à la ruine de Jérusalem et à la dispersion définitive de la communauté juive. Mais dans l'intervalle, Jésus a annoncé un royaume de Dieu spirituel et universel et il a conservé à l'humanité la part la plus élevée et la plus féconde de l'enseignement des prophètes, la doctrine de la Nouvelle alliance.

Là n'est pas le dernier mot de la critique biblique. Wellhausen s'appuie sur l'étude exclusive des langues sémitiques classiques, hébreu, araméen, arabe. Or l'exhumation progressive des monuments de la civilisation babylonienne et assyrienne a donné lieu à des interprétations plus hardies encore. C'est dans la Babylonie primitive que l'on a été chercher les origines des rites et même celles des croyances juives. Ces inductions ont été clairement résumées à l'usage du grand public par SAYCE.

Les voici en quelques mots : c'est dans l'Assyrie proprement dite, dans les ruines de l'ancienne Ninive et de Khorsabad, en un pays tout sémitique, que nous retrouvons les souvenirs les plus nombreux de la religion chaldéenne. Mais de leur aveu, les Assyriens devaient leur civilisation aux Babyloniens et leurs bibliothèques étaient faites d'emprunts à leurs voisins du Sud. La religion assyrienne était un monothéisme national, analogue à celui des Israélites, mais elle n'était que le fruit d'une longue évolution que l'étude de la Babylonie permet de retracer. Plusieurs races formaient la population babylonienne qui se distribuait en deux couches, l'une sémitique, celle des Babyloniens proprement dits, l'autre parlant une langue analogue au turc, les Accadiens et les Suivériens. Les Sémites étaient des envahisseurs nomades qui avaient trouvé aux bouches de l'Euphrate une civilisation déjà avancée et comparable à celle de l'ancienne Egypte. Or les dieux des Sémites, ainsi que le culte qui leur est rendu, procèdent d'une transformation et aussi d'une moralisation des dieux accadiens et sumériens.

Si maintenant on constate que la littérature babylonienne contient des récits de la création et du déluge, que l'on y trouve des recueils de psaumes, que soit au point de vue des idées, soit au point de vue de la forme, plusieurs des parties de la Bible présentent avec les livres babyloniens les plus surprenantes analogies, si l'on constate aussi les similitudes du droit babylonien et de la loi mosaïque, si l'on se souvient que l'élite du peuple juif a été longtemps captive en Babylonie, l'hypothèse d'un lien causal entre les croyances des plus anciens habitants de la Chaldée et les origines du livre où la partie la plus civilisée de l'humanité a trouvé l'expression de sa foi, n'aura rien d'invraisemblable.

Toutes ces inductions intéressent au plus haut degré le problème moral dont nous cherchons la solution. Plus il sera possible de rattacher les origines du judaïsme à la vie religieuse de l'Orient, plus large sera à nos yeux l'expérience morale que résument la Loi de Moïse et les prophètes d'Israël ; plus aussi sera clair le caractère de loi morale que nous croyons découvrir derrière les textes bibliques.

Il nous faut donc définir le rapport entre le Décalogue et l'enseignement de la notion de justice par les prophètes : l'hypothèse de la loi morale en peut recevoir une vérification nouvelle. Le Décalogue en effet n'a pas été une manifestation fugitive de la loi morale ; il en a été l'expression populaire la plus générale. C'est sur l'explication du Décalogue que l'Eglise catholique fonde aujourd'hui encore son enseignement moral et l'Eglise réformée en lit chaque dimanche le texte authentique à ses ouailles. L'obligation morale ne se présente pas sous une autre forme à une multitude innombrable de consciences.

Si nous conservons la distinction courante des deux tables, énonçant l'une les devoirs envers Dieu, l'autre les devoirs envers les hommes, nous trouvons dans la première trois interdictions rituelles, celle du culte des images, celle du serment inconsidéré et du blasphème, celle du travail le jour du sabbat, tandis que la seconde énonce les préceptes généraux du droit et de la morale domestique et même, sous une forme implicite, le principe de la valeur des intentions.

Or l'interdiction rituelle et la prescription morale sont placées sur le même plan. Le caractère sacré reconnu à la vie humaine, à la véracité du témoignage, au mariage et au droit de propriété est lié au caractère sacré attribué à l'idée de Dieu. Le quadruple axiome des prophètes, formulé par DARMESTETER et qui se résume dans l'identité de la justice et de la volonté divine et dans la primauté de la justice sur le culte extérieur, ne dit pas autre chose. Si la conscience de la loi morale est chez les prophètes, il faut admettre qu'elle est aussi dans le Décalogue. Mais comme il est incontestable que la doctrine morale et religieuse des prophètes est l'antécédent immédiat de l'Evangile, le rapport historique du judaïsme et du christianisme prend pour l'histoire des mœurs et de la loi morale un très grand sens : ce sont deux moments d'un même progrès dont la manifestation de la loi morale fait l'unité.

L'éthique chrétienne n'a pu se propager qu'en Occident où sa diffusion a coïncidé avec la grande crise économique, politique, sociale, intellectuelle dont le césarisme a été la conséquence et dont toute la littérature latine est l'expression. Dans la lutte que les petites communautés chrétiennes, d'abord très autonomes (1), puis confédérées, enfin unifiées sous un épiscopat tardivement hiérarchisé, durent soutenir contre le conformisme de la société impériale, elles surent se faire une alliée d'une morale philosophique au nom de laquelle toute une élite tentait la réforme des institutions et des mœurs. La lecture des apologistes latins et grecs, de MINUCIUS FÉLIX, de Justin MARTYR, de LACTANCE, en apporte les preuves irréfutables. A dater du ive et surtout du ve siècle, cette morale fut empruntée à PLATON et surtout au néo-platonisme, mais beaucoup plus en Orient, où prévalait le souci des questions métaphysiques qu'en Occident, où l'emportaient les préoccupations pratiques et où, comme l'a montré M. R. THAMIN, saint AMBROISE était encore, à la veille des invasions barbares, le continuateur de CICÉRON et des Stoïciens (2).

A dater de la lutte entre saint AUGUSTIN et le pélagianisme, le problème de la liberté et du mal moral mit aux prises le stoïcisme et le christianisme et ils se retrouvèrent rivaux au xviie siècle, après DESCARTES. Cette lutte séculaire mettait sans doute la conscience humaine en présence de deux façons de concevoir la réalisation de la loi morale, l'une ne comptant que sur la puissance de la volonté

-----

(1) Une étude un peu attentive des épîtres de Paul, de l'épître de Jacques et de l'Apocalypse convaincra tout lecteur impartial que cette autonomie était un principe autant qu'un fait.

(2) Saint Ambroise et la morale chrétienne au ive siècle. Paris, Masson, 1895.

rationnelle pour vaincre une fatalité inhérente à l'ordre cosmique, l'autre faisant appel à la grâce et à l'amour. Mais les deux écoles étaient (PASCAL l'a bien vu) d'accord sur un point fondamental : l'existence d'une loi du devoir et son caractère absolu.

L'histoire des conceptions religieuses de la loi morale et de ses rapports avec les diverses formes de la conscience orientale nous conduit donc à celle d'une conception philosophique dont relèvent toute la morale rationnelle et tout le droit naturel des modernes. Encore une fois nous allons voir la conscience de la loi morale en rapport avec l'expérience acquise d'une société et avec les transformations antérieures des mœurs.

Notre donnée initiale, c'est l'école stoïcienne, sa doctrine, sa persistance et sa profonde influence : c'est aussi l'ensemble de ses origines. C'est aux stoïciens qu'est due la première formule philosophique de la loi morale : ils en ont clairement énoncé les deux aspects, l'aspect formel et le contenu immédiat. Ils ont conçu nettement la valeur de l'intention et sa prépondérance (1). Mais cette morale de l'intention a pour fin immédiate le respect de la dignité humaine en soi et la justice envers autrui.

---

(1) LUCAIN, élève de SÉNÈQUE, a parfois trouvé les formules les plus heureuses de la morale de l'Ecole. Tel est, sur l'intention, ce vers que nous trouvons dans la profession de foi religieuse de CATON :

Laudandaque velle
Sit satis et nunquam successu crescat honestum

(Pharsale IX, v. 569-570.

Le stoïcisme est une synthèse de la philosophie grecque antérieure. On y trouve une théorie logique de la certitude qui semble avoir été son œuvre propre et qu'il oppose aux tendances sceptiques, une cosmologie renouvelée d'HÉRACLITE et des physiciens d'Ionie, enfin une éthique, empruntée pour une grande part aux cyniques, c'est-à-dire à des disciples de SOCRATE et des Eléates. Ses partisans s'attachent à tirer de cette laborieuse synthèse une interprétation de la religion populaire en transformant le polythéisme en une affirmation d'une raison immanente à la fois au monde physique et à la conscience humaine.

Ce n'est pas accidentellement que cette synthèse se forme et gagne en autorité en même temps que se constitue la culture de l'hellénisme alexandrin, après l'intégration en une seule société de la Macédoine, de la Grèce et de l'Orient méditerranéen (1). Le stoïcisme est incontestablement une doctrine universaliste répondant aux aspirations à l'unité morale ainsi qu'au relèvement des métèques et des affranchis, sinon encore des esclaves. Ses premiers adhérents sont des Orientaux autant que des Grecs. Toutefois, quelque aliment que le stoïcisme ait pu trouver dans l'expérience morale de l'Orient, ses racines plongent dans un sol grec.

L'antécédent de l'éthique des stoïciens est celle des Cyniques, auxquels nous devons une formule de la loi morale presque aussi complète que celle de

---

(1) Voir sur ce point KŒRST (Julius). Geschichte des hellenistichen Zeitalters, Leipzig. Teubner 1909.

leurs successeurs. Sans doute cette école nous est mal connue, par des témoignages trop indirects, trop rares aussi qui ont laissé l'imagination des historiens modernes se donner libre carrière. Cependant les données, suffisamment authentiques, que nous possédons sur son fondateur ANTISTHÈNE, nous permettent de voir dans le cynisme une doctrine incontestablement grecque, se rattachant à SOCRATE et aux Eléates. La morale cynique est une doctrine d'autonomie dont l'objet est de porter au maximum la perfection de la personnalité humaine qui devient sa fin à elle-même. L'homme ne vit pas pour une communauté, un État, mais pour réaliser complètement sa nature rationnelle. L'idéal du sage est une indépendance absolue à l'égard du monde sensible et de ceux des liens sociaux qui ont leurs ressorts dans la vie sensible. Mais les Cyniques ne semblent pas s'être contentés d'énoncer la forme abstraite de la loi morale, l'autonomie de la volonté. La croyance à la valeur absolue de la personnalité raisonnable devient le fondement de leur morale pratique et de leur droit. D'après certains témoignages, difficiles à contrôler, ils en auraient déduit l'émancipation des esclaves et des femmes et même la négation du droit de propriété.

L'école cynique est l'anneau qui rattache le stoïcisme à SOCRATE, à cette réforme du vᵉ siècle qui donne l'étude de l'homme moral pour premier objet à la philosophie au lieu et place du monde extérieur. SOCRATE passera difficilement pour un théoricien de la loi morale. Cependant le caractère utilitaire et déterministe de son éthique ne doit pas être exagéré. Trois points en effet sont acquis à l'histoire des idées morales. Le premier est que la réforme socratique heurtait violemment les traditions de la Cité grecque et de la famille patriarcale, attestant l'existence d'un conflit entre la conscience réfléchie et l'autorité des ancêtres. S'il en était autrement, le procès intenté à Socrate par les restaurateurs de la constitution démocratique, à la fin du ve siècle, serait inintelligible. La démocratie poursuivit en Socrate le destructeur de l'autorité paternelle et de l'ancienne éducation autant que l'introducteur d'une nouvelle foi.

Un second point est que Socrate, confondu avec les sophistes par une opinion malveillante et superficielle, dirigeait sa réforme morale contre leur influence, contre leur critique toute négative des institutions et des mœurs. Comment en aurait-il été ainsi si Socrate avait été totalement étranger à l'idée de loi morale, si ce n'était pas cette idée qu'il avait entrevue sous le nom de la force d'âme, ἐγκράτεια, qu'il donnait pour principe et ressort à toutes les vertus ?

Enfin le troisième point est que l'école de Socrate s'est attachée avant tout à idéaliser l'idée de la justice en la donnant pour motif au respect des institutions et des lois. Mais déjà elle distingue entre la justice et l'autorité des lois existantes. Elle enseigne qu'il vaut mieux subir l'injustice que de la commettre, en d'autres termes que la vraie justice suppose et exige le plus complet désintéressement, et que, bien qu'elle donne droit à l'immortalité bienheureuse, elle doit être obéie sans aucune considération d'intérêt. Est-il si facile de distinguer cette doctrine de celle de KANT, d'une loi morale qui postule le souverain Bien, mais sans en dépendre ? Il reste vrai que l'école de SOCRATE discerne dans la loi morale son contenu, la valeur morale et la justice plutôt que sa forme, mais cette forme de la loi, elle l'avait tout au moins entrevue et implicitement énoncée.

Cette doctrine de la justice, était-elle sans racine dans la conscience grecque ? A coup sûr, elle ne trouvait pas son expression dans les mœurs en vigueur, mais les hommes n'ont-ils jamais d'autres idées morales que celles qu'expriment leurs mœurs ? La conscience morale n'est-elle qu'un témoin du fait social brut ? Là est pour nous le point en discussion ?

L'histoire de la poésie grecque vient infliger un démenti à cette opinion. Au témoignage de XÉNOPHON, SOCRATE citait souvent les poètes gnomiques, SOLON, SIMONIDE, THÉOGNIS, et même le plus ancien de tous, HÉSIODE, dont on doute qu'il ait été bien postérieur à HOMÈRE. HÉSIODE nous est surtout connu par son poème des *Travaux et des jours*, une des affirmations les plus frappantes de la conscience spontanée chez les plus anciens Hellènes. HÉSIODE a toutes les croyances superstitieuses que l'on attribue communément à l'homme primitif (1). Un interprète complaisant trouverait peut-être dans son poème la croyance au tabou. Tout au moins HÉSIODE

---

(1) WALTZ (Pierre). Hésiode et son poème moral. Bordeaux 1906.

croit-il au danger de l'impureté rituelle, à l'impor
tance de la distinction entre les jours fastes et né-
fastes, à la divination. Il croit aussi à des démons
qui sont les âmes des premiers hommes et qui hantent
la nature entière. Cependant la grande idée qui
inspire le poème est celle de la justice, δίκη La
justice est la fille de Zeus : c'est elle qui veille sur les
mortels et assure la perpétuité de leurs foyers ; elle
leur fait une loi de la concorde et du travail et elle
s'objective dans le labeur quotidien de l'agriculteur,
condition de la fécondité du sol. Si l'école de SOCRATE
a recueilli la tradition d'HÉSIODE, si elle l'a transmise aux cyniques, il existe un lien historique incontestable entre le stoïcisme et les croyances les plus
spontanées des hommes qui ont fondé la famille
patriarcale et la cité gréco-romaine.

C'est à la société romaine que les derniers stoïciens grecs, EPICTÈTE et DION CHRYSOSTOME se
sont adressés comme l'avaient fait avant eux PANÉ-
TIUS et POSIDONIUS : il n'en résulte nullement que
l'étude de l'expérience morale du monde grec nous
dispense de celle qu'a faite le monde romain. La
seconde ne répète nullement la première : elle la
complète en y ajoutant des éléments d'une importance capitale.

Les Romains formaient un peuple beaucoup plus
traditionaliste que les Grecs et surtout que les plus
représentatifs des Grecs, les Athéniens. Les seuls
Grecs avec lesquels ils se reconnussent des affinités
véritables étaient les Doriens et les Arcadiens, les
rameaux helléniques qui avaient conservé le plus
longtemps les coutumes préhistoriques de la race

indo-européenne. La raison de cette différence
est double. La première, reconnue par CICÉRON,
est que les Romains n'étaient pas comme les Grecs
un peuple de marins, en rapport de commerce avec
les civilisations orientales ; la seconde est que l'Italie
centrale était constamment sous l'influence et même
sous la menace de l'Europe du Nord, du monde celtique, maître de la vallée du Pô. D'après certaines
légendes qui expriment des réminiscences ethnographiques susceptibles d'être contrôlées par l'archéologie, la Rome patricienne soutenait d'étroits rapports
d'un côté avec la Sabine, c'est-à-dire avec les montagnards de l'Italie centrale apparentés aux Ombriens
et aux Osques, de l'autre avec l'Etrurie, avec un
peuple traditionaliste entre tous, dont la civilisation reposait sur le culte des morts. Il faut ajouter
que pour la linguistique contemporaine la langue la
plus étroitement apparentée au latin n'est nullement
le grec, mais le celtique. Concluons que les Romains
sont plus aptes que les Grecs à nous représenter l'ensemble du monde occidental et qu'à cet égard leur
évolution morale est aussi instructive pour le moins
que l'évolution hellénique.

Les conditions historiques amènent ce peuple,
plus traditionaliste que les Grecs à passer du règne
du *mos* à celui de la conscience réfléchie plus rapidement qu'eux. Trois ou quatre siècles au plus doivent leur suffire pour franchir la distance entre un
état social et moral, à peine supérieur à celui de la
Grèce héroïque et celui qu'exprime la civilisation
de l'hellénisme alexandrin. L'extension rapide de la
cité romaine vers l'Italie méridionale la met tour à

tour en rapport avec deux parties du monde grec, la grande Grèce, d'origine dorienne et éolienne, de tendance conservatrice, puis l'hellénisme gréco-macédonien où le génie de l'Attique et celui de l'Orient s'étaient pénétrés. La littérature et la philosophie latine ont exprimé d'emblée la seconde influence, mais la première se laisse entrevoir dans la transformation des idées morales et juridiques.

L'étude approfondie des sources du droit romain a bien mis en lumière un dualisme des plus instructifs pour la solution du problème sociologique qui nous occupe ; c'est le dualisme de la véritable tradition romaine et de la littérature latine, c'est-à-dire de la culture romaine hellénisée. Ce sont comme deux couches géologiques dont la première est presque constamment recouverte par l'autre, mais émerge cependant en divers points. Ce sont les textes juridiques, notamment les *Institutes* de Gaius qui ont révélé cette conscience romaine primitive. Mais les jurisconsultes n'ont écrit qu'assez tardivement et à une date où la culture romaine était presque complètement hellénisée. Leurs indications sont complétées par l'épigraphie, par certains textes poétiques, par certaines parties des œuvres des agronomes et enfin par les grammairiens. De tout cela résulte la révélation d'une double transformation, de l'ensemble des peuples de l'Italie centrale. Si les poètes officiels nous présentent en général le résultat d'une fusion des croyances italiennes et des mythes grecs façonnés par la fantaisie des poètes, d'autres sources nous peignent des cérémonies domestiques ou des scènes de la vie rurale attestant la persistance d'une religion tout autre, de ce manisme que FUSTEL croyait voir à la racine de toutes les croyances helléniques et qui est surtout romain. C'est, on le sait, cette croyance qui nous rend compte des mœurs et du droit primitif. Elle est le ressort des *mores antiqui*, de l'observation fidèle des exemples laissés par les *Majores*. Mais peu à peu le Romain passe de cette *pietas* à une forme plus humaine du respect, le respect du droit. A vrai dire, le droit n'est pas encore pour lui ce respect de la personne humaine qu'il est pour nous. Mais c'est une règle objective dont la justice est la fin et qui prescrit de ne léser personne et de rendre à chacun ce qui lui est dû.

On comprend dès lors que l'éthique des Stoïciens ait rencontré dans la conscience romaine le milieu où elle pouvait prendre tout son développement. Le stoïcisme s'accordait avec une disposition beaucoup plus romaine que grecque, la religion de la loi. Cette religion aurait pu cristalliser les formes juridiques primitives et leur ôter toute aptitude à s'adapter à des situations nouvelles et supérieures. Cependant elle ne put faire obstacle à l'assimilation du *jus civile*, propre au citoyen romain et du *jus gentium*, droit des peuples civilisés avec lesquels Rome était en relation d'hospitalité et de commerce. De là, la formation du droit prétorien. Cette assimilation, dont CICÉRON entrevoyait la possibilité, fut l'œuvre propre des jurisconsultes de l'époque impériale. Elle coïncida donc avec le maximum de l'influence exercée par le stoïcisme sur l'opinion publique, au temps des SÉNÈQUE et des MARC-AURÈLE, où les rhéteurs eux-mêmes se faisaient stoïciens.

Le jurisconsulte ne se tenait plus alors systématiquement en dehors de la culture hellénique, comme
au temps du vieux CATON : c'était le plus souvent un
avocat retiré des affaires et l'avocat se formait dans
les écoles des rhéteurs, où il s'imprégnait d'une morale
philosophique d'inspiration surtout stoïcienne. Beaucoup de jurisconsultes s'en tenaient à une interprétation littérale des lois, mais il s'en trouvait aussi
pour faire leur part aux idées morales. Ceux-ci trou-
vaient un point d'appui dans la notion stoïcienne du
jus naturale, étayée elle-même sur l'idée plus philosophique de la *lex naturæ*, de la loi de la cité de Zeus.

Ces idées prévalent à l'âge des Antonins quand
l'étroitesse du droit quiritaire commence à céder
définitivement aux prescriptions beaucoup plus
larges et humaines du *jus gentium*, quand les privilèges des anciens citoyens romains disparaissent
devant l'égalité des hommes libres de tout l'empire.
L'idée essentielle qui guide alors les jurisconsultes
les plus notables est celle qu'ils formulent en ces
mots : « *Omnes homines naturâ œquales sunt.* » Ce
n'est pas encore, à beaucoup près, l'idée moderne
de l'égalité devant la loi : c'est en apparence l'idée
contraire que toutes les inégalités sont des créations
de la loi (comme entre le maître et l'esclave) mais
avec cette réserve qu'une telle inégalité pourrait
ne pas être et que les hommes ont des droits égaux
toutes les fois que la loi n'en a pas décidé autrement,
par une définition expresse.

Ces influences stoïciennes conduisent le droit romain
à reconnaître une *obligatio naturalis* distincte de
l'*obligatio civilis* et c'est là vraiment une époque dans

l'histoire du droit et de la morale, comme l'ont montré Sumner Maine et Savigny avant lui. L'ancien droit distinguait nettement entre le contrat et le pacte, deux institutions entre lesquelles la concience moderne ne fait aucune différence. On ne reconnaissait primitivement la valeur d'un contrat qu'à une sorte de traité solennel, à une convention qui liait des chefs de famille par des formules définies, *certa verba* ou par d'autres actes équivalents. On donnait le nom de pacte à la convention faite de bonne foi mais sans formes extérieures. Or le contrat donnait seul naissance à une obligation valable, à un rapport de créancier à débiteur. Le pacte n'avait pas de conséquences obligatoires : *ex pacto actio neque sequitur neque exstinguitur.* Mais au terme de l'évolution du droit romain impérial, on voit un certain nombre de pactes, particulièrement usuels, engendrer des obligations dites *naturelles*, c'est-à-dire des rapports de droit et de devoir que le magistrat pouvait, sous certaines conditions, rendre exécutoires.

Cet avènement des idées d'égalité naturelle, puis d'obligation naturelle suffirait à nous attester que les exigences de la notion de loi morale commençaient à se soumettre les relations sociales en accentuant cette diversité dont nos sophistes se font un argument. En réalité l'action exercée par la conscience de la morale apparaît comme beaucoup plus étendue à celui qui interprète méthodiquement toutes les données de l'histoire. La phase historique que nous avons ici en vue et qui s'étend sur une quinzaine de siècles tout au plus est postérieure à la constitution de la famille patriarcale et des mœurs qui l'accompagnent. Le patriarcat lui-même réalisait certainement un progrès moral et juridique relativement à la communauté gentilice puisqu'il mettait fin à l'incertitude des relations matrimoniales et des rapports de filiation. L'action réfléchie de la conscience de la loi morale avait donc beaucoup à conserver des mœurs existantes mais elle avait un choix à faire entre les *mores antiqui* et elle devait nier la valeur de beaucoup d'entre elles.

Les nouvelles idées morales ont mis en cause la société patriarcale, d'abord en matière de croyance, puis dans l'ordre des institutions. Déjà Aristote distinguait l'autorité maritale de la puissance paternelle bien distinguée elle-même du droit du maître sur l'esclave. Le principe de la puissance paternelle, la religion du foyer ne résista pas à la critique philosophique et aux circonstances qui la favorisaient. Comme elle était la source et la consécration de toutes les inégalités de droit, elles furent toutes mises en cause avec elle. De là, dans l'ordre des faits les réformes juridiques que la Cité grecque fut impuissante à opérer mais que l'empire romain réalisa en partie. Notons : la fin de la tutelle perpétuelle des femmes, l'égalité des hommes libres, sans distinction de citoyen et de sujet, l'assimilation graduelle des affranchis aux hommes d'origine libre, la tendance à limiter le pouvoir arbitraire des pères sur les enfants et des maîtres sur les esclaves.

Enfin, au début du IVe siècle de l'ère chrétienne, l'élite morale du monde romain s'élevait à l'idée de la liberté de conscience et de culte. Les rhéteurs

païens comme les rhéteurs chrétiens, *Thémistius,
Libanius, Symmaque* comme *Lactance* s'accordaient
sur se point que l'âme humaine est respectable,
que la pensée est incoercible et que si Dieu demande
aux hommes leurs hommages, il leur laisse la liberté
de choisir la meilleure façon de l'adorer. C'était la
fin du conformisme de la cité antique dont malheureusement l'Église du moyen âge devait se faire
l'héritière (1).

Le mouvement d'idées et de réformes que nous
avons résumé si brièvement a mis quinze siècles à
s'opérer et à se manifester. A vrai dire une période
de quinze siècles est assez courte dans la vie totale
de l'humanité, cependant elle comprend déjà soixante
générations environ. Si l'on ajoute à cela que la

.(1) Une opinion répandue fait dater le principe de la
liberté de conscience des déclarations américaines et françaises de 1776, 1789 et 1793. En fait, le principe en était
nettement formulé au ive siècle et l'application en était
tentée dans les diverses branches de droit public. Retenons
ces deux formules : l'une est de LACTANCE « Religio sola
est in quâ libertas domicilium collocavit. Res est enim
præter cœteras voluntaria nec imponi cuiquam necessitas
potest ut colat quod non vult. » (Epitome divinarum
institutionum, cap. LIV) ; l'autre est de THEMISTIUS dans un
discours adressé à l'empereur Jovien (Orat. V, p. 67-7o)
« Demeurant en toute autre chose souverain maître, très pieux
empereur, en ce qui touche la religion et le culte de la divinité vous voulez, par votre loi, que chacun soit souverain
par lui-même. En cela vous avez imité Dieu lui-même qui
a donné à toute la race humaine un penchant commun pour
la piété mais qui a laissé à la discrétion de chacun le choix
de la manière de lui rendre hommage. »

société touchée par ce mouvement d'idées embrassait tous les peuples riverains de la Méditerranée, qui dans la période que nous considérons correspondait à un océan, et que les caractères de ces peuples étaient aussi différents que possible, on voit qu'il y a là une expérience morale de premier ordre. Elle confirme celles qu'autorise l'analyse de l'histoire orientale. L'hypothèse d'une loi morale, agissant d'une façon continue sur les consciences et se donnant un contenu harmonique dans les idées de loi et de personnalité humaine est sans aucun doute la plus simple de toutes celles que l'on puisse former pour s'en rendre compte.

CHAPITRE XV

LE RESPECT DE LA VALEUR MORALE
ET LA CROYANCE AU SACRÉ

L'historique de la croyance à la loi morale nous l'a montrée, en Occident comme en Orient, étroitement associée à l'évolution de la religion. Mais quel sens précis devons-nous attacher à ce terme qui est pris dans tant d'acceptions différentes, en philosophie, en psychologie et en sociologie comme dans l'usage populaire ?

A diverses reprises, nous avons rencontré les hypothèses et les conclusions de la sociologie dite *religieuse*. Nous avons dû les apprécier sommairement en traitant de la méthode de la science des mœurs, de la condition du malade, de la pureté et des origines de la moralité individuelle (1). Nous devons apprécier maintenant la théorie qu'elle nous propose sur les origines de l'obligation morale, car elle est difficilement compatible avec nos inductions.

Dans notre *Introduction*, nous avons rappelé les formules très nettes opposées par Durkheim à ce scepticisme moral qui fait parler la science des mœurs

______

(1) Voir plus haut chapitres v et xi.

en sa faveur pour conclure que le devoir n'est rien
« qu'une fantasmagorie sans base objective. » « Tout
le rôle de la science des mœurs, écrit-il, doit être
d'expliquer la notion du devoir en faisant voir comment elle est fondée dans la réalité. »

C'est ici qu'intervient la sociologie religieuse. Prenant le devoir comme une contrainte analogue à
celles que la société fait peser sur l'individu, elle y
discerne une propriété irréductible, le *respect de la
valeur morale.* Cette valeur prend pour nous, modernes,
une forme définie qui est l'inviolàbilité de la nature
humaine. Mais ce n'est pas sous cette forme qu'elle
se présentait à nos ancêtres. Elle y prenait une forme
religieuse, le *tabou* ou le sacré. C'était le respect
d'interdictions rituelles que la communauté imposait
à ses membres au nom des êtres surnaturels auxquels
elle identifiait sa destinée. Ces êtres c'étaient primitivement les *totems,* animaux protecteurs et plus
rarement plantes protectrices. Mais les totems eux-
mêmes n'étaient que les emblèmes de la communauté morale (1). La transformation du respect est
donc plus apparente que réelle. Ce que nous respec-
tons dans l'inviolabilité humaine, ce n'est pas une
individualité sensible qui n'a pas plus de valeur que
celle d'un animal : c'est la participation à une solidarité sociale dont la sociologie nous dévoile l'origine, les transformations, les lois, l'unité profonde.
Ce que nos lointains ancêtres respectaient dans la
religion, ce qu'y respectent leurs représentants
actuels, les indigènes de l'Australie, ce ne sont pas

---

(1) *Formes élémentaires.* Livre II, chap. VII, § V.

des êtres surnaturels, mais la communauté humaine dont les *totems* sont seulement les emblèmes.

L'obligation morale, c'est donc ici le respect de la société par l'individu et ce que l'individu respecte dans la société, c'est moins une coopération à laquelle il participe ou l'assistance qu'il en peut recevoir qu'une réalité supérieure à la sienne, une raison à laquelle il ne pourrait atteindre par ses seules forces et qui lui permet de penser logiquement, *sub specie æternitatis* et de communier avec l'univers (1).

Ainsi donc, pour adhérer à l'explication sociologique que Durkheim et son école nous donnent de l'obligation morale, nous devrions adhérer à leur théorie de la religion, mais elle nous présente d'extrêmes difficultés, en raison des idées philosophiques qui en sont inséparables sur la nature des jugements de valeur, sur l'origine des concepts, sur l'entendement collectif, en raison aussi de l'interprétation arbitraire qu'y reçoivent des faits acquis à l'histoire. Nous avons discuté ailleurs le premier aspect du problème (2) et nous y revenons dans un appendice. Notre méthode nous astreint à nous limiter ici à l'examen du second.

Notre objection peut prendre la forme d'un dilemme. Ou la théorie sociologique de la religion est fausse, en ce que la religion, mal distinguée de la magie, y est identifiée à une forme primitive et inférieure de la science, et condamnée à rétrograder

---

(1) Formes élémentaires de la vie religieuse. Conclusion.

(2) Sociologie générale. Appendice p. 371. — L'athéisme dogmatique en sociologie religieuse. (Strasbourg, Istra 1923).

avec le développement même de la conscience sociale, ou elle est bien fondée en ce qu'elle discerne dans la religion un élément commun à toutes ses espèces, un sentiment collectif que l'on retrouve partout et toujours et qui consiste dans le respect des choses sacrées, respect fondé sur la distinction du pur et de l'impur. En ce cas, elle ne saurait expliquer l'obligation morale, telle que nous la concevons, telle qu'elle s'exprime dans la croyance universelle à la loi morale.

En effet, il faut y appliquer le principe de causalité, conformément aux règles posées par DURKHEIM lui-même (1). Mais quelle est la formule la plus nette de ce principe sinon la règle : *tolle causam tollitur effectus?* Si, entre la croyance à l'obligation morale et une croyance au sacré fondée sur la distinction du pur et de l'impur il y a une relation de conséquent à antécédent, de succession causale, le sentiment du devoir ne peut s'affermir, s'éclairer, recevoir des applications toujours plus nombreuses à mesure que recule son antécédent qui est aussi sa condition.

Il est visible que les deux cornes du dilemme frappent également la sociologie religieuse. La première l'atteint sous la forme qu'elle tendait à prendre dans les premières œuvres de DURKHEIM la *Division du travail social* et le *Suicide*. Alors il identifiait le devenir de la religion à une régression fatale en nous la montrant astreinte par les lois sociologiques elles-mêmes à exercer sur la conduite humaine une autorité toujours plus faible (2). La seconde corne attein-

---

(1) Règles de la méthode sociologique. Conclusion, p. 173.
(2) Division du travail social. Livre I, chap. v, § 5.

drait la formule définitive, et, croyons-nous, la seule qui ait retenu l'attention du public, celle dont nous trouvons l'expression dans les *Formes élémentaires de la vie religieuse* ainsi que dans les mémoires de l'*Année sociologique* ou de la *Revue de métaphysique* qui les ont annoncées.

Nous pensons, et nous avons démontré ailleurs, que Durkheim est toujours au fond resté fidèle à sa première hypothèse et que l'étude qu'il a faite du totémisme et de l'anthropologie religieuse de l'école anglaise après 1895 l'a seulement conduit à la surcharger aux dépens de son intelligibilité. Dans le premier cas, il envisageait la religion comme une forme primitive de la solidarité sociale, mais sans l'analyser ; dans le deuxième, il y distingue deux éléments, l'un intellectuel, destiné à reculer devant la science (quoiqu'elle en procède), l'autre affectif et qui peut persister. Les *Conclusions* de l'œuvre prouvent d'ailleurs que c'est à l'aspect intellectuel de la religion que l'auteur attache le plus d'importance. La religion reste pour lui la forme primitive de la science. Elle est à la communauté ce que la sensation est à à l'individu. Par là même elle permet de comprendre comment la connaissance tout empirique et sensible de l'individu a pu se subordonner à une pensée logique et de faire place à la science.

Mais quel que soit le rapport historique de la religion et de la science, la question qui nous préoccupe est différente : c'est de savoir si l'évolution du sacré et celle de l'obligation morale se correspondent ou si elles s'opposent. De là dépend en effet l'interprétation de cette histoire de la croyance à la loi morale que nous avons esquissée dans le chapitre précédent.

La sociologie religieuse pense qu'elle éclaire la science des mœurs et qu'elle en interprète les données quand elle assigne pour origine à l'obligation morale le sentiment du respect et qu'elle donne pour prototype au respect le sentiment du sacré ou du tabou. Mais il y a là deux questions bien différentes que l'on a fort habilement confondues, celle du rapport entre la conscience de l'obligation et le respect de la valeur morale, et celle de l'identité primitive entre le respect et la croyance au sacré. Notre tâche est de les distinguer.

La nature du respect, le rapport qu'il soutient avec la conscience est en morale une question des plus classiques, une de ces questions qui, disons-le en passant, suffisent à justifier l'existence d'une morale théorique. Les solutions ne font pas défaut, mais elles consistent en hypothèses justifiées par des arguments impropres à produire la conviction : telles sont celles de Kant, celles d'Auguste Comte et du positivisme orthodoxe et enfin celle de la sociologie religieuse. Dans la critique de la raison pratique, Kant fait du respect (Achtung) un sentiment mystérieux, inexplicable par les lois de la sensibilité humaine : c'est l'attitude de soumission que prend la conscience individuelle à qui se révèle la loi morale ; elle a pour conséquence immédiate l'affirmation de l'inviolabilité de l'être raisonnable (1). Le problème est ici bien défini, le respect étant la condition même de la conscience morale et par suite celle de l'estime que

____

(1) *Critique de la raison pratique.* 1re partie, 3e section.

tout être humain désire de la part d'autrui et qu'il veut pouvoir s'accorder à lui-même. Mais si le respect est un sentiment, peut-on comme KANT l'expliquer par un jugement de la raison? Il semble qu'il y ait là une impossibilité psychologique.

L'école positiviste échappe à cette difficulté en donnant au respect le nom de vénération et en le faisant rentrer dans ce qu'elle nomme l'altruisme, à côté de l'attachement et de la sympathie. Cette hypothèse est comme l'opposé de celle de KANT car elle fait du respect un état purement affectif et même instinctif, l'altruisme ayant, au regard de COMTE, toute la force d'un instinct. Mais ainsi réduit le respect est-il expliqué ? La vénération a dans la théorie positiviste des limites beaucoup plus étroites que celles que KANT assigne au respect. La vénération ne pourrait exister que dans les rapports des inférieurs et des supérieurs ; elle assurerait la conservation de la hiérarchie familiale et sociale et surtout celle de la hiérarchie spirituelle ; or le respect peut être égalitaire. On vénère des aïeux, des chefs, on vénère surtout un sacerdoce, mais on ne vénère pas ses égaux. On peut cependant les respecter. On ne se vénère pas soi-même. Cependant le respect de sa nature est la condition de l'estime que l'on veut s'accorder.

KANT et l'école positiviste se sont cependant accordés à voir dans le respect un état primitif que l'analyse de la nature humaine peut découvrir, de quelque façon qu'on l'opère. C'est sur ce point que la sociologie religieuse s'en écarte. Dans nos mœurs, le respect est une consécration de l'inviolabilité de la personne. C'est l'affirmation que l'homme est sacré, tout au moins dans sa liberté, sa vie, sa conscience. Mais ce n'est pas par cette consécration que l'humanité a débuté. La notion du sacré a précédé celle de l'inviolabilité qui n'en est qu'une transformation. Mais l'évolution religieuse des sociétés chrétiennes a rendu ce terme impropre et équivoque; elle lui a retiré la force qu'avait dans la langue des Romains le terme *sacer*. On a donc dû emprunter aux Polynésiens le terme de *tabou*. Le sentiment d'effroi, d'horreur religieuse que les Polynésiens et beaucoup de peuples sauvages ressentiraient en face des personnes et des choses *tabou* serait donc l'origine du respect, qui aurait perdu de sa force et de sa généralité mais sans toutefois changer de nature. Il ne restait plus qu'à transformer en croyance strictement collective la croyance religieuse inhérente au sacré. On sait que telle a été l'œuvre de DURKHEIM et la seule addition qu'il ait faite à l'hypothèse du totémisme, déjà si fortement élaborée par les anthropologistes anglais, notamment par Robertson SMITH et Byron JEVONS (1).

L'anthropologie religieuse de l'école anglaise combinait, dans une synthèse déjà fort hypothétique, des observations faites surtout sur la vie sociale et les croyances des Polynésiens et d'autres observations plus anciennes faites sur la constitution domestique et religieuse des Peaux-Rouges et des Australiens. On procède ainsi à une construction aisée à

---

(1) Byron JEVONS. Introduction to the history of religion, chap. IX et X.

schématiser. Tout culte primitif aurait deux aspects, l'un négatif, l'autre positif. La partie négative du culte consisterait en interdictions (v. g. celle de manger tel animal ou telle plante, surtout à tel ou tel âge, celle de prendre femme dans tel groupe). Mais elle suppose une partie positive, consistant en offrandes, comme le sacrifice de tel animal à telle date et dans la participation du groupe au banquet dans lequel l'offrande est consommée, au moins partiellement. Les rites négatifs seraient inséparables des rites positifs.

La construction atteste l'ingéniosité de ceux qui l'ont élaborée (comme aussi l'habileté remarquable de ceux qui, après l'avoir empruntée à l'école anglaise, ont réussi à la présenter au public français comme leur œuvre propre). On voit assez toutefois qu'elle s'écroulera s'il est possible de trouver des Sociétés dans la structure desquelles prédomine le tabou et où cependant le totémisme n'ait pas laissé de traces visibles. Passons sur la Polynésie, terre classique du tabou, et où cependant il est bien difficile de découvrir le totémisme. Passons sur l'archipel mélanésien où Codrington a constaté l'influence des interdictions rituelles et leur liaison avec la croyance aux esprits, mais non celle d'un totémisme vraiment caractérisé. Mais c'est à Madagascar qu'a été faite la constatation décisive, que l'on doit aux travaux bien connus de M. Van Gennep. Sous le nom de fady, le tabou gouverne et surtout gouvernait la société indigène de Madagascar et en faisait une autre Polynésie. Il réglait les rapports entre les chefs et les subordonnés, entre les clans et les castes, entre les sexes ; il réglait encore le droit de propriété. Le fady « désigne ce qui est sacré, prohibé, interdit, incestueux, de mauvais augure ». (1) Et cependant « on ne trouve à Madagascar aucune des caractéristiques du totémisme vrai ; le clan ne porte pas le nom de l'animal taboué, cet animal n'en est pas le protecteur attiré ni constant ; il n'y a pas en général d'exogamie de clan ; il n'y a pas de rites d'initiation ; il n'y a pas de représentations du totem soit comme armoiries, soit en signe d'alliance et de protection mutuelle. Il semblerait donc excessif de dire de l'animal taboué par les Malgaches que c'est un totem uniquement parce qu'il est considéré dans un certain nombre de cas comme l'ancêtre générateur du clan. *Cette croyance isolée n'est pas le totémisme.* Si jadis elle était liée à d'autres croyances d'essence totémique et qui devaient se manifester par des rites totémiques, n'est-il pas étrange que ces croyances connexes et ces rites aient disparu aussi totalement ? » (2)

Nous pouvons conclure de là que le respect est considéré à tort comme un rite ou la conséquence d'un rite. C'est un état négatif, répondant à l'*inhibition* des psychologues et des physiologistes. Ainsi compris, il est commun à la morale, au droit et à la religion. Les religions ont certainement beaucoup d'interdictions qu'elles déduisent de la notion des

____

(1) Van Gennep. Tabou et totemisme à Madagascar, chap. ii, p. 13. — Du même, Religions, mœurs et légendes (Tabou, totémisme et méthode comparative). (Edition du Mercure de France Paris, 1909.

(2) Van Gennep, *Ibid*, chap. xvii, p. 314.

choses ou des personnes sacrées. Au début de ce livre, nous avons rappelé les sens variés du mot *anathème* qui primitivement signifiait une offrande et a fini par désigner une malédiction ecclésiastique. Pas de religion qui n'ait ses « anathèmes », ses personnes, ses biens, ses jours consacrés et qu'il est défendu de détourner de leur destination, et il est certain que le respect de ces interdictions peut exercer la volonté et l'aptitude au contrôle. L'interdiction religieuse a sans doute été dans la formation de la moralité humaine un moyen pédagogique, comme la férule ou la verge des anciens maîtres d'école. Mais a-t-elle été autre chose ?

C'est l'histoire du rapport entre le souci de la pureté physique et les formes supérieures de l'intention morale qui nous apporte la réponse. Nous la connaissons déjà en grande partie. Il y a lieu seulement d'en confirmer les termes.

Si le souci de la pureté physique, si l'importance attachée par les croyances morales à la distinction du pur et de l'impur recule à mesure que s'affirme la conscience réfléchie de la loi morale et à mesure que la morale dite personnelle est plus ratifiée par l'opinion, à mesure aussi que le privilège de l'honneur fait plus complètement place à un sentiment commun de la dignité, il sera prouvé que le sacré ne peut être la véritable origine, encore moins la condition profonde du sentiment de l'obligation morale tel que nous l'éprouvons. Si en effet la sociologie applique aux phénomènes qu'elle étudie le principe de causalité comme le font les autres sciences, l'affaiblissement reconnu de la cause ou de la condition ne peut avoir comme conséquence l'ampleur, l'intensité croissante de l'effet ou du conditionné présumé. Encore moins la disparition de la cause peut-elle être suivie de la recrudescence de l'effet.

Telle est bien la preuve que nous apporte l'histoire religieuse, bien distincte de cette préhistoire hypothétique des rites que l'on construit avec des données empruntées exclusivement à l'Australie contemporaine et interprétées fort arbitrairement.

L'histoire des origines du christianisme permet une comparaison selon nous décisive : c'est celle du *Lévitique* et des divers livres du Nouveau Testament. Il se peut que le Lévitique soit plus ancien que les prophètes d'Israël ; il se peut aussi que, selon l'opinion de Wellhausen (1), il reflète l'influence d'Ézéchiel et soit postérieur à la captivité de Babylone. Le texte que nous en avons représenterait alors la loi qu'Esdras fait lire à la communauté juive reconstituée par la faveur des rois de Perse (2). Quoi qu'il en soit, nulle part, dans l'Ancien Testament, les préceptes moraux ne sont plus étroitement associés aux interdictions. Le Lévitique contient tout à la fois les principes de la future morale évangélique (3) et une véritable collection de *tabous* (4). Or le Nouveau Testament fait le départ de ces deux éléments. Déjà l'enseignement propre de Jésus donne du péché ou de l'impureté une définition qui oppose radicalement

----

(1) Welhausen. *Loco citato.*
(2) Néhémie, chap. viii, v. 2-14.
(3) Lévitique, chap. xix, v. 18.
(4) Lévitique, chap. xviii, v, 19 et suiv., chap. xxi, in-extenso.

l'élément moral et l'élément rituel. Il n'y a plus d'autre impureté que celle du cœur, des intentions (1). Les *Actes des Apôtres* contiennent un récit remarquable de la révolution qui s'opère, relativement à l'impureté des aliments, et même des personnes dans la conscience d'un des apôtres les plus respectueux des prescriptions de la loi juive, Pierre. Nous faisons allusion à la vision de Césarée qui touche si directement notre sujet que nous croyons devoir la reproduire littéralement. « Pierre eut faim et voulut prendre de la nourriture ; et pendant qu'on la lui préparait, il fut ravi en extase. Il vit le ciel ouvert et un objet semblable à une grande nappe retenue aux quatre coins, qui descendait et s'abaissait jusqu'à terre. Il s'y trouvait des quadrupèdes de toute espèce, des reptiles de la terre et des oiseaux du ciel. Et une voix lui dit : Pierre ! lève-toi et mange. Mais Pierre répondit. Non, Seigneur ! car je n'ai jamais rien mangé de souillé ni d'impur. La voix, parlant une seconde fois lui dit : ce que Dieu a purifié, ne le regarde pas comme souillé. Cela se répéta par trois fois, et aussitôt après, l'objet fut retiré dans le ciel (2). » Aussitôt après, le centurion CORNEILLE fait demander

______

(1) Rien de ce qui est hors de l'homme et qui entre en lui ne peut le souiller, mais ce qui sort de lui, voilà ce qui souille l'homme... C'est du dedans, du cœur des hommes, que sortent les mauvaises pensées, les impudicités, les vols, les meurtres, les adultères, la cupidité, les méchancetés, la fraude, la débauche, le regard envieux, la calomnie, l'orgueil, la démence. Toutes ces mauvaises choses sortent du dedans et souillent l'homme. (MARC, chap. VII, v. 15, 21-24.)

(2) Actes des Apôtres, chap. X, v. 10-17.

à Pierre de consentir à être son hôte, puis se présente à lui en personne. Pierre en conclut que l'impureté des étrangers est divinement abolie, comme celle des aliments. « Vous savez, leur dit-il, qu'il est interdit à un Juif d'entrer en relation avec un étranger et d'aller chez lui ; mais Dieu m'a fait voir que je ne devais appeler aucun homme souillé ou impur (1) ».

Cette élimination du sacré, du tabou, devient beaucoup plus radicale dans l'enseignement de saint PAUL. L'épître aux Galates notamment, peut être considérée comme le commentaire le plus clair des enseignements de Jésus sur le péché et comme la solution extrême de ces scrupules juifs dont saint Pierre a quelque peine à se dégager. Retenons cette condamnation si expresse de la distinction des jours consacrés et des jours profanes. « Maintenant que vous connaissez Dieu, ou plutôt que vous avez été connus de Dieu, comment retournez-vous encore à ces faibles et pauvres rudiments, auxquels vous voulez vous assujettir de nouveau ? Vous observez les jours, les mois, les temps, les années. Je crains pour vous d'avoir travaillé au milieu de vous en vain (2) ».

Si donc, comme nous l'avons établi au chapitre précédent, le christianisme évangélique se ramène à la prédication de la nouvelle alliance, de « la loi écrite dans les cœurs », c'est-à-dire d'une antithèse entre la loi universelle de la conscience et la loi rituelle nationale, l'affirmation de la loi morale ne peut être distinguée d'une tendance à affranchir la conscience

----

(1) *Ibid*, v, 28.

(2) Epître aux Galates, chap. IV, 9-11.

du souci de la pureté physique et de la crainte d'une souillure qui, là où prévaut la croyance au sacré, affecte non seulement les relations des hommes avec les choses, mais celles des sexes, mais tous les rapports sociaux et surtout internationaux.

Si la conscience religieuse ainsi transformée a pu être accueillie dans tout le monde occidental (de quelque régression qu'elle ait pu être affectée plus tard), c'est qu'elle concordait avec une transformation plus lente, moins décisive, mais analogue et qui s'est opérée dans la conscience morale des Grecs. Nous en avons déjà parlé en montrant les rapports entre la conscience hésiodique de la justice, les doctrines morales des théories classiques de la cité et le stoïcisme. Il est impossible de n'être pas frappé du parallèle entre les progrès de cette morale rationnelle et universaliste qui, après Alexandre, et en dépit de l'autorité d'Aristote, franchit les murailles de la Cité en s'adressant à toute l'humanité raisonnable et le mépris croissant de la superstition, de la δεισιδαιμονία. Mais qu'est-ce que la superstition aux yeux d'un philosophe et d'un savant comme Théophraste? Quelle en est l'expression sinon la crainte dominante de l'impureté, de la souillure, bref de ce que la sociologie religieuse nomme le tabou ? (1)

----

(1) « Sans aucun doute la superstition (δεισιδαιμονία) semble être une lâcheté en face du monde des esprits (πρὸς τὸ δαιμονίον) » écrit Théophraste dans un des passages les plus connus de ses *Caractères*. Celui qui en est affecté est représenté se lavant sans cesse les mains pour se purifier, toujours dans la crainte de rencontrer sur son chemin un animal impur, comme une belette ou un serpent. Si une souris a

La langue grecque nomme *crainte des esprits*
(δεισιδαιμονία) le respect du sacré, le scrupule de
l'impureté. Mieux que toutes les inductions falla-
cieuses de l'école totémistique, ce terme nous révèle
la véritable origine du tabou. Les êtres sacrés sont
avant tout les morts, puis les esprits désincorporés,
enfin tout ce qui les rappelle. Entre les textes les
plus classiques et les témoignages de l'ethnographie
contemporaine, la concordance est frappante et
l'esprit de système a seul pu la méconnaître. Au livre
VI de l'Énéide (qui est tout entier le tableau d'une
divination par les morts), Énée reçoit de la Sibylle
de Cumes l'avis de la mort de son compagnon Misène
qui a succombé pendant son absence. Ce corps qui
n'a pas été inhumé rend toute la flotte impure et
cette impureté ne cessera qu'après un sacrifice
expiatoire.

> Præterea jacet tibi corpus amici
> Heu nescis totamque incestat funere classem
> ... Sedibus hunc refer ante suis et conde sepulchro,
> Duc nigras pecudes. Ea prima piacula sunto
>
> (VI, vers, 149, 307).

Une idée analogue constitue le thème d'une
comédie de PLAUTE, la Mostellaria.

Les Ainu de l'île Yeso, ces représentants de l'an-

---

mangé quelque peu de sa farine, il court consulter un prêtre
pour savoir ce qu'il doit faire. Sans cesse il purifie sa maison
(πυκνὰ τὴν οἰκίαν καθᾶραι). Son plus grand souci est de n'avoir
contact ni avec un monument funéraire ni avec un mort ni
avec un lit pour éviter l'impureté. (Καὶ οὔτε μνήματι επιβῆναι
οὔτε ἐπὶ νεκρὸν οὔτε ἐπὶ λέχῳ ἐλθέιν ἐθελῆσαι ἀλλὰ τὸ μὴ μιαίνεσθαι
ὀυμφέρον ἑαυτῳ φῆσαι εἶναι).

cienne population de l'archipel japonais associent à la mort exactement la même idée d'impureté que les populations primitives de la Grèce et de l'Italie ou leurs descendants de l'âge héroïque. BATCHELOR, missionnaire américain qui vécut longtemps parmi eux rapporte qu'il fut un jour l'objet d'une purification forcée et des plus violentes parce qu'il revenait d'un vallon où le corps d'une femme était inhumé (1). Enfin au témoignage de SPENCER et GILLEN, dans l'esprit des Australiens, la même association unit à la représentation des ancêtres de l'Alcheringa, celle des choses sacrées par excellence, les Churinga (2).

En étudiant la condition du malade, chez les Égyptiens et les Babyloniens comme chez les ancêtres des Européens, chez les Celtes notamment, comme chez les Australiens et autres races sauvages, nous avons pu constater que si les notions de maladie et d'impureté sont indissolubles, l'une et l'autre sont liées à l'idée de la possession du malade par un esprit qui le plus souvent est celui d'un mort. Le recul de

---

(1) BATCHELOR. The Aïnu of Japan, chap. XVI, p. 219-221. (Fluming Rewell, New-York-Chicago.

(2) Many of the churinga are those of special men of the Alcheringa, who, as tradition relates, wandered about and descended at these spots into the earth who their Churinga, the very ones which are now within the storehouse, remained associated with their spirit part. Each churinga is so closely bound up with the spirit individual that it is regarded as its representative on the Ertnatulunga and those of dead men are supposed to be endowed with the attributes of their owner... The Ertnatulunga may se regarded as the early of a city or house of refuge. » Native tribes of Centra Australia, p. 135.

l'idée de possession devant le progrès des connaissances médicales mesure le recul de l'idée de pureté physique. Il y a là une constatation des plus propres à confirmer notre induction. La disposition à considérer toute maladie comme une possession et tout traitement médical comme un exorcisme est une conséquence de la prédominance des croyances magiques dans l'opinion commune. *Si donc la croyance au sacré est identique à la distinction du pur et de l'impur, si cette croyance n'est pas seulement contemporaine des croyances magiques, mais repose sur le même fondement qui est la démonologie, notre sentiment de l'obligation morale et notre respect de la dignité humaine ne dérivent pas plus de la croyance au sacré ou au tabou que notre médecine ne dérive de la croyance à la possession et à la nécessité de l'exorcisme.* La croyance au sacré, à la possession, à l'impureté qui produit la maladie comme elle constitue le péché a conduit au sacrifice du prisonnier de guerre et au banquet anthropophagique, c'est-à-dire aux formes extrêmes de l'hostilité. Elle ne peut être l'origine de ce respect de la personne humaine que nous avons vu progresser du même pas que les rapports d'hospitalité et de coopération.

CONCLUSION

D'une *histoire des mœurs*, dont nous avons scrupuleusement défini la méthode, nous avons cru
pouvoir induire les éléments d'une *science des mœurs*.
Cette science, dont les lois empiriques s'accordent
avec les lois générales des phénomènes sociaux, est
incontestablement un aspect, sinon une branche de
la sociologie. Sans elle, la sociologie serait très incom-
plète car les mœurs sont des faits sociaux de première importance. Elles mettent en pleine lumière
un double rapport, celui des générations humaines
entre elles et celui que la coopération complexe soutient avec les relations interpersonnelles les plus
simples et les plus générales. Elles constituent les
antécédents du droit, ceux de la culture morale,
ceux de la coopération nationale et même universelle.

Mais cette science des mœurs ne saurait être confondue avec la prétendue morale sociologique à
laquelle l'ont assimilée aussi bien les adversaires de
sa méthode que ses partisans les plus fougueux et
ses maladroits amis. Nous croyons avoir prouvé
qu'elle ne peut mettre la conscience de la loi morale
en question et qu'en ramenant la diversité des mœurs
à une évolution limitée par les lois mêmes qui l'ex-

pliquent, loin de justifier les arguments du scepticisme moral, elle les détruit.

Elle fait plus : des deux interprétations que peut
recevoir l'anthropologie transformiste, elle confirme
celle à laquelle s'arrêtait DARWIN lui-même et qui
place dans la conscience morale la vraie caractéristique de l'espèce humaine ; elle dément celle qui
oppose la morale sociale aux exigences de la sélection
naturelle. Elle montre que si la conscience morale
favorise l'extension croissante de la coopération,
par là même elle contribue à substituer au profit
de l'homme une adaptation active à cette adaptation passive des espèces animales dont la sélection
naturelle est un aspect.

A nos yeux, la science des mœurs n'est pas seulement indépendante de la morale sociologique : elle
démontre l'impossibilité de toute tentative en vue
de réduire la moralité tout entière à la socialité.

Depuis COMTE, on a vu l'hypothèse de la morale
sociologique mettre ses partisans aux prises sur
deux points essentiels, l'explication du devoir et la
constitution d'arts sociaux, de techniques auxiliaires
de la morale. Il semble bien que si la science des
mœurs a pour tâche unique d'expliquer le fait de
l'obligation morale en découvrant son mode de formation, elle est par là même entièrement stérile
pour la pratique : elle fait de nous des résignés, non
des caractères actifs. Si la sociologie est une science
conquérante, comme le sont les sciences physiques
et naturelles, si, en apportant aux hommes l'intelligence d'un déterminisme, elle vise à accroître leur
pouvoir sur la constitution de la société comme les

autres sciences ont accru leur pouvoir sur la nature, elle affaiblit sans doute leur aptitude à la résignation et dès lors ne risque-t-elle pas de faire disparaître cette obligation morale qu'elle explique ?

En effet, la morale sociologique peut prendre l'aspect d'une doctrine de résignation. Son axiome serait alors celui du stoïcisme : *Ducunt volentem fata, nolentem trahunt.* Elle nous dévoilerait un ordre social affecté d'un devenir inévitable comme lui. L'un et l'autre nous seraient imposés par les conditions mêmes de notre existence, intellectuelle et matérielle. La société pourrait seule faire de nous des êtres pensants. Par suite, elle obligerait en chacun de nous l'être sensible, l'animal, à l'obéissance. La contrainte du tout sur les parties ne serait que la manifestation d'une subordination plus profonde celle de l'individu sentant son infériorité à une réalité nouvelle qui le dépasse et l'élève dans la mesure où il y participe.

Ainsi entendue la morale sociologique se distinguerait assez peu de l'ancienne doctrine religieuse de la prédestination : elle aurait ses réprouvés, les criminels, qui seraient cependant des facteurs intégrants de la santé sociale en ce qu'ils contraindraient les autres hommes, par le souci même de leur sécurité, à renforcer constamment leur adhésion à la société (1). Les élus seraient ceux dont la conscience serait éclairée par la science et qui comprendraient ainsi la stérilité de tout effort pour changer l'inévi-

---

(1) Durkheim. Règles de la méthode sociologique, chap. iii § 3.

table. Tandis que le croyant des religions est l'homme qui par ignorance fait hommage à un être surnaturel des bienfaits qu'il doit à la société (1), le disciple de la sociologie serait le croyant enfin éclairé qui accorde à l'Entité sociale, identique d'ailleurs à la divinité et à l'univers, l'obéissance passive qui lui est due (2).

Si le sociologue recule devant cette conclusion, si pour lui comme pour Claude Bernard la science est conquérante, si nous étudions le déterminisme historique de la société comme nous étudions le mécanisme de la nature, en vue de le maîtriser ou tout au moins d'y insérer notre main, si, comme l'enseignait Auguste Comte par endroits (3), le déterminisme sociologique, par là même qu'il est plus complexe que tout autre, offre à la volonté intelligente de l'homme beaucoup plus d'occasions d'y intervenir méthodiquement, la science sociale doit nous permettre de créer des techniques sociales, ou tout au moins de perfectionner et d'harmoniser celles que l'empirisme a formées en tâtonnant, comme celles de l'éducation, du droit, de la prévoyance sociale, de la politique expérimentale.

Il y a là une antinomie que la morale sociologique rencontre tôt ou tard et dont certaines polémiques

---

(1) Durkheim. Formes élémentaires de la vie religieuse. p. 596.

(2) *Ibid*, § 4, p. 630.

(3) Notamment dans le Discours sur l'ensemble du positivisme. Partie I, § 8 et 20. (Edition de la Société positiviste, 1907).

nous ont montré que Durkheim avait conscience. Or la science des mœurs nous aide, non seulement à la comprendre, mais à la résoudre. Elle doit cette aptitude à ce qu'elle restaure la notion de la loi morale et non pas seulement le fait brut de l'obligation.

La science des mœurs écarte les fausses explications du devoir qui pour trop de sociologues français se ramènent à la tradition du sacré. Rapprochant la notion du sacré et celle de la distinction du pur et de l'impur ou de la crainte de la souillure physique, elle montre sans trop de peine que la moralité humaine, le respect de la dignité personnelle et la crainte de l'impureté physique sont comme les deux plateaux d'une balance. L'homme a progressé moralement (on peut même dire religieusement) en se libérant du tabou. A la condition de se laisser instruire par la critique historique, la science des mœurs peut montrer que le sacré est la forme rudimentaire du respect, le respect limité aux ancêtres, ou pour mieux dire à l'esprit des ancêtres, hommes ou animaux. Or si ce respect a consolidé l'expérience morale, il participait des vices communs à toutes les traditions. Il ne pouvait se perpétuer sans canoniser les formes moralement les plus basses de la vie sociale. C'est en l'affaiblissant que la société a pu se développer et dégager les quelques éléments de moralité qu'il contenait de toutes les croyances contraires qui pouvaient les étouffer et qui les ont étouffés chez les races aujourd'hui sauvages.

La science des mœurs ne commettra pas l'erreur de nous faire nier la part que tient dans la vie morale la résignation aux conditions générales de la vie en société, soit aux lois qui en régissent la constitution élémentaire, comme les rapports des sexes et des âges soit aux lois qui en déterminent le développement ou l'ascension de degré en degré. Cette part est et sera toujours considérable et le vice de l'esprit révolutionnaire est de la méconnaître. Mais elle n'entre dans la moralité qu'indirectement, à titre de contenu. Elle ne doit pas être confondue avec la forme même du devoir, encore moins avec le fond de la conscience morale. Une résignation sans courage profite au mal moral autant et plus qu'au bien ; elle favorise les maladies de la société ; elle fait de ceux qui y cèdent les complices des vices qui préparent de loin la dissolution des liens sociaux, non les serviteurs de l'ordre et du progrès. Or, à mesure que l'acceptation du devoir dépend davantage de la conscience réfléchie, la résignation aux maux de la société en est de plus en plus distinguée, même par la religion. Inspirée par le fatalisme, la résignation rend la conscience passive, alors que la conscience réfléchie est inséparable d'un effort mental qui en fait le juge de l'expérience acquise et la rend apte au discernement et au choix.

La science des mœurs n'encourage pas cette forme particulièrement dangereuse de l'esprit révolutionnaire que Comte assimilait à l'aliénation mentale en ce que, méconnaissant les relations normales de causalité entre le présent et le passé, il rompt une continuité sociale qui est tout aussi réelle et saine que peut l'être la continuité de la vie et de la conscience. Mais si elle nous fait comprendre la réalité des traditions et leur puissance, elle ne nous y asservit pas. Il n'en est pas des traditions sociales comme des mouvements des corps célestes que l'astronomie nous fait connaître sans nous donner le moindre espoir de jamais les modifier. Si l'intelligence des lois physiques de l'énergie devient le ressort même de notre industrie, si celle du mécanisme des processus chimiques nous permet les synthèses les plus hardies, si la connaissance étiologique des maladies conduit à celle des moyens préventifs et curatifs, il serait étrange que l'intelligence du déterminisme historique des sociétés fît de nous des traditionalistes bornés n'ayant d'autre souci que celui de renouveler les pires erreurs des ancêtres sans l'excuse de leur ignorance.

La science des mœurs nous libère d'une étroite soumission au passé ; elle nous confère un large bénéfice d'inventaire sur l'héritage moral des ancêtres. Elle réduit la soumission au passé à une tradition éducative fondée sur la loi de récapitulation abrégée, loi si bien mise en lumière par Baldwin et qui, comme nous l'avons montré ailleurs (1), domine toute la science de l'éducation. Mais tout sociologue conclura que l'abréviation des traditions qui ont constitué la conscience est aussi importante que leur récapitulation.

En limitant ainsi la part de la résignation, de la soumission aux conditions passées et présentes de la vie en société, la science des mœurs apaisera aussi les scrupules de ceux qui, comme l'illustre

____

(1) Pédagogie expérimentale, Iᵉ partie, chap. 5.

Boutroux ont paru craindre que l'usage des techniques sociales n'affaiblît le sentiment du devoir. Elle nous en fait concevoir l'accord inévitable, car l'intention morale n'est pure que si elle tend à sa réalisation et par suite si elle cherche les moyens de vaincre les obstacles. La mise en pratique des techniques sociales, la constitution progressive de ces techniques rentreront dans les *desiderata* du devoir. Il est déjà admis que nous devons envers l'enfance nous astreindre aux recherches pédagogiques et à la mise en œuvre des règles auxquelles elles nous conduisent. On ne conteste guère que la morale civique ne nous fasse un devoir de connaître et de pratiquer les techniques du droit, y compris celles du droit international (1). Pourquoi en serait-il autrement des techniques économiques, notamment de celle de la prévoyance sociale ? Pourquoi enfin renoncerait-on à l'espoir de donner une méthode à la politique en substituant une politique vraiment expérimentale à ce réalisme cynique et sans principe qui trop souvent en a tenu lieu ?

L'heure n'est pas éloignée où la morale sociale comprendra la vanité de cette dialectique d'école qui l'a rendue pratiquement si stérile et où elle s'incorporera toutes ces techniques. Elle deviendra l'introduction à un art de l'éducation d'où relèveront le droit, l'économie appliquée, la politique elle-même, car elle leur donnera pour fin l'institution d'une coopération universelle dans la paix.

-----

(1) Voir sur ce point les *Méthodes juridiques*. Leçons faites au Collège libre des sciences sociales. (Girard et Brière, 1911.)

On le voit : au cœur même de la science des mœurs, ce sont deux conceptions de la science qui sont en lutte. Ou la sociologie met radicalement fin à l'idéal de l'autonomie humaine en opposant à l'illusion de la liberté un déterminisme historique qui prolonge le mécanisme naturel dans le monde moral, sans autre but que de nous enseigner la soumission à une nouvelle forme de la fatalité. Mais n'est-elle pas inutile ?... et ne va-t-on pas conclure de ses prémisses au fatalisme des divisions, des luttes de classes et de la guerre universelle ?

Ou bien la sociologie va confirmer la croyance à l'autonomie en nous faisant comprendre la nature du déterminisme historico-social, en nous enseignant qu'il n'est pas invincible, et que, par là même qu'il se renouvelle dans la formation du caractère de chacun de nous, il se distingue profondément du mécanisme astronomique et plus généralement du déterminisme naturel.

La première conception est celle de la science antique, fataliste parce qu'elle est moniste, moniste parce qu'elle se distingue encore insuffisamment de la théologie. La seconde est celle de la science moderne qui est conquérante parce qu'elle est pluraliste : non qu'elle se confonde avec un pragmatisme superficiel, mais parce qu'elle sait comprendre d'autres valeurs que celles de ces vérités dont la recherche est son objet immédiat.

L'intelligence des lois de la coopération sociale est pour nous, hommes, le moyen même de parachever cette coopération. En nous dévoilant le rapport de notre destination sociale avec les lois de la formation de notre espèce, elle nous prouve que si nous avons le devoir de nous dépasser, nous n'y réussirons pas, en effaçant en nous les caractères de l'humanité, selon le conseil du grand sophiste allemand, mais en les dégageant toujours plus. Le dernier mot de la sociologie est que l'Éthique et la Science ne doivent plus être opposées. Chacune d'elles fait comprendre l'autre. Une humanité incapable de moralité, d'effort mental conscient, incapable aussi d'évaluation, aurait été incapable de chercher la vérité et incapable de science.

APPENDICE

LES INCERTITUDES DE LA SOCIOLOGIE RELIGIEUSE

Nos lecteurs ont pu éprouver une certaine surprise en nous voyant écarter délibérément de la science des mœurs toute hypothèse [sur la pensée primitive et les origines de la religion. En France, en effet, ces questions tiennent dans l'enseignement officiel, tout au moins à l'université de Paris, une place prépondérante. La sociologie n'est plus la synthèse des sciences sociales ni même l'étude comparative des phénomènes sociaux et des sociétés : c'est la discussion d'une hypothèse sur les origines de la raison dans l'humanité et ses rapports avec une expérience collective dont les croyances et les pratiques rituelles des dernières races sauvages nous donneraient le parfait spécimen.

Notre scepticisme est cependant fondé sur des raisons valables que nous n'avons pu qu'indiquer en exposant notre méthode et que nous croyons devoir développer ici.

Une première raison, et qui pourrait suffire se

tire des droits de la psychologie à l'étude méthodique de l'esprit humain. La pensée de l'homme ne
fonctionne normalement que dans le commerce des
idées et l'idiot est le seul individu qui vive à l'état
d'isolement : voilà un point acquis de longue date
à la science et sur lequel des idéologues et des psychologues *individualistes* tels que CONDILLAC, Charles
BONNET et MAINE DE BIRAN s'accordaient avec les
plus fougueux sociologues venus après eux (1). Mais en
résulte-t-il que l'on atteigne mieux la pensée humaine
et ses conditions en observant les collectivités, les agré-
gats qu'en étudiant les individus qui les composent ?
Cette question est celle des rapports de l'analyse
et de la synthèse, rapports qui varient selon les
sciences. Certaines sciences sont privilégiées relativement à la connaissance des éléments, d'autres
relativement à celle des composés. Un privilège de
l'étude de l'homme intellectuel, c'est qu'il est possible de l'observer à la fois comme élément et comme
composé, sinon comme combinaison. On peut étudier
l'histoire de l'esprit humain dans les processus suc-
cessifs des langues et des civilisations comme on peut
en étudier le fonctionnement chez l'individu. L'unique
question est de savoir si les méthodes applicables à
l'une de ces études sont tellement supérieures à celles
de l'autre qu'elles autorisent à les négliger. La ré-

---

(1) Condillac. Essai sur l'origine des connaissances humaines, Iʳᵉ partie. § IV, chap. II. — Charles Bonnet. Essai
analytique sur les facultés de l'âme, chap. XV et XVI. —
Maine de Biran. Premier journal. Notes et discussions, IIIᵉ
p. 240-39 (Edition Tisserand).

ponse n'est pas douteuse. Si les résultats que le psychologue peut obtenir en étudiant les processus supérieurs chez l'individu ne l'autorisent pas à dédaigner l'apport de la science qui prend la civilisation pour objet, encore moins le sociologue est-il fondé à s'attribuer une compétence exclusive dans ce domaine. Il doit y avoir entre eux une collaboration dans laquelle la direction appartient certainement à la science qui manie les méthodes les plus sûres, c'est-à-dire à la psychologie. L'attitude prise à cet égard par Th. RIBOT, par WUNDT, par TARDE, par BALDWIN, par GIDDINGS est certainement beaucoup plus judicieuse que celle de l'école française dite sociologique.

Une seconde raison, plus péremptoire peut-être aux yeux des amants de la sociologie qui, comme tous les amants sont enclins à la jalousie, repose sur l'extrême diversité des conclusions auxquelles l'induction sociologique a jusqu'ici conduit les théoriciens des origines collectives de la raison, de la logique et de la science. La sociologie comparée des races inférieures n'est plus qu'une arène où viennent lutter avec des armes à peine modifiées, les vieilles doctrines rivales qui depuis PLATON et ARISTOTE ont tenté de définir la nature de la raison et sa part dans la constitution de l'expérience scientifique. ABÉLARD et Guillaume de CHAMPEAUX ressuscités disputent en langage sociologique. Notre connaissance sommaire des croyances des Peaux-Rouges, des Mélanésiens, des Australiens, des Polynésiens, des Bantous, des Eskimos fait les frais de la dispute qui rappelle celles de l'ancienne rue du Fouarre. On commence à reconnaître que l'unité de l'école sociologique est irrémédiablement scindée. Pour l'une de ses sections, la plus mesurée et la mieux documentée, celle qui suit M. LÉVY-BRUHL, la pensée primitive, régie par la *loï de participation* est non seulement pré-logique, mais illogique : elle identifie les contraires et la preuve en est le totémisme qui conduit un groupe humain à s'identifier à une espèce animale. Pour l'autre, qui pratique au plus haut degré l'ipsedixitisme et qui jure par DURKHEIM, la raison n'a pu avoir d'autre origine que l'expérience collective dont la religion, manifestée par la communion totémique a été à l'origine la seule forme possible. Le concept n'est pas l'idée. L'individu peut à la rigueur s'élever (comme l'animal intelligent) de la sensation à l'idée empirique. Mais le vrai concept est pensé *sub specie æternitatis* et pour le former le rassemblement, le banquet totémique est nécessaire (1).

On le voit, les faits sociaux sont les mêmes pour chacune des sections de l'école. Toutes deux reconnaissent le totémisme comme le point de départ de la pensée humaine. La vraie divergence, c'est le rapport de la science avec la logique formelle et c'est la conception d'une raison impersonnelle. S'il fallait absolument choisir, nous suivrions la bannière de M. LÉVY-BRUHL, dans l'idée que nous nous éloignerions beaucoup moins des enseignements de la psychologie et de l'histoire des sciences qu'en acceptant l'hypothèse contraire. La psychologie ne con-

____

(1) Durkheim. Formes élémentaires de la vie religieuse. Conclusions.

naît rien d'une raison impersonnelle qui jugerait et concevrait *sub specie æternitatis*, car la raison n'est pour elle qu'un vieux vocable commode pour désigner le processus complexe par lequel nous passons de l'attention à la réflexion et à la comparaison, de la réflexion à l'abstraction et de la pensée abstraite au raisonnement inductif et déductif. Quant à la logique d'ARISTOTE, de PORPHYRE et des scolastiques, il suffit de relire BACON, DESCARTES, MALEBRANCHE et LOCKE pour savoir qu'elle a été le plus grand obstacle que la science mathématique et expérimentale ait rencontré sur sa route.

Mais notre vraie raison se tire de ces observations ethnographiques qui ont permis d'édifier l'échafaudage imposant de la sociologie religieuse ou encore d'écrire ce que nous avons ailleurs nommé le roman de la société primitive. Elles nous montrent l'Australien, le sujet par excellence du prétendu totémisme, incapable de compter plus loin que cinq (qui dans sa langue se dit *quatre-un* ou mieux *deux-deux-un* (1). S'il est vrai que l'origine de la science, sa forme initiale et initiatrice, doive être cherchée, non dans la logique du concept, mais dans les mathématiques et que la numération soit l'opération mathématique qui conditionne les autres, on voit ce qu'apportait à la science l'expérience collective des populations dites totémistes.

Maintenant devons-nous tenir pour une vérité

---

(1) Un : *nintha ;* deux : *thera ;* trois : *urapilcha ;* quatre : *therankathera ;* cinq : *therankathera nintha* (Spencer et Gillen. Native tribes of Central Australia. Introduction, p. 25).

scientifique l'identité du totémisme et de la religion primitive ? Si ce point est seulement douteux, l'échafaudage s'écroule avant la construction de l'édifice. Or il y a plus que des raisons de douter. Pour mon compte, je ne me suis pas contenté de lire toutes les expositions et toutes les discussions anglaises, françaises, allemande, auxquelles le totémisme a donné lieu depuis trente ans. Je me suis encore attaché à l'étude et à la méditation des faits et des sources. J'ai été ainsi amené à trois constatations. La première est l'impuissance des totémistes à rattacher à leur hypothèse l'origine des religions dont nous connaissons quelque peu l'histoire. Durkheim l'a très loyalement reconnu (1). La seconde est le parti-pris de cette école à nier contre l'évidence le rôle joué par le culte des morts et des ancêtres dans la vie des groupes, nous ne dirons pas primitifs, mais préhistoriques. Dans ces conditions, elle ne peut même rendre compte du mythe australien de l'Alcheringa, de cette forme de palingénésie en vertu de laquelle tout enfant qui vient au monde est un ancêtre de l'Alcheringa réincarné. La troisième est que les sociologues sont en complet désaccord avec les mythologistes et avec les anthropologistes sur deux points capitaux : le caractère collectif du totémisme et même son caractère religieux.

Depuis la publication des *Formes élémentaires de la vie religieuse* en 1912, le totémisme a fait l'objet d'œuvres dues à la plume d'auteurs d'une incontes-

---

(1) Formes élémentaires de la vie religieuse. Conclusion, p 594.

table compétence ou d'une grande notoriété. Citons celles de Van Gennep, de Dussaud, de J.-G. Frazer, de Freud. Si grand intérêt que présente chacune d'elles nous n'en retiendrons ici que deux en raison de la grande portée des questions qu'elles posent à cette sociologie religieuse dont l'on voudrait faire le bréviaire et le viatique de toute notre jeunesse ; l'une est l'*Introduction à l'histoire des religions* de M. René Dussaud, l'autre est le dernier livre de J.-G. Frazer sur *Les Origines de la famille et du clan*. Publiées par la *Bibliothèque historique des religions* et par la bibliothèque d'études des *Annales du Musée Guimet* elles ne sauraient vraiment être passées sous silence par les adeptes des théories sur la croyance primitive.

M. René Dussaud met en doute l'essentiel de la doctrine de Durkheim, savoir le rapport entre le totem et la conscience collective. « La disproportion, écrit-il, est flagrante entre la cause — désir de posséder un enseigne (de la vie commune du clan) — et l'effet — organisation sociale et religieuse. De plus, le problème essentiel n'est pas abordé : on ne nous explique pas pourquoi la force morale que constitue le clan et que manifeste l'enseigne était pensée sous les traits, non d'un animal ou d'une partie de lui-même, mais sous la forme de toute une espèce animale ou végétale. Il faut donc conclure que même dans le totémisme, il y a autre chose que des impressions collectives et dans le totem une notion plus profonde que la notion d'enseigne... On ne peut qu'approuver les sociologues de mettre en évidence l'importance sociale du culte, mais on hésitera à les suivre quand ils tirent cette conclusion que pour être sociales les choses religieuses ont une valeur différente des choses conçues par l'individu, en d'autres termes que les phénomènes religieux ne sont pas justiciables de la psychologie individuelle (1) ».

Dans les *Origines de la famille et du clan* (I), J.-G. Frazer est allé plus loin : il a nié le caractère religieux du totémisme, dans les termes les plus péremptoires. « L'influence exercée par le totémisme sur le développement religieux semble avoir été tout à fait considérable dans quelques groupes sociaux et tout à fait insignifiante chez d'autres qui sont peut-être le plus grand nombre. En premier lieu, comme je l'ai déjà fait observer, le totémisme en lui-même n'est pas du tout une religion. Les totems en tant que tels n'ont pas de culte ; ils ne sont en aucun sens une divinité : ils ne sont pas rendus propices par des prières ou par des sacrifices. Donc parler du culte des totems pur et simple, comme le font certains auteurs, c'est trahir une grave incompréhension des faits. Il y a bien parmi les indigènes de l'Australie qui pratiquent le totémisme sous sa forme la plus pure et la plus ancienne quelques vagues tentatives de rendre le totem propice et ainsi de l'adorer. Mais ce stade d'évolution a été coupé net par l'arrivée

---

(1) R. Dussaud. Introduction à l'histoire des religions, chap. ii, p. 16 (Ern. Leroux, 1914).

(2) Les origines de la famille et du clan (traduction française par la comtesse J. de Pange, librairie orientaliste P. Genthner, 1922).

des Européens. En conséquence la tendance en Australie vers une religion totémique reste avortée (1) ».

Ailleurs FRAZER met en lumière l'erreur dans laquelle est tombée DURKHEIM et s'en attribue ingénument la responsabilité. « Le professeur DURKHEIM trouve l'origine de l'exogamie dans le totémisme qu'il considère comme une religion ou culte du totem. J'ai déjà démontré qu'une telle conception du totémisme repose sur une incompréhension fondamentale de la nature de l'institution telle qu'elle existe en sa pureté, particulièrement chez les indigènes australiens, et je suis le plus intéressé à faire ressortir l'erreur, puisque je l'ai moi-même commise et suis coupable d'avoir entraîné le professeur DURKHEIM à ma suite hors de la bonne voie. Depuis que mon traité original du *Totémisme*, auquel se reporte DURKHEIM pour démontrer le culte du totem fut publié (2), les preuves quant à ce système ont été grandement étendues surtout par les recherches de SPENCER et GILLEN. Si l'on considère tous les faits en tenant compte des inévitables confusions et de l'état brumeux de la pensée sauvage, les conclusions qu'ils imposent sont que les rapports entre un homme et son totem sont ceux d'une simple fraternité ou égalité amicale et aucunement une adoration religieuse d'une divinité mystérieusement incarnée non seulement dans toutes

______

(1) Origines de la famille et du clan. Traduction J. de Pange, p. 34.

(2) Dans un mémoire publié par l'*Année sociologique* en 1898 sur la prohibition de l'inceste, p. 100.

les espèces totémiques, mais aussi dans la chair et par-dessus tout dans le sang de chacun, homme, femme ou enfant du clan (1) ».

On voit à quelles interprétations différentes peut donner lieu le rite qualifié totémique de la part d'esprits compétents et impartiaux, mais l'on voit aussi quel danger peut faire courir à l'histoire et à la science des mœurs la suzeraineté de la sociologie religieuse.

____

(1) Origines de la famille.

TABLE ANALYTIQUE

CHAPITRE II

Source et méthode d'une étude sociologique des mœurs (p. 22).

CHAPITRE III

Les origines de la puissance paternelle (p. 50).

CHAPITRE IV

La condition de la femme et de l'enfant (p. 73).

CHAPITRE V

La condition du malade (p. 94).

CHAPITRE VI

La condition du serviteur. L'esclavage et les mœurs domestiques (p. 115).

SECTION II

Les Rapports interfamiliaux. — L'Hostilité et l'Amitié

CHAPITRE VII

Les rapports d'hostilité : le cannibalisme (p. 131).

CHAPITRE VIII

La vengeance du sang (p. 149).

CHAPITRE IX

L'hospitalité privée et publique (p. 165).

SECTION III

Orientation de l'évolution des mœurs

CHAPITRE X

L'adoucissement des mœurs. — Les fêtes (p. 183).

CHAPITRE XI

Moralité individuelle et moralité collective ; le sentiment de la dignité personnelle (p. 201).

I. Tendance des sociologues à nier les devoirs de la personne envers elle-même ou à les considérer comme dérivés et tardivement acquis (p. 202). — Opposition apparente des données ethnographiques et des données historiques sur ce point : Littré contre Darwin (pp. 203 207). Importance de cette question, la morale dite personnelle étant la partie la plus réfléchie de la morale sociale et celle qui relève le plus directement du verdict de la conscience morale (pp. 201-208). — II. Evolution de la tempérance : elle est sociale avant d'être individuelle ; la gloutonnerie sauvage distinguée de la sensualité et de l'intempérance (pp. 208-210). — III. Evolution de la véracité. Examen de l'hypothès de Lecky (p. 212). Témoignage contraire du Rig-Veda. La véracité, disposition humaine primitive modifiée par les conditions de la lutte des groupes et par l'esclavage (p. 219). — IV. La morale personnelle atteste non l'indépendance de l'individu à l'égard de la société mais la limitation de l'autorité de la tradition et des mœurs ancestrales, par suite celle de l'habitude sur la conscience (p. 220). — Rôle de la notion et du sentiment de la dignité humaine : leur rapport avec la notion et le sentiment de l'honneur (p. 221). — Lois des variations de l'honneur selon les sexes et les classes sociales (pp. 221-225). — Corrélation primitive de l'honneur et de la solidarité du groupe : village, clan et famille. Le duel rattaché à la vengeance du sang, comme expression de ce rapport (p. 226). — La dignité humaine fruit d'une généralisation de l'honneur (pp. 228-231). — V. Réaction de la dignité consciente sur les devoirs de véracité, de tempérance et sur l'ensemble de la morale personnelle (pp. 231-233).

CHAPITRE XII

Rôle des passions dans les variations dês mœurs (p. 234).

I. Le rapport de la jalousie et de la chasteté atteste l'influence des passions sur le sentiment de l'honneur. — Problème des

CHAPITRE XIII

Les lois sociologiques des variations des mœurs. — Conclusion de la première partie (p. 254).

DEUXIÈME PARTIE

LA DIVERSITÉ DES MŒURS ET L'UNITÉ DE LA LOI MORALE

CHAPITRE XIV

La loi morale distinguée du consentement universel (p. 261).

CHAPITRE XV

Le respect de la valeur morale et la croyance au sacré (p. 324).

CONCLUSION

APPENDICE

ÉVREUX. — IMP. HENRI DÉVÉ. — 14-10-25

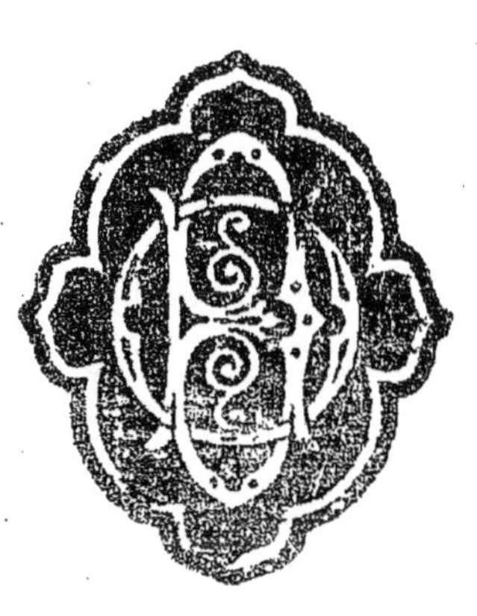